CONTENTS

COVER PHOTO by Tsuyoshi Maruyama COVER DESIGN by Satoko Ikeda

魚探◎大研究

海と魚を知るための必須アイテム 魚群探知機パーフェクトガイド

PF 13
FURUNO
Boat CLUB

モノクロ魚探&小型GPS

FURUNO「LS-6100」

ANGLER　NOBUAKI ONO

中深場のボトムフィッシングは
モノクロ魚探と電動リールで
身近な釣りになる

中深場のボトムフィッシングは、
高級魚や大物と遭遇できる確率が高いことから、
遊漁船においては以前から人気の高い釣りだった。
しかしながら、タックルや仕掛けが大がかりなことや、
ポイント探しが難しいこともあって、
マイボートで楽しむアングラーからは
敬遠されていたカテゴリー。
ところが近年、電動リールの小型化と高性能化、
そしてコストパフォーマンスの高い
魚群探知機の登場によって身近な釣りに変貌を遂げつつある。

文=小野信昭　写真=丸山 剛
text by Nobuaki Ono, photos by Tsuyoshi Maruyama

LS-6100はモノクロ画面ながら4段階の階調表示と、6型液晶画面を縦型に使った贅沢設計。魚探としてのポテンシャルは上級機並みだ

準備万端。人気のない早朝、ボートを波打ち際まで運搬する。砂浜からの出航の場合、ボートに積載する荷物は極力減らし、軽量化する必要がある。今から始まる新しいドラマに気持ちがどんどんたかぶっていく瞬間だ

中深場のボトムフィッシングでは投入から次回投入までの時間的間隔が長いので、投入時の仕掛けのオマツリは致命的な結果を招くことになる。ヘタすると海中でのオマツリに気がつかないまま、ひたすらアタリを待つことになってしまう。そうならないためにも、ミチイトに仕掛けが絡まぬようにソォーッと沈めていく

モノクロ魚探で究める ボートの釣り

❖

私が所有している愛艇の〈友恵丸〉(モデル名：パーフェクター13)は、全長4メートル足らずの小さなボート。しかしながら、その行動範囲は大型ボートに勝るとも劣らず広範囲である。それもそのはず、このボートは“カートップボート”といって、車に積載すれば日本全国を移動できるのだ。昨日は駿河湾、今日は相模湾、連休には日本海…という具合いに、天候や海況、さらにはターゲットに応じて、気の向くままに行き先を選べる。それが、このタイプのボートの大きな魅力となっている。

一見、こんな小さなボートで釣りが楽しめるのか？ と疑問に思う人がいるかもしれないが、“ボートが小さければ小さいほど自然と一体になれるので、釣りの楽しさは倍加する”というのが私の持論。小さなボートの場合、釣り座から海面までの距離が近く、サカナにより近い目線で対峙しているという実感が味わえる。また、サカナを掛けたときは、とてもスリリングで、同じサカナを遊漁船で釣った場合とは比べものにならないくらい、迫力満点のヤリトリが堪能できるのだ。

無論、小さなボートであっても船長としての責任が生じ、天候、海況の判断や見張りの励行など、釣りよりも優先してやらなければならないことがたくさんある。また、当然のことながら、サカナを釣るためのポイント探しや、ポイント上にボートを止めておくための操船テクニックが必要不可欠だ。

遊漁船の釣りと比べて苦労の多いマイボートフィッシングではあるが、自分が選んだポイントで、狙いどおりのサカナが釣れたときの喜びは他のどんな釣りよりも大きい。その満足感を求めてボートを漕ぎ出すのである。

とはいえ、広い大海原、どこにでもサカナが居るわけではないのは周知の事実。人間社会でも人が多く集まる場所とそうでない場所があるのと同様に、海中もサカナが集まる場所とそうでない場所に分かれている。サカナの生息場所には何らかの特徴があるが、その場所を見つけるため、そしてその場所に少しでも近づくために、最も役立つツールが“魚探”こと魚群探知機なのだ。

ボートフィッシングを行ううえで欲しい情報としては、その場所における①水深、②海底地形、③海底底質、④サカナの有無・タナ、⑤水温、⑥透明度、⑦潮流…などがある。この中の①～④または⑤については、魚探で情報収集可能。これらの情報を入手するか、しないかで、釣果に大きな差がつくことが少なくない。そんなわけで魚探は、ボートアングラーにとって必須アイテムのひとつになりつつある。今や釣具(タックル)の一部といっても過言ではない。

魚探、GPS、電動リールは中深場釣りの“三種の神器”といえる

魚探を使いこなして
釣果を上げるには

魚探は、ボート上からは見ることのできない水中を、あたかも横方向から見たかのように表現してくれる素晴らしい装置である。ただし、サカナが生息するポイント上にボートを止めたからといって、サカナが釣れるわけではないことは知っておく必要がある。

今、水深40メートルのポイントで魚探を装備したボートからイトを垂らすとする。40メートルといったら10階建てビルの高さに相当し、その高さから地上の歩行者に的確に食べ物を垂らせるだろうか？ よほどのことがないかぎり、歩行者の目の前に食べ物を下ろすことなど困難に等しい。また、奇跡的に歩行者の目の前に下ろせたとしても、歩行者が満腹状態であったり、食べ物が少しでも怪しげに見えたりすると、疑って食べようとしないかもしれない。こう考えると、魚探があったからといってすぐにサカナが釣れるわけではないことがお分かりいただけるはずだ。

魚探画面に映し出される魚群反応の表れ方は、決して普遍的なものではない。なぜなら、サカナの群れ方などは、季節、水温、1日の中での時間帯、天候、地域によって大きく異なり、さらに、海底地形などは、使用する魚探によっても映り方が異なるからだ。また、たとえ同一機種の魚探でも、超音波を発振する送受波器の取り付けや周波数、感度調整などによっても画面の表示具合が変わってくる。

魚探を使いこなして釣果を上げている人々は、決して画面から得られる情報だけを頼りにしているわけではなく、やはり実釣での経験が何より釣果を大きく左右する。ただ、その手助けをするのは間違いなく魚探であり、使いこなすことでボートフィッシングの強力な武器となりうることは間違いない。

とにかく実釣を繰り返し、サカナを釣った際には山ダテしてポイントを記憶し、同時に魚探画面で海中の様子を把握する。この繰り返しによる蓄積が、難しいとされている魚種判定や新規のポイント開拓にやがて好結果をもたらしてくれることにつながるのだ。釣れるか、釣れないかは、魚探をいかに使いこなすかと、釣りのテクニック、そして少しばかりの運が決めることになるだろう。

電子機器の進歩が
釣りのスタイルを変えた

撮影当日、〈友恵丸〉を駿河湾（静岡県西伊豆）の海に浮かべた。今回は中深場のポイントにて、アカムツ、オニカサゴ、アラなどの高級魚を狙う算段だ。

愛艇の艤装のなかでひときわ目立つのが、イケスの上に置かれた電子機器。モノクロ魚探（FURUNO LS-6100）と小型GPSナビゲーター（同社製 GP-32）が一体となるようにラックに組んである。LS-6100は、モノクロ画面ながら4段階の階調表示と、6型液晶画面を縦型に配置し、水深方向の表示サイズを大きく確保した。出力300ワットで、周波数は50キロヘルツと200キロヘルツの2周波、さらに値段が5万円を切るというコストパフォーマンスの高いモデルだ。

実は私、カラー魚探も所有しているが、最近はもっぱらこのモノクロ魚探を使っている。というのも、直射日光下での使用にもかかわらず画面表示がハッキリ見えること、そして、消費電力が少なく、ボートに積み込むバッテリーも小さなものですむというメリットがあるためだ。カートップボートの場合、荷物の軽量化は大きな課題であり、バッテリーの小型化は軽量化に大きく貢献する。

今回、取材で利用した出航場所も苦労の多い砂浜だが、荷物の軽量化でなんとか克服し、午前7時、9月になって少し冷たくなり始めた海水に膝まで浸かってボートを押し出した。海は波もなく行程20分ほどで水深300メートルの中深場に到

中深場のボトムフィッシングでは、ドウヅキ仕掛けか片テンビンのいずれか一方が一般的だが、私の場合にはこれらを直列につなぐ混合仕掛けを基本としている。そのため、使用する片テンビンは長さ50センチ以上のものを選んでいる

中深場で使用する仕掛けおよびパーツ。根掛かりやサメなどによるロスも多いので、少なくともあらかじめ3セットくらいは用意する。また、海上での作業に備え、パーツ類の予備も用意。揺れるボート上でもすぐ製作できるようにひとまとめにしておく

エサはいろいろ試してみると面白い。写真は中深場のボトムフィッシングでよく使われるアナゴ、サバ、イイダコ、イカの切り身。それぞれ水中でのアピール度やエサ持ちも異なるので、その場の状況に合った適合エサを早めに見つけることが大切だ

タモ取りする手が少し震えた。1.1キロの良型アカムツ

マイボートフィッシングでは、釣りよりも優先してやらなければならないことがたくさんある。たとえば、接近してくる船がないか？　大きな曳き波が来ないか？　近くに浅瀬や暗礁がないか？　天候や海況が急変する恐れはないか？　など、常に周囲に注意を払っていなければならない。目立つように旗を高く上げるのも、相手に存在を気付かせる有効な一手となる。船長としての責任は、船の大小には関わらないのである

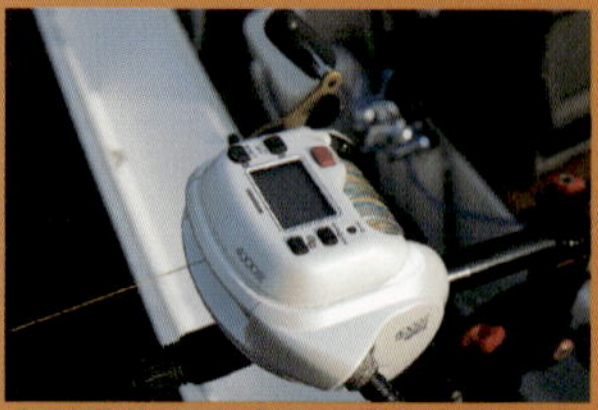

中型電動リール（シマノ電動丸4000R）にPEライン5号を700メートル巻いている。小型化、軽量化が進んだ中型電動リールは、各社1～1.3.キログラムの重さ。この重量なら手持ちによる積極的な誘いも可能だ。シマノ製なら型番4000番台、ダイワ精工製なら600～750番台の電動リールが該当する

電動リール用と魚探用とでそれぞれ別々にバッテリーを用意したほうが、ノイズの影響を受けなくて済む。モノクロ魚探LS-6100の場合は、出力300ワットながら消費電力がわずか7ワット。一般的に出回っている電動リール用バッテリー12ボルト8アンペアで1日の釣りが十分楽しめる

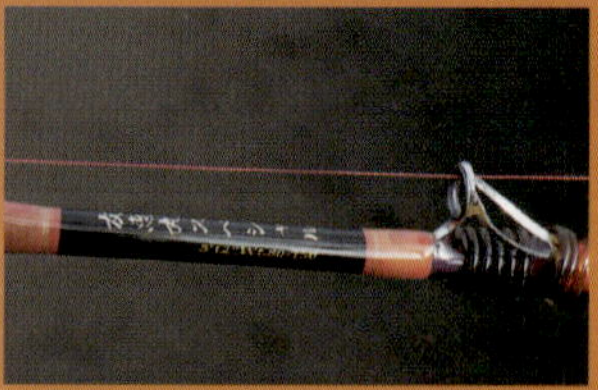

中深場のボトムフィッシングで愛用する“友恵丸スペシャル”。長さ2.3メートルのワンピースロッドで、オモリ負荷80～150号。先調子でアタリが取りやすく魚が掛かると胴に乗る万能タイプ。バット部にはPSS（パーミングサポートシステム）を採用している。1日持っても疲れにくいお気に入りの一本だ

着。魚探画面で海中を確認しながらボートを進めていくと、魚群反応こそないものの、海底にわずかな起伏を発見した。

水深300メートルにもなると海面から海底までを表現するような画面表示では海底の起伏を確認するのは困難である。そんなときに役立つのが、画面左側に映し出された“海底追尾拡大モード”だ。画面に表示された細かなギザギザは、波やボートの揺れなどによって生じる計測誤差成分。右上がりに表現された部分が実際の海底起伏を表現している。

周囲を見渡し、近くに他船が存在しないことを確認したうえで、スパンカーの開き角とボートの推進力を調整して釣りを開始。今回は、ドウヅキ仕掛けの下に片テンビン仕掛けをつないだスペシャル仕掛けで、エサはイカ、サバ、アナゴ、イイダコの四種混合付け。仕掛けもエサもオリジナリティー溢れるものばかりである。これらをいろいろ試せるのが、マイボートフィッシングの楽しいところだ。

ボートが潮流と同調した頃を見計らって第一投。この仕掛けは投入時に手前マツリが発生しやすいので、ミチイトに仕掛けが絡まぬようソォーッと仕掛けを沈めていく。オモリ着底後、イトフケを取って、オモリが海底をトントン叩くくらいにタナ取りする。

毎回のことだが、朝一番の投入は本当にワクワクする。エサに動きを与えるため、サオを大きくシャクリ上げると、サオ先にコツコツと小さなアタリが届いた。いったん、サオ先を下げてイトを送り込んだ後、スーッとサオを立てて合わせを入れる。サオ先にサカナの重みが加わり、ハリ掛かりを実感する。初めはゆっくりした手巻きにて、サカナの大きさ･重さを判断する。残念ながら大物ではない感触に、電動リールをスイッチオン。初めのうちは抵抗を見せたものの、途中から引きがなくなった。案の定、水圧の変化で浮き袋が膨れて上がってきたのは赤褐色の魚体のカンコ（ウッカリカサゴ）。初っぱなから塩焼きにも煮付けにもうまいサカナのお出ましに、2投目にも期待が高まる。ところが、待てど誘えどアタリが来ない。あっという間に1時間が過ぎ、ポイントを変えてはまた1時間が過ぎ、この繰り返しで時計の針は正午を回った。

結局、水深100メートルから300メートルまでをくまなく攻めたものの、午後になっても状況は変わらず、午後2時過ぎ、涙の沖上がりとなった。

だからボートフィッシングは やめられない

翌日、前日の駿河湾での悔しさを晴らすため、今度は相模湾に〈友恵丸〉を浮かべた。タックル、仕掛け、エサは前日と同様。ただし今回は、やや浅場となる水深160メートル付近から釣りを開始した。

魚探画面からは、緩やかなカケアガリであることが読み取れる。実際に仕掛けを沈めてみると、そのオモリで海底を叩く感触から海底質が砂であることが判断できた。

開始早々にオニカサゴが釣れ、なんだか今日はイケそうな予感。その後もサカナの活性が高く、ユメカサゴ、シロムツ、ワニゴチなどが釣れ盛る。

陽が大きく傾いた午後4時過ぎ、誘い上げたサオ先を強烈なアタリが襲った。てっきり定番外道のサメがヒットしたのかと思ってヤリトリを開始したが、途中でサメの暴れっぷりとは異なる引きだということに気がついた。

慎重にヤリトリし、やがて水面下に赤っぽいサカナが見えてきた。それが良型アカムツと分かった時、タモ取りする手が少し震えた。体長40センチメートルで体高のある魚体は重量1.1キログラムの良型。この1尾に大満足し、沖あがりした。

前日のリベンジを高級魚で達成できたことが本当に嬉しい。

これだから、手前船頭の中深場で楽しむボトムフィッシングはやめられない…のである。

魚探で海中の様子を確認しながら誘い続ける。魚探の感度調整状態、水深、映し出された“尾引き”の長さ、サオから伝わるオモリの着底感触、これらを合わせて記憶することで海底質の判別ができるようになる

魚探の表示画面を撮影する装置「魚探録」

自分が開設するホームページ「気ままな海のボート釣り」（http://homepage3.nifty.com/miniboat/）に釣果画像を紹介すると、「どこで釣ったのですか?」というストレートな質問は来ないものの、「どんな海底地形の場所を攻めたのですか?」とか「そのサカナを釣った時の魚探の反応はどんな感じでしたか?」といった間接的な質問をよく頂戴する。

この質問に対して、言葉で説明するのは難しく、結局のところ、ボートフィッシングで釣果を上げるための鉄則として以下に示すようなことを返答し、これまではお茶を濁してきた。

①あらかじめ海図で行き先の目星をつけてから出航し、実際に釣りにあてる時間をより長くする
②自分の魚探のクセを知り、機能を使いこなす
③ボートを魚群反応の上にうまく止め、仕掛けをタナに合わせる
④釣ったときのデータ（ポイント、水深、水温等）を蓄積する
⑤自分だけのポイントマップを作成する
⑥魚探に映る反応と釣れたサカナを合わせて記憶として蓄積する

しかしながら、相手が求めている回答には程遠く、以上のような返答は、きっと質問する側もわかっているに違いない、と自問自答したりもした。

何とかうまく魚探画面の反応を伝えることはできないかと悩んだ末、実行に移したのが魚探画面を記録することだった。無論、最先端の魚探とGPS、さらにはパソコンをボートに持ち込めば、魚探に映し出される情報をデータとして記録媒体に保存することも決して不可能な話ではない。しかしながら、ボートの値段よりも高くなりそうなそんな機器を揃えることは不可能だし、たとえ揃えられたとしても、波しぶきを浴びることもあるようなカートップボート上での使用は、現実的に無理な話だ。

そこで思いついたのが、カメラで魚探画面を直接撮影するというい たって簡単な方法。ところが、実際にやってみるとこれがなかなか大変で、撮影は困難を極めることとなった。日差しの向きによっては、魚探の画面が鏡のようになって撮影者の姿が画像に映り込んだりする。その対策として、撮影時には日差しを遮る黒い布を被ってみたりはしたのだが…。

また、波で揺れるボート上での撮影は手ブレを頻発し、失敗の連続。撮影直後に画像チェックができ、何度も撮り直しができるデジカメをもってしても、なかなか満足いく画像は撮影できない。それもそのはず。魚探に映る反応は画面上を刻一刻と右から左へ移り変わっていき、シャッターチャンスは意外と少ないからである。

何度となく失敗を繰り返し、やっと辿り着いたのが魚探とカメラを一体構造にした装置だ。名付けて“魚探録”。この装置を作ることで、魚探画面の撮影効率、そして撮影画像の品質が飛躍的に向上したのである。

ちなみに、本誌のPART3（84〜119ページ）に採用したモノクロ魚探の画面画像は、すべてこの“魚探録”によって撮影されたものだ。今後も実釣プラス画面撮影で、画像のライブラリーを作っていきたいと思っている。

LS-6100のの表示画面を防水デジカメCaplio 400Gワイド（リコー製）で撮影している

魚探画面に対してデジカメの位置を修正可能にするため微動雲台を使っている

外光を遮断するためフレームの外側を黒い布で覆っている

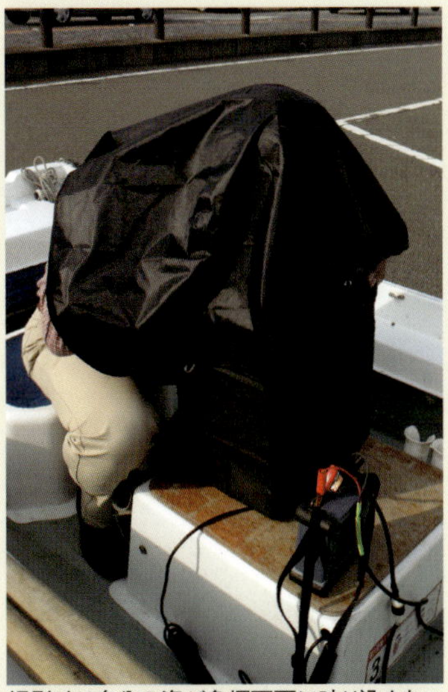

撮影時は自分の姿が魚探画面に映り込まないよう全体を黒い布で覆う

カラーGPSプロッター魚探

FURUNO GP1850WF

ANGLER TADAKI KOSHIMURA

ベイエリアのシーバスゲーム。高性能カラー魚探で水面下の"なぜ?"を分析する

シーバスフィッシングは、
手軽なタックルとポイントまでのアクセスの容易さで、
都市近郊に住むボートアングラーにとって人気の釣り。
潮に乗って移動するベイトフィッシュの群れを追いかける
シーバス同様、ステアリングを握る船長には、
サカナの動きを察知する高度な“読み”が要求される。
シーバスとの知恵比べ。
ベイエリアのルアーフィッシングにおいても、
魚探は強力な武器となる。

文=今井岳美 写真=山岸重彦
text by Takemi Imai, photos by Shigehiko Yamagishi

Air
OUTBOAT
K'S LABO STYLISH FISHING GEAR

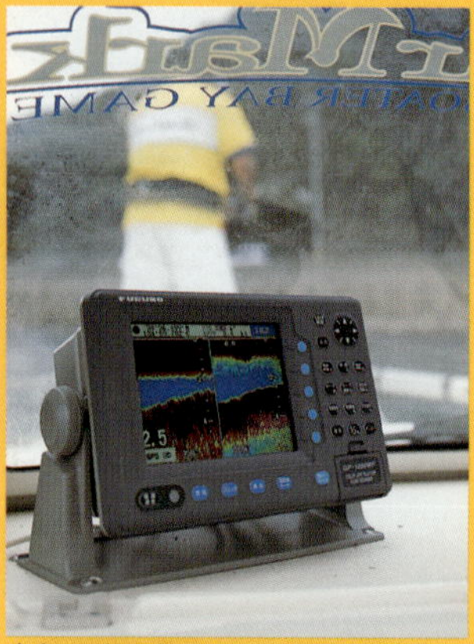

台船の潮上側でハッキリとしたベイトフィッシュの魚探反応を確認した越村氏。バウデッキでキャスティングを開始した途端にヒットした

ハードトップの左舷側に取り付けられたDGPSの受信機。一般のボートアングラーにとって、GPSは、魚探、携帯電話と並ぶ必須アイテムとなる

カラー魚探で究める
ボートの釣り

「AIRMARK」「WAND」「LAKEFORCE」などのルアーブランドで知られるK's LABOのチーフデザイナー、越村忠樹氏。自ら愛艇のステアリングを握って大阪湾周辺で釣行を重ね、実体験に基づくルアー開発を続けている。年間の釣行日数は、およそ250日前後。大阪湾周辺を回遊するシーバスや青物の動きを最も熟知する、ボートアングラーのひとりである。

ボートを走らせている途中で分からない魚探反応を見つけたら、とにかく徹底的にその魚種を調べる、という越村氏。あらゆる仕掛けを持って行き、実際に釣って魚種を確かめるのはもちろん、必要とあればパナソニック製の小型水中CCDカメラを反応の出たポイントに放り込み、魚種をモニターで確かめることもあるという。

「たとえば、深いところに底ベタに張り付く感じで赤の強い反応を発見したけど、アジやイワシの反応とは違う。そんなときは、なにがなんでも実際に釣り上げて魚種を確認します。そのうえで、画面に映った魚探の反応パターンを形として覚えていくんです。岬の形を覚えて、その場所の名前を覚えるのと同じような感じですね。魚探の画面って白地図みたいなもんだと思います」

魚探画面に映し出されたわずかな反応の違いから、ベイトの種類や状態を見極める。これが、シーバスポイントの判断に大きく影響してくるのは言うまでもない。魚探の反応を見て釣る。その経験を次の釣りにフィードバックさせていくというのが、越村氏の基本的な釣りのスタイルだ。

越村氏のボートはハードトップ部分が開放できるようになっていて、ウォークアラウンドデッキに立ってキャスティングしながら魚探画面を確認することができる。広視野角の画面ならではのスタイルといえる

「海の釣りを楽しんでいる人って、釣れないと『今日は潮が悪かったなぁ』で全部片づけてしまうところがあるでしょ。でも、ボクは釣れたら釣れた理由、釣れなかったら釣れなかった理由が知りたいんです。もちろん、潮まわりは重要なファクターだけど、潮が悪くても釣る人はいる。その違いを突き詰めていくなかで、魚探を見る精度というか、価値観を上げていくことが重要だと思います。だからこそ、ボクにとって魚探は欠かせないんです」と越村氏は言う。

その越村氏がステアリングを握るのは、日産ジョイフレンド23。フルウォークアラウンドタイプのレイアウトを採用した、ベイエリア向きのフィッシングボートである。越村氏は、船上での激しいアクションを考慮して、ボートには必要なものだけを機能的に配置。ボートシーバスを楽しむアングラーの“定番”ともいうべきスタイルの一艇にまとめている。

シンプルな艤装のなかでひときわ目立つのが、コンソール上部に取り付けられたカラーGPSプロッター魚探、フルノGP1850WF。横長のカラーTFT液晶ディスプレイに映し出される魚探の反応を常に確認しながら、越村氏はターゲットを追う。ルアーテストで海に出る越村氏の場合、一人でボートに乗ることが多い。それだけに、さまざまなポジションから魚探の反応が確認できる、視野角の広さが求められることになる。

「魚探を選ぶうえで重要となるのは、画面が見やすいこと。とくに、自分の乗っているようなオープンタイプのボートの場合、常時、日陰になるようなスペースは限られているので、直射日光を受けても見やすく、斜め方向からでも見やすいことが重要なポイントになります。それに加えて、僕の場合は“素直な魚探”とでもいうんですかね。拾った反応をありのままに表示してくれるものが良いと思っているんです。プランクトンですら、潮流やそのエリアの海水栄養価などを知ることができるわけで、無駄な情報は一切ないんです」

あくまで、魚探に表示されるのは参考データ。そこから想像力を働かせていくのは自分自身の作業だと、越村氏は考えているのである。

船体後部にロッドホルダーとランディングネットを配置。ウォークアラウンド部分には、障害物となる艤装品やタックルを置かないようにしている

非常に限られた時間のなかでコンスタントにシーバスを釣り上げていった越村氏。撮影当日は数釣りが目的ではなかったので、まずはチャート系の色でアピールした。ファーストヒットさせてから、青系のルアーに変更。その後も連続ヒットが続いた

水面下を想像するプロセスを楽しむ

撮影当日は、厚い雲が広がるコンディション。越村氏の愛艇が係留されている西宮マリーナに集合した段階では、小雨まじりの天気だった。

雨がやんだのを見計らって、予定より2時間ほど遅くマリーナを出て淡路島のアオリイカポイントへと向かう。途中、魚探に反応があれば青物も狙うという算段だ。大阪湾のボートアングラーにとって、秋から冬にかけては、シーバスだけでなく、タチウオ、ハマチ、アオリイカなどルアーで狙えるターゲットとなる魚種も増え、魚探の活躍する機会も多くなる。

淡路島に向かう途中、越村氏は頻繁に魚探画面を確認し、イワシの反応を追った。表層部分に赤いボール型の反応があれば、ボートをアイドリング状態にする。潮下からアプローチして反応を拾い、走ってくる途中で見つけたポイントまで潮に流されていくというスタイル。これによって、スパンカーやバウモーターを装備せず、しかもシングルハンドで確実に反応のあったポイントへとアプローチすることが可能となる。

取材当日に使用したタックル。越村氏は大阪湾をフィールドにして商品開発を続けている

魚探に映る形状がボール型ということは、イワシが何かに追われて群れが固まっているというサイン。よく言われるように、ベイトフィッシュが逃げ場のない表層へと上がってくれば、青物狙いの好機となる。

「魚探から得られる情報はターゲットとなる魚種の判別だけではありません。ベイトフィッシュの反応とか状態。たとえば、移動中なのか、外敵に襲われているのか、ただ漂っているだけなのかなど、どういう状況にあるのかを見極めることが重要なポイントになりますよね。具体的には、中層か上層か、魚探から反応が消えるスピード、反応の形、地形の状態などを見るようにしています」

こうした画面の情報をもとに、水面下の状態を空想するプロセスを越村氏も楽しんでいるのである。

大きなレンジでサカナの動きを読む

須磨沖から明石海峡大橋を通り、淡路島のアオリイカポイントに到着すると風はさらに強くなってきた。このポイントは、水の透明度が高い冬場に海草の生育状況を確認しておいた場所。アオリイカのサイズが小さい時期には、産卵場所となる根

アオリイカのエギングは、ボートフィッシングでもすっかり定着した。越村氏はアオリイカが産卵する海草の生育状況を事前に調べ、ポイント選びの参考にしているという

魚探の振動子はコクピット後部に設置されたイケスの底部に取り付けられている

越村氏が使用するのは、FURUNO GP1850WF。カラーGPSプロッターと2周波魚探を内蔵。ボートアングラーのさまざまなニーズに応えることができる。越村氏は本体部分をコンソール上部の左舷側に配置している

動きの激しいシーバスフィッシングでは、船上のあらゆる角度から魚探反応が確認できる表示能力が要求される

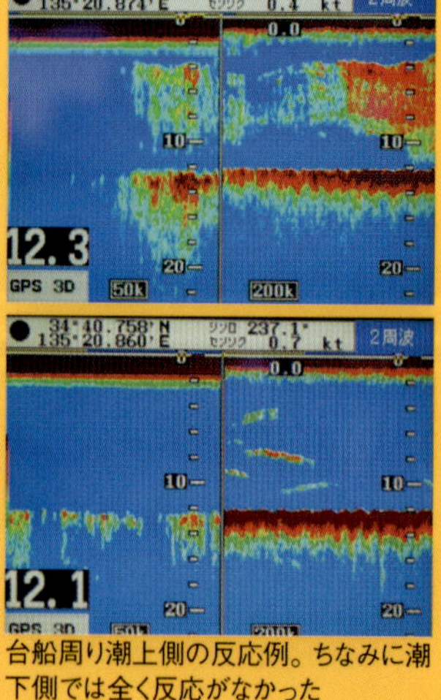

台船周り潮上側の反応例。ちなみに潮下側では全く反応がなかった

周りの海草の状態が重要な情報源となる。

「海草、といってもアオサのような感じのものではなく、茎の部分がしっかりした海草っていうんですかね。こうした海草も、生育状態の良し悪しが年によって場所が違ったりするので、冬のあいだに調べておくんです」

プレジャーボートとしては非常に高機能な魚探を搭載している越村氏だが、魚探にばかり頼って釣りをしているわけではない。サカナの生態や行動パターンなど魚探に映らないデータもしっかりと蓄積しているのである。

越村氏の場合、浅瀬のシモリ根周辺を狙ったアオリイカ釣りでは、魚探は水深マーカーとして機能させている。特にこの日のようにボートの流されやすいコンディションにおいては、絶えず変化する水深を“読む”ツールとして、魚探は必要不可欠のアイテムになるという。

大阪湾にも数多くのマンメイドストラクチャーが存在する。魚探の反応だけでなく、潮の流れ、海水の色などを確認し、越村氏は効率良くベストポイントを見つけていった

「たとえば、3メートルあたりの水深でアオリイカを狙うとします。波や風の穏やかなコンディションであれば、水深4メートルぐらいのところからアプローチしていくことも可能ですが、今日のように波風が強い日は10メートルあたりの水深ラインから流していく必要があるわけです」

もちろん、一人釣行の頻度が多いボートの場合、水深を読み取ることは座礁を回避するうえでも必要不可欠な作業であることはいうまでもない。

この日は、サイズや数よりも、魚探反応のバリエーションを撮影するのが第一目標。アオリイカを、瞬く間に4ハイほど釣り上げたところでタイムアップ。越村氏はボートを移動してシーバスポイントへと向かった。

よく知られているように、大阪湾には、瀬戸内海方面から神戸、大阪を経て和歌山方面に抜ける大きな潮の流れなど、いくつかの潮流パターンがある。越村さんの場合も、これがシーバスゲームを組み立てるうえでの基本になっているという。

「このあいだまで須磨の海釣り公園沖にいたシーバスが、東へと移動していく。で、武庫川の一文字を西側から入ってきたか、東側から入ってきたか。西側から入ってきたら、その一番手前にある障害物を探る。さらにそこに居なければ、その奥の障害物かなと。さらに、その日の天気、海中の濁りぐあい、潮の流れなどで、どっちの影響が大きいのか。要は消去法ですね。こうした大きな戦略のなかで、魚探を活用していくことが重要なんです」。

ここの岬周りとか、ここのワンド周りといった狭い範囲で魚探の反応を見るのではなく、大きな流れのなかでゲームを組み立てていく。それによって、ポイントを確実に探し当てていくことが可能となるのである。取材当日も一文字の東側を抜けて最初にある台船の潮上側で、ハッキリとしたベイトフィッシュの反応を確認。非常に限られた時間のなかで、越村氏は連続ヒットを重ねていった。

「まずは大きな流れで考えてみる。また、実際に自分の眼で潮の流れの変化、潮の色の変化を確認することも忘れてはなりません。そうしてポイントを探っていくのが、マイボートの釣りの醍醐味といえるんじゃないでしょうか。もちろん、自分の“読み”を分析するうえで魚探は欠かせないものではありますけどね」

魚探のパワーは十分に認めつつも、魚探だけに頼るのではない。実際の海の状態を五感で感じながら想像を膨らませていく。そのうえで必要な情報を効率良く集め、分析していくのが、“コッシー流”の魚探活用術といえるのである。

ANGLER'S VOICE

文=越村忠樹

私にとって魚探は、釣果を上げるための電子機器であり、サカナの食性やポイントの状況、そしてなぜそこにサカナがいるのかを分析するために必要不可欠なものです。魚探がなくても釣りはできるでしょう。しかし、なぜ釣れたのか、どういった状態のサカナが食ってくれたのかを知ることが、釣りをさらに面白く、奥深いものにしてくれるのだと考えています。

これらのデータの蓄積が翌年の釣りに役立ち、いかに多くのデータを認識しているかが釣れる自信へとつながっています。私にとってかけがえのないゲームを盛り上げてくれるのが魚探なのです。

画面からより正確な情報を得るには、その画面に表示されたものだけを鵜呑みにしてはいけません。2Dで表示された画面から、いかに3Dをイメージしていくかが重要になってきます。もちろん平面の画面パターンで、その魚種、状況を覚え込む方法もあるでしょう。しかし、私にとって釣りは“ゲーム”。さらにそこから想像力を働かせて推理しながら、魚探を読んでいきたくなるのです。

「魚探は、釣りというゲームをさらに面白く、奥深くするツール。想像力を働かせて推理しながら、画面情報を読みとることが大切です」

魚探を使えば、サカナの移動方向やスピード、水深、障害物への付き方などから、魚種を認識することまで可能です。ただし、これは想像であって、初めのうちは外れていることも少なくありません。

たとえば、海底付近の固い隆起物の周辺に帯のような魚群が確認できたとします。帯状から移動性の長い群れより、アジだろうと判断します。アジが根を回っているなら、タイや青物などの期待が膨らみます。ところがどっこい、ボートの移動スピードが遅く、群れの上に長くステイしているため、魚探に反応し続けていたコノシロだったなんてことも多々あるのです。

魚探を楽しむというのも、釣りのひとつだと思います。普段と違う反応が見られたら、そのターゲットをサビキ仕掛けなどで釣ってみるのもよいでしょう。こんなところに、こんな魚種がいるんだという発見があるはずです。さまざまな想像から膨らむ釣りのイメージは、集中力を持続させてくれる効果も高く、釣りの手段を広げてくれます。

アジ釣りのポイントであっても、底が岩盤質で海藻が読み取れたら、ソイやカサゴのようなうれしい外道が釣れたりします。アジのメジャーポイントであっても自分だけは根魚も狙える秘密のポイントが発見できるというのも、魚探を読み解くなかでの産物といえます。私自身、美味しいメバルのポイントを数多く発見してきました。あとは、皆さんがそのようなポイントで、どれだけたくさんの釣り方を試すかだけなのです。

サビキ釣りに出かけた場合でも、ルアーのメタルジグを数個持って行けば、アジを捕食しにきたハマチやスズキが釣れる可能性も広がっていきます。昨今、人気急上昇中のアオリイカ釣りも、そんなちょっとした試しから釣れだしたのです。ぜひ、皆さんも魚探で楽しんでみて下さい。

越村忠樹氏。ルアー全般のタックル開発を本業としつつ、大阪湾周辺のルアーフィッシングに関する情報を自らのサイトや雑誌などで積極的に発信している。ホームページアドレスは、http://www.ks-labo.com/

PART 1 CHECK IT

BASIC KNOWLEDGE ON FISHFINDER

魚探大研究

PART 1

BASIC KNOWLEDGE ON FISHFINDER

魚探の基礎知識

昭和23年、海中の魚群状況を超音波で探知できる魚群探知機が誕生した。
魚探を開発し、それを実用的なマシンに作り上げたのは、
長崎県口之津港で船の電気工事業を営んでいた古野清孝、清賢兄弟だった。
魚探開発のヒントは、ある船頭がそっと教えてくれた内緒ばなし、
「魚群のいるところには必ず泡が出るばい！」だったという。
泡は超音波を反射するから、
泡が探知できればそこに魚群がいることがわかる。
この船頭秘話が魚探開発のトリガー（引き金）になったのである。
魚群探知機の基本は、初期のモデルと最新のモデルを比べても
さほど大きく変わっていない。
原理は“やまびこ”と同じであり、
音（超音波）の反射をとらえることで海中の様子を探るという仕組みに基づいている。
船底から発射した超音波は、想像もつかないほど遠くの、
深場の魚群をとらえることができる。
水中における音の不思議パワーには脱帽である。

解説／須磨はじめ
Hajime Suma
写真／古野電気　イラスト／須磨はじめ

1 魚探の仕組み ［ 超音波の反射が水中を画面に映し出す不思議 ］

音波と超音波

音波は、一般的には人間の耳に聞こえる範囲の振動である。空気中はもちろん、弾性体も伝わってゆく。特に、物質内部では速い速度で伝わるという特性を持つ。

「おんぱ【音波】——流体および固体の中を伝わる弾性波。弾性体の体積・形状の周期的変化が波動として伝わるもの。特に、空気中を伝わり、人間が音として感じる範囲の振動数をもつものをさすことが多い。」（三省堂大辞林）とある。

一方、超音波は、人間の耳には聞くことができない周波数の高い音域の振動である。

「ちょうおんぱ【超音波】——振動数が1万6千ヘルツ以上で、人間の耳に感じない音波。現在では高い周波数をもつ各種の弾性波をいう。その発生と検出には、水晶振動子・電歪振動子・磁歪振動子を用いる。波長が小さく指向性が強いので、そのパルスを発振させて海の深さを測る魚群探知機やソナーに利用される。同様の原理で固体材料の内部の欠陥を検査したり、宝石・ガラスなどの切断や加工、乳濁液生成、洗浄、殺菌などにも利用される。」（同書）とある。

＊

音波も超音波も波である。波は振動の伝搬のこと。ふと頭に浮かぶのは、静かな湖面に石を投下したときにできる波紋であろう。投下個所から、きれいな円形が360度方向へ広がっていく。これは完全な無指向性状態であるが、魚群探知機では一定方向へ超音波を発射するように作られている。

音波や超音波が空気中を進む速さ（音速）は、毎秒340メートルである。これが水中では、毎秒1,500メートルになる。もちろん水温などによって、伝搬速度が少し影響を受けるが、我々が使用する魚群探知機では、それほど気にするファクターではない。

＊

戦後、魚群探知機が実用化され漁船に搭載されたが、初期の記録式魚探も、今日活用されている最新鋭のカラー魚群探知機も、探知原理は同じである（1-1）。

魚群探知機では探知信号に超音波を使用する。超音波を発射し、その反射波をとらえることで海や湖など水中

1-1 初期の魚群探知機

本機は魚探開発当初の姿をとどめる湿式記録式魚探である。セットした15センチ幅の湿式ロール紙上に、記録ペンが走行して魚群反応を描いてゆく。大きなツマミは、深度、感度、消去、照度の4つだけだ。今日でも巻き網漁船では現役マシンとして活用されている

PART1-1
魚探の仕組み

の様子を探ることができる。

音は振動数が多くなり、高い周波数になるにつれて、ピー音からキー音になり、ついには人の耳には聞こえなくなる。この人間には聞くことができなくなる高い周波数の音域は“超音波”と呼ばれている。

空中の情報伝達には、音波のほかに電波や光があるが、残念ながら水中では、電波や光はすぐに減衰するため使えない。また、音波といっても人間に聞こえる音波域では周波数が低すぎるので、効率よく音波を発射することができない。よって、水中では超音波が唯一の情報伝送媒介となる。魚群探知機をはじめ、あらゆる水中計測機器には、この超音波が使われている(1-2)。

水中における超音波の伝搬速度は、空中の約5倍の速さとなる。超音波は水中ではそれだけ早く情報収集が可能となるのだが、この伝搬速度、電波や光と比較するとまったく問題にはならないほど超低速度である。

しかし、水中においては超音波が唯一の情報伝送媒介であるから、水中での物標探知や情報伝達は、すべて超音波に頼らざるを得ない。ちなみに、媒体物質の密度が高いほど伝搬速度も速くなる。たとえば鉄材を媒体とした場合、超音波は毎秒5,000メートルも進むという。

魚探で使う超音波

魚探で使う超音波は、低い周波から高い周波数まで大体その範囲が決まっている。通常、低周波の15キロヘルツから高周波の200キロヘルツの範囲である。特殊な場合には400キロヘルツという高周波を使う機器もある。

プロ用魚探の周波数使用例では、15、22、28、38、45、50、68、75、88、107、150、200、400キロヘルツと、多段階に設定されているマシンも活用されている。

一方、プレジャーボート用魚探ではほとんどの場合、低周波は50キロヘルツ、高周波は200キロヘルツを使用している。この2つの周波数を同時にまた交互に発振する仕組みになっている。もちろんプロ用魚探を搭載すれば異なる周波数での探知ができるが、プレジャーボートの釣行では、50と200キロヘルツの2周波で十分である(1-3)。

1-2 超音波のイメージ①

魚探では音波域の中の超音波を使用する。音波は人の耳で聞き取れるが、超音波になると周波数が高くなり聴取できない

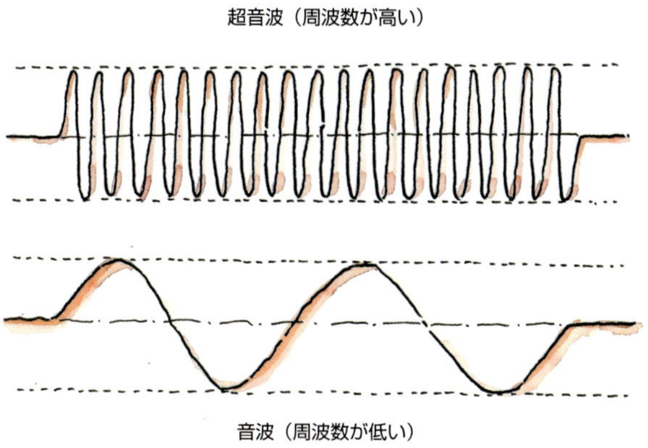

1-3 超音波のイメージ②

超音波の中でも低い周波数と高い周波数がある。それぞれの目的、用途に応じて使いわける

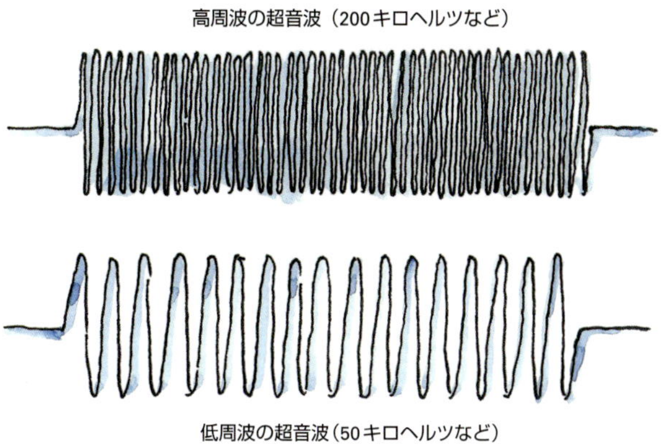

魚探の基本的な原理

魚探は超音波の反射特性を利用することで水中の魚群を探すマシンであるが、はてさて実際にはどのようにして魚影をとらえるのだろうか。魚探の基本的な原理をみてみよう。

“やまびこ”なども そうだが、発射した音波や超音波は、伝搬途中で何か物体に当たると反射し、その反射波の一部は発射したところまで返ってくる。魚探ではこの基本的な超音波の反射原理を活用している。

魚探での超音波の送受信は、船底に設置した送受波器を介して行う。送受波器には振動子という特殊な素子が内蔵されており、これが魚探センサーとなる。

その動作はこうだ。まず、船底部分の送受波器から海底方向に直角に超音波を発射する。超音波は海底に向かって真っ直ぐに進んでゆく。

このとき、超音波が進んでいく線上に魚群など何か物体がある場合は、超音波はその物体に当たる。そして、当たった超音波はすべて反射する。ほとんどの反射波は、海面方向へ向かうが、入射角によっては斜め方向や真横へ反射するものもある(1-4)。

海中物体に真正面に当たった超音波は、そのまま同じ経路を通って船底方向へ返ってくる。もちろんそれは極めて微弱な信号になっている。

船底まで返ってきた反射信号は、送受波器でキャッチされる。反射信号が送受波器面に当たるとすぐに電気信号に変換され、受信回路へと進む。アンプ部で増幅された信号は、液晶表示器やブラウン管画面上に魚群映像として表示される。

一方、魚群の横をすり抜けた超音波は海底まで到達し、海底表面で反射する。海底反射波は、そのまま船底方向へ返ってくるもの、斜め方向へ反射するものなどさまざまである。同様に送受波器まで返ってきた反射波は、電気信号に変換され、信号増幅され、画面上に映像として表示される。

この時、超音波を発射してから反射波が返ってくるまでの時間を測定すれば、計算によって自船から魚群や海底までの正確な距離(深さ)を知ることができる。幸いにして、超音波が海中を進む速度は遅いため、深さや距離を測るのには便利である。

海中で超音波が進む速さは、1秒間に1,500メートルである。測定した時間が1秒ならば、魚群や海底など反射物のあるところまでの距離は750メートルとなる。この場合、超音波が1秒間に750メートルの距離を往復したことになる(1-5)。

また、超音波を発射したあと海底からの反射波が返ってくるまでの時間が2秒だとすれば、その海底深度は1,500メートルとなることがわかり、往復時間が0.1秒ならば海底までの深さは75メートルであることが分かる。

1-4 魚探の原理図

まず船底に取り付けた送受波器から超音波を発射する。発射した超音波は海底に向かって真っ直ぐ進む。途中、魚群や海底に当たった超音波は反射する。反射波の一部分は船底部分まで返ってくるので、これを送受波器でとらえる。超音波を発射してから反射波が返ってくるまでの時間を測ることでその反射物までの距離(水深)がわかる

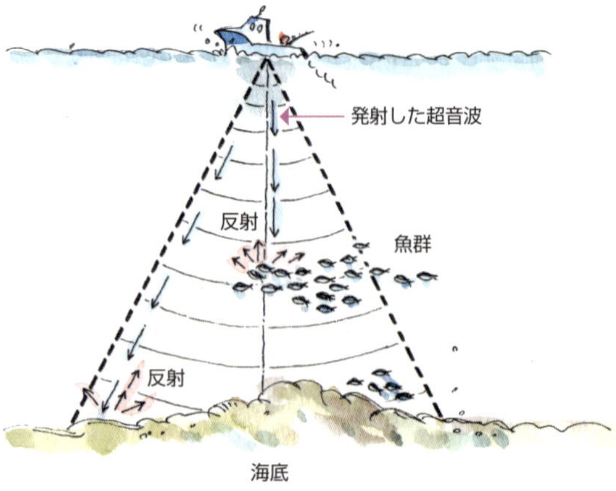

1-5 反射波のイメージ

超音波は海中を毎秒1,500メートルの速度で伝搬する。超音波を発射して1秒後に海底からの反射波が受信できた場合、海底深度は750メートルであることがわかる

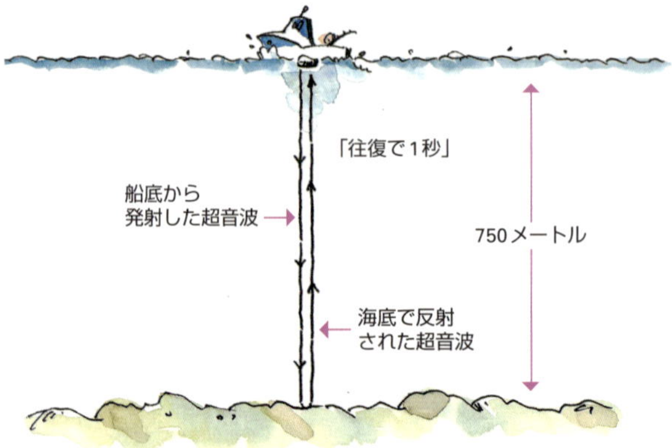

PART1-1
魚探の仕組み

一般に市販されている魚探では海中を進む超音波の速さは、秒速1,500メートルとして設計されている。厳密には、海水温ほかのファクターによって水中を伝搬する超音波の速度は異なる。

海中へ発射するのは超音波パルス

魚探は水中へ超音波を発射し、その反射波をとらえることで、魚群の存在やその分布状況を知ることができる船舶用電子機器である。

水中に発射する超音波信号には、パルス波を使用する。パルス波は、鼓動波とも呼ばれる瞬間的な電気信号のことである。

魚探では超音波信号を、瞬間、瞬間に発射する仕組みになっている。このパルス波は1分間に何百回とか、多いときには1,000回を越えて発射される場合もある。送受波器から超音波が発射されたあと、魚探はすぐに受信状態に切り替わる。発射時間は瞬間的だが、それに比べると受信状態は長く続く。

発射された超音波は水中を真っ直ぐに進む。途中、魚群や海底に当たって反射し、その反射波が元の送受波器のところへ返ってくるが、そのあいだ中、魚探は受信状態になっている。

そしてまた、次のパルス波を発射する。パルス波を発射すると、すぐに受信状態に切り替わり、海中からの反射信号を待つ態勢に入る。この動作を超高速で繰り返すのである。

発射された超音波は、広がりながら水中を進んでゆく。その角度は、送受波器がもつ指向角によって決まる。数百ワットとか数キロワットという強力なパワーで発射された超音波エネルギーも、広がりながら進むのでそのパワーは次第に減少してゆく(1-6)。

水中を進んだ超音波は、途中魚群に当たるとそこで反射する。超音波は、大体魚体の背中部分に到達するが、その当たる角度によって反射角が決まる。もちろん、これらの魚群による反射信号は弱いものである。

魚群によって反射された信号は、また拡散しながら海面方向へ進んでゆく。その一部分は、超音波を発射した送受波器のところまで返ってくる。そのほんの一部分の超微弱な反射信号を、船底に装備されている送受波器でとらえるのである(1-7)。

送受波器は小さなものである。直径わずか7センチとか10センチ程度の小さな受波面で反射信号をキャッチする。海中ノイズや船体ノイズに邪魔されながら、魚群からの反射信号はとらえられる。実にシビアな動作である。

1-6 パルス波のイメージ

送受波器から海中に発射するのは超音波パルスである。送受波器には指向特性があるので、パルスは拡散しながら海底方向へ進む

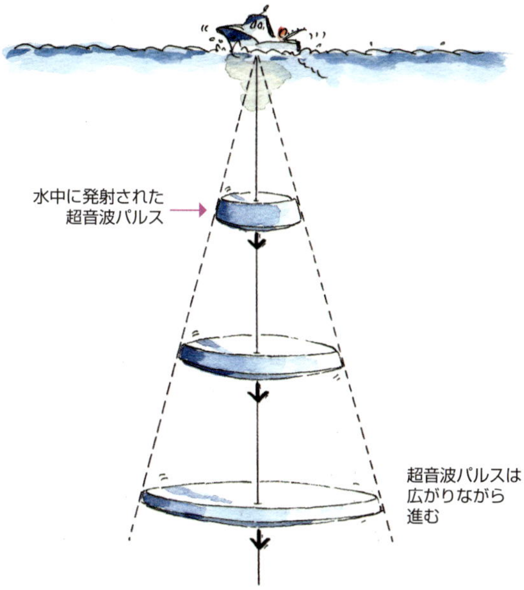

1-7 魚探から発射した超音波が戻ってくるまで

発射された超音波パルスは魚群に当たるとその一部分は元のところへ返ってくる。反射波も拡散しながら返ってくるので、船底の送受波器でキャッチできるのは極めて微弱な信号となる

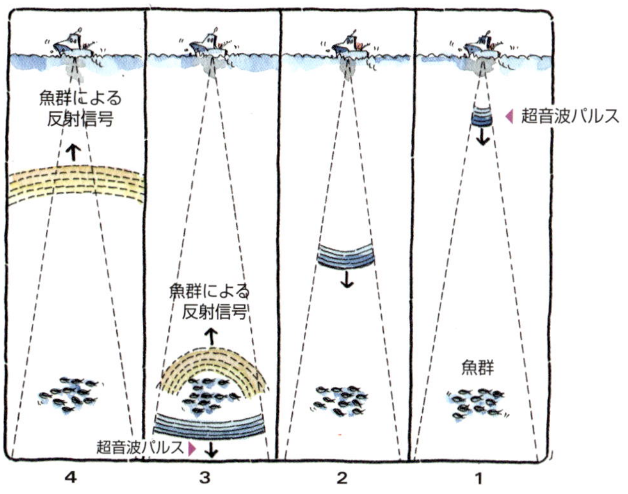

PART 1

魚探
大研究

探知角度は送受波器で決まる

送受波器は、水中へ超音波を発射したり、反射波をとらえるための魚探センサー部である。送受波器には独自の指向特性、すなわち超音波を発射する際のビーム特性がある。指向特性いかんによって、水中探知能力は大きく左右される。

指向特性を決定づける一番大きな要素は、送受波器の周波数である。周波数は、50キロヘルツとか200キロヘルツ(kHz)という単位で表現される。基本的には、50キロヘルツのように低い周波数ほど指向角は広くなり、200キロヘルツのように高い周波数ほど指向角は狭くなる(1-8)。

送受波器の内部には、振動子が組み込まれている。魚探本体からの電気信号でこの素子が振動し、その震えが超音波となって海中に発射される。ちょうど、無線機のアンテナやステレオのスピーカーのような役目である。受信時は集音マイクの役目をして、水中からの反射波を拾う。

振動子はむき出し状態ではない。その全体をゴムでモールドしている。このため、送受波器が海水に浸かっても、電気ショートなどは起こらない。

*

ここで、送受波器から超音波を発射したときの状況について見てみよう。

発射された超音波エネルギーは、大なり小なり拡散しながら真っ直ぐ海中へ進んでゆく。この広がり具合が、送受波器の指向特性、すなわち“指向角”によって決まってくる。ちなみに、この指向角は“ビーム幅”ともいう。

指向角は超音波を発射する角度であり、探知範囲を示すものでもある。低周波の50キロヘルツでは大体60度、200キロヘルツでは15度前後が一般的である。

指向角は同じ周波数でも送受波器の形状によって異なる。またメーカーによっても違ってくる。さらに同じメーカーの魚探でも仕様が異なる場合や、オプション設定されている送受波器は、指向角が異なることがある。

送受波器の指向角とは、次のようなものである。少々ややこしいが、これは魚探の基本でもあるので、ちょっと詳しく見てみよう。

送受波器から超音波を発射した場合、送受波器の直面に対して真下方向の信号が一番強く伝わる。その中心から外側の位置では、信号は徐々に弱くなる。

信号最強位置から少しずらしてゆくと、信号の強さが直下の場合の半分になるところがある。発射点と、左右の信号強度が半分になる点を直線で結んでみると、三角形ができ上がる。

この中心軸からみた左右の開き度合いが指向角になる。信号の強さが半分に減少するところは左右にできるので、これを合わせた角度を送受波器の指向角としている(1-9)。

魚探を購入するにあたっては、一度、各メーカーの魚探カタログや取扱説明書の仕様に記載されている指向角を確認することをお勧めする。

1-8 周波数と探知範囲の関係

周波数によって探知範囲が異なる。低周波数の50キロヘルツでは広範囲を探知しているが、高周波数の200キロヘルツでは狭い範囲を絞り込んで探知する。それぞれの特徴をいかして海中の魚群状況を探っていく

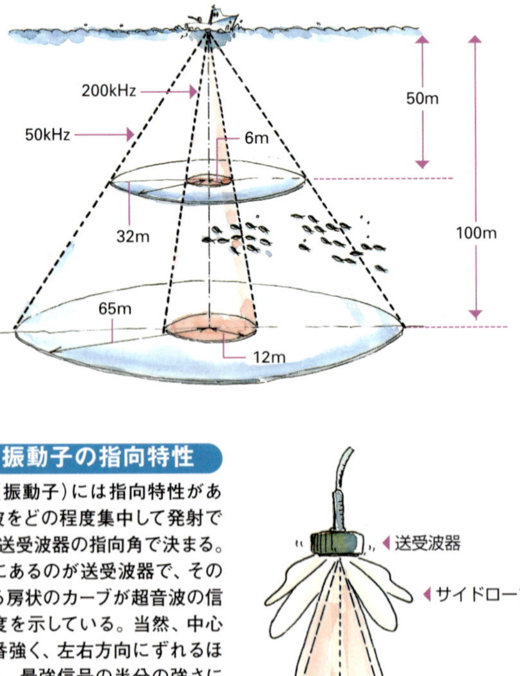

1-9 振動子の指向特性

送受波器(振動子)には指向特性がある。超音波をどの程度集中して発射できるかは、送受波器の指向角で決まる。図の上端にあるのが送受波器で、その下に伸びる房状のカーブが超音波の信号発射強度を示している。当然、中心軸上が一番強く、左右方向にずれるほど弱くなる。最強信号の半分の強さになる位置を結んだ角度が指向角になる

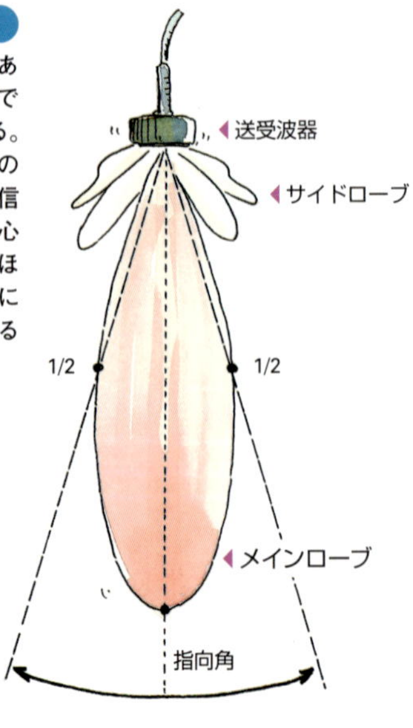

隣のボートが与える影響

自船の近くで同じ周波数や関連周波数の魚探が作動していると、探知障害を受けることがある。干渉という現象だ。

家庭でテレビを見ているとき、ときどきシマ模様が入ったり、画面が乱れる現象に似ている。これは近くで使用している高周波ミシンや、強力なアマチュア無線の電波が入ってくるためで、これに似た障害が魚探に現れることがある(1-10)。

魚探の干渉は、斜線、点々などの繰り返し模様として現れる。干渉が生じた場合、障害映像は画面の上から下まで現れる。干渉波は他船の魚探から出る発振信号によるものがほとんどだが、自船の電気機器から出る雑音による場合もある。

干渉を除去するには、干渉を受けている魚探から発射されている超音波発射のタイミングをずらす必要がある。探知周波数を切り替えるとか、隣接船から離れるのも一方法だ。

干渉波のほかに、細かい雑音が現れることがある。感度を上げすぎたり、水中からの不要な反射がある場合に生じるノイズである。今まで何も反応がなかった水中全体が薄い青色系で染まったり、ハケで引っかいたような模様や点々パターンが現れて、画面全体が見づらくなることがある。

このようなときには、“クラッタ機能”で除去できる。これは画面上の青色系を除き、目的映像をハッキリ映し出すことができる機能である。クラッタの働きで下地の雑音をカットでき、画面はクリアで鮮明な映像になる。海域や季節、時間帯によってプランクトン反応が画面上に現れることがあるが、この反応もクラッタできれいに除くことができる。

気泡は超音波の大敵

ボートが走行するとその周辺には気泡が発生する。気泡はオモテからトモにかけて船体に沿って回り込む。

しかもプロペラの回転によりアワは一段とかきたてられる。自船周辺はアワで囲まれ、白く長い航跡はしばらく残る(1-11)。

超音波はアワが苦手だ。魚探から発射された超音波信号の進行方向にアワの幕が生じると、超音波は大きな障害を受ける。超音波はアワの層にはばまれ、前に進めない。せっかく発射した超音波パワーのすべてがアワの層で反射されたり、大きく減衰してしまうからだ。

当然、水中からの反射波がなくなるので魚群や海底信号をキャッチできない。これがアワ切れ現象である。

アワ切れによる魚探映像の乱れがもっとも顕著なのは、船をアスターン(後進)させたときである。スクリューによってかきまぜられた気泡が、トモから船体全体を包み込み、自船周辺はアワで真っ白になる。このとき、魚探画面上では海中映像は途絶え、海面近くのアワによる反射信号だけが強く映し出される。

強烈なアワ切れ時は、海中情報が完全に消える。やや弱いアワ切れでは、映像がクシ状で途切れたりする。このようなときはアワ域から脱出するしかない。

アワの影響を避けるには、まず送受波器の取り付け位置を考慮しなければならないが、釣り場で魚探を作動中に気をつけなければならないのは、魚探で魚群探索中に“後進をかけない”ことである。特に魚探入門者はいつも前進のみで魚群を探そう。

1-10 干渉のイメージ

近場にいる他船の魚探から干渉を受けることがある。画面上に斜線が入り、映像が見づらくなる

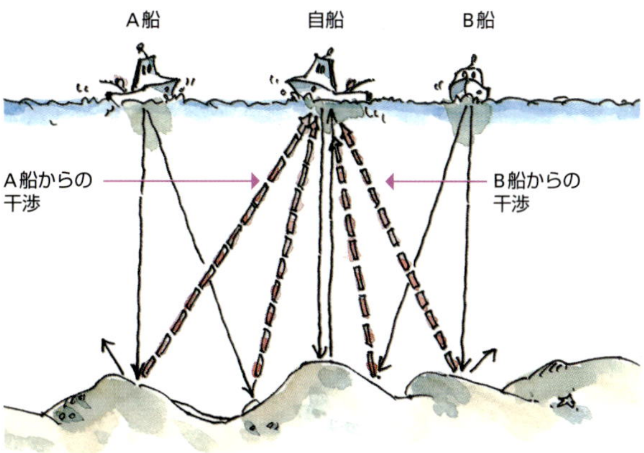

1-11 気泡は魚探の大敵

魚群発見時に後進をかけると気泡が自船の周辺を取り囲むように発生する。自船が気泡の中に入ると探知障害が発生する

魚探の構成

小型漁船で使用する魚群探知機の基本構成は、指示部と送受波器の2つのユニットから成っている。中型や大型漁船用では、これらの基本ユニットの他に、制御部、外部送受信器、操作部などが別付けとなるタイプもある。

ここで、プレジャーボート用の中・小魚探の場合を参考にしながら機器の構成をみてみよう。

中・小型魚探の機器は、一般に指示部と送受波器の2ユニットで構成されている。指示部内には、発振回路、受信回路、映像表示回路、電源部などすべてがビルトインされている。指示部はブリッジ内の見やすい場所に、送受波器は船底部分に取り付ける。指示部と送受波器間は1本のケーブルで接続する。また、指示部へは船内電源から電気を供給するため電源ケーブルを配線する。基本となる接続はこれだけである(1-12)。

小型送受波器の最大直径は7センチメートル、その厚みは3センチメートル程度である。送受波器の中央から22ミリメートル径の軸が立っており、その長さは12センチメートルぐらいある。

軸部分には、ワッシャーと送受波器を船底に固定するためのナットが付いている。送受波器の先端からは、ケーブルが出ている。これは、指示部へ接続するためのケーブルである。長さは8メートルのものが多い(1-13)。

このケーブル、小型ボートなら最適な長さなのだが、カートップボートでは長すぎるので、丸めて固定するとよい。送受波器ケーブルの端末には、指示部背面に差し込むコネクターが付いている。

このほか指示部取り付け金具、ネジ、ヒューズ、取扱説明書などが付属している。

＊

魚探を完全な動作状態にするための機器接続は、単純かつ簡単である。電気知識があまりなくても容易にケーブル接続ができるのだ。

まず送受波器に付いているケーブル端のコネクター─を、

1-12 魚探の構造図

我々が使う魚探は、指示部と送受波器の2つのユニットで構成されている。もちろん、魚探を作動させるためには、電源のバッテリーが必要である

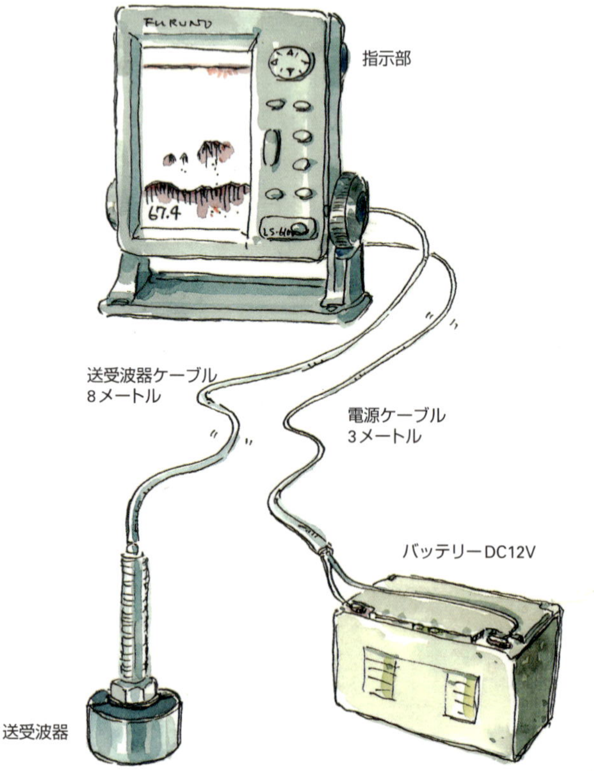

1-13 小型魚探の送受波器

小型魚探の送受波器は丸型と角型があり、全体がゴムでモールドされている。写真の送受波器はいずれも50キロヘルツと200キロヘルツの2周波数対応型である

指示部背面のコネクター受け口に差し込む。電源ケーブルコネクターも、指示部の背面に差し込む。コネクター一部は右回転させて抜けないように固定する(1-14)。

魚探を作動させるためには電源が必要である。電源にはバッテリーを使う。電源ケーブルにはプラスとマイナス、2本の導線が入っている。ケーブルの先端は2つに分かれているので、導線部分をバッテリーにつなぐ。

黒色はマイナスへ、赤色(白色の場合もある)はプラスの端子に接続する。中・小型のプレジャーボートならバッテリーと魚探の間に配電盤が入るが、カートップが可能なミニボートではヒューズを介してバッテリーに直結する。電源は自動車用バッテリーで十分使える。

送受波器はどこに設置するのか

送受波器は通常、水中に露出する形で取り付ける。船底部に穴をあけて送受波器を海中に突出させたり、舷側に特殊金具を使って海中に取り付けたりする。

1-14 コネクターの接続

コネクターはまっすぐ差し込み、右に回してしっかりと固定しよう

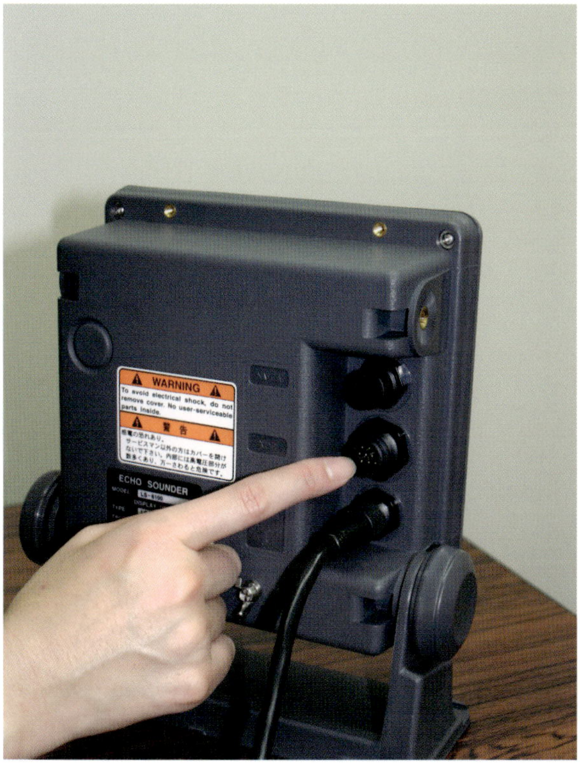

小型船においては、送受波器をイケスの中に入れたり、船底内で特殊な入れ物に入れたりして装備するインナーハルという方式があるが、この場合は受信感度が低下する。いくら船底が薄いFRP板とはいえ、船底板を通して超音波を発射したり、船底板を通して海中からの反射信号を受信するので、受信感度はガクンと落ちる。

ただ、この設置方式は簡単であり、しかも船底の穴あけ作業が不要なところから、プレジャーボートで多く採用されている。もちろん、瀬戸内海程度の浅い水深であれば問題なく使える。

いずれにしても、送受波器は海中に露出する方式がよい。漁船や遊漁船ではキングストンという専用金具を用いて船底を貫通させる方式や、長い舷側パイプで探索時に送受波器を海中に入れる方式など、設置方法はいろいろある(1-15)。

1-15 送受波器の取り付け方法

送受波器は船底部分に取り付ける。プレジャーボートでは、船内に取り付けるインナーハル方式が多いが、本格的な釣行をねらう場合は船底を貫通させた取り付けが必要。他に船底突出設置、トランサム設置方式、舷側方式などがある

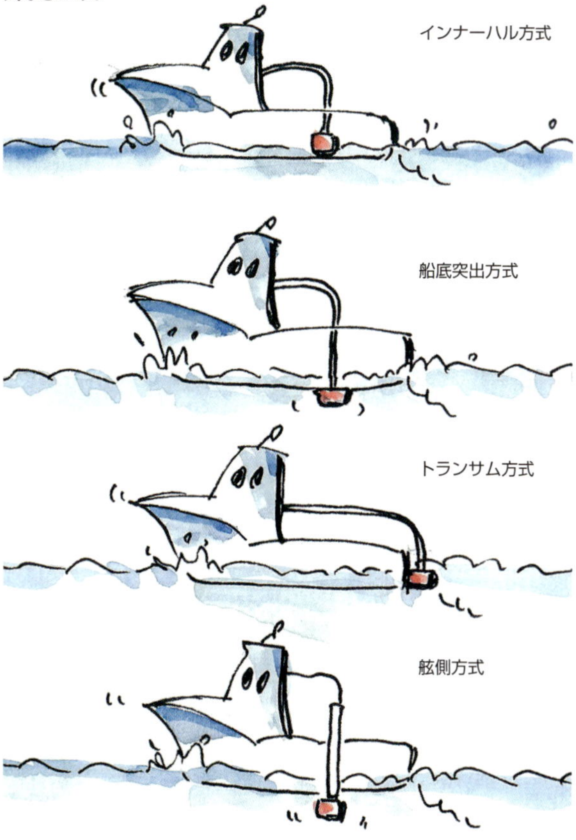

2 画面表示と映像の見方 [想像力と経験で魚探をフルに活用しよう]

海中情報を映像で表示する

魚探による探知情報は、映像で表示する。最近の魚探では、カラー映像やモノクロ映像表示が一般的である。

その昔、魚探といえば記録紙に魚群反応を走行ペンでトレースするものだった。今でもバスボートの世界では、記録式魚探を愛好しているマニアックなバサーがいるという。記録式魚探ではきめの細かい魚探反応記録を得ることができるとともに、記録紙が永久に残るという理由で、わざわざこの旧型魚探を使用しているとのことだ。

記録式魚探は微妙な階調表現は難しいが、カラー魚探では通常8段階表現が可能である。プロ用魚探では16色表示ができるものもある(2-1)。

カラー魚探表示部にはブラウン管を使用しているものがあるが、最近ではカラー液晶表示器を使用するマシンが増えてきた。液晶表示素子が安価になり、しかも映像表示能力が改善されて、素晴らしく良い素材が作られるようになったためである。魚探メーカー各社では、カラー液晶表示式魚探の開発に力を注いでおり、多くの機種が揃いはじめている。この現象は、アングラーにとってはありがたいことである。

魚探で得られる情報

通常、初めて見る魚探画面の映像は何がなんだかよく分からない。海面と海底との位置関係などは直感的に理解しやすいが、その間に現れる魚群映像についての判断はそう簡単にはいかない。

魚群映像の判断には、魚探を使った釣行を幾度も重ね、釣り上げた魚種とその時の映像を比較するなど、じっくりと時間をかけて魚群映像パターンを識別する経験の蓄積が必要である。

＊

魚探から得られる主情報には次のものがある。魚群、単体魚、海底線、底質、海中ゴミ、プランクトン、気泡反応などだ。

魚探のもっとも大きなメリットは、自船の真下に魚群がいるかいないかをハッキリ表示してくれることだ。そして、画面

2-1 カラー魚探映像表示例

カラー魚探では、海中情報を反射レベルに区分けして、一般的には8または16色で表示する

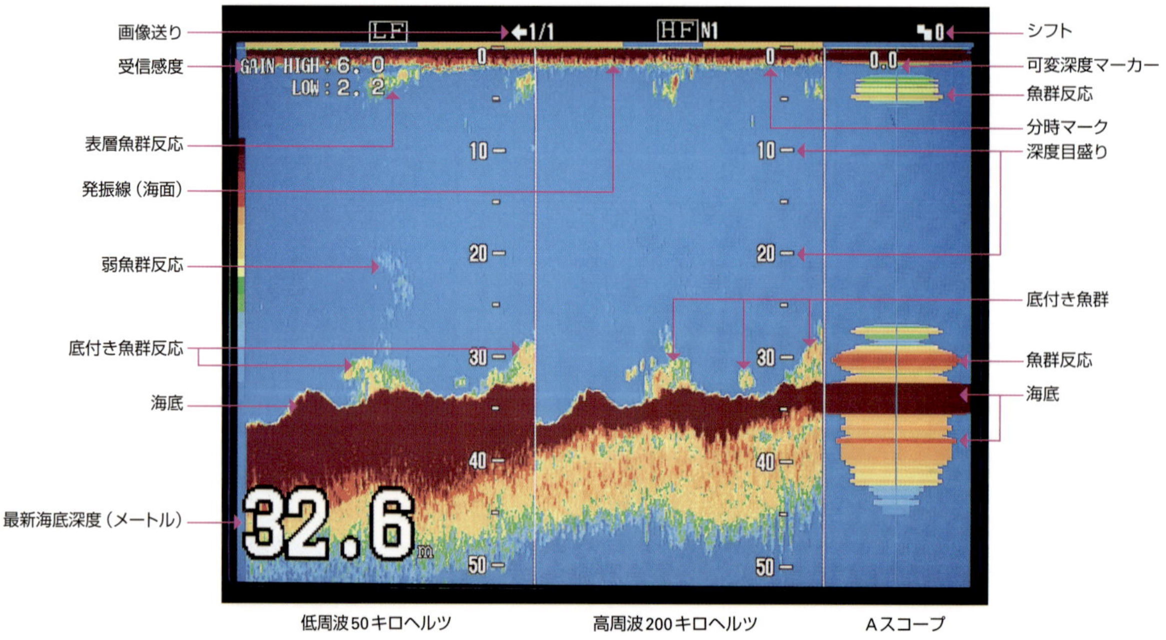

PART1-2
画面表示と映像の見方

上に現れた魚群反応の映像の形からその水深、魚群分布パターンなどが読みとれる。魚群の横方向の広がり具合、魚群の縦方向の分布状況も分かるのである。

魚群の密集具合はバラバラか固まっているか、魚群は海底からどれくらい離れて遊泳しているか、魚群はボートの真下か少しずれていないかなど、多くの魚群情報を得ることができる(2-2)。

魚探は魚を見つけるだけではない

魚探は釣行時の魚影探しが大きな使用目的であるが、このほかにもいろいろ活用されている。

まず、深度を知ることができる。これは海底までの水深であり、ボートの安全走行に役立つ情報だ。潮の干満の激しい海域での釣行や、岩礁地帯など浅瀬付近の航行には大事な情報である。港入り口付近によくみられる岩場の海底深度探知にも役立つ。

また、海底の連続した起伏状況を知ることができる。デコボコした海底、平坦な海底、カケアガリ変化、そして海中に存在する人工構造物、沈船等々、いろいろな海中情報を得ることができる。

このほか漁具が映り込むことがある。大きな仕掛けを付けての釣行時は、仕掛けが魚探画面上に現れるので漁具確認が可能となる。上下する仕掛けの姿が魚探に映ると安心でもある。ときには潮目のキャッチも可能である。

＊

魚探映像の見方に慣れてくると、海面近くを泳ぐ魚群、海底付近に根付く魚群などの反応映像パターンが読めるようになる。そして経験を積むことで、ある程度の魚種反応の特定もできるようになってくる。

もちろん、最終的な魚群映像はアングラー自らが判別しなければならない。これは残念ながら現行モデルの魚探では魚種判別能力をもっていないからだ。プロの漁師らは、魚影反応の分布状況、密集の程度、反応の形、層別、時間帯、季節などによって魚群は何かを判断しており、それがまた的中するのである。長年の経験が判断力を育んでいる。

また海中全般の反応では、プランクトン層、アスターンによる気泡の回り込み、海底質などの情報も提供してくれる。このほか連続した海底線を表示することで、海底起伏状況の判断材料になる。

さらに、2つの探知周波数を備えた魚探では、発見した魚群が自船の真下にいるのか、少しずれた場所なのかを特定するための情報も提供する。

2-2 モノクロ魚探映像表示例

液晶モノクロ魚探では、一般的に4階調のレベル表示が可能である

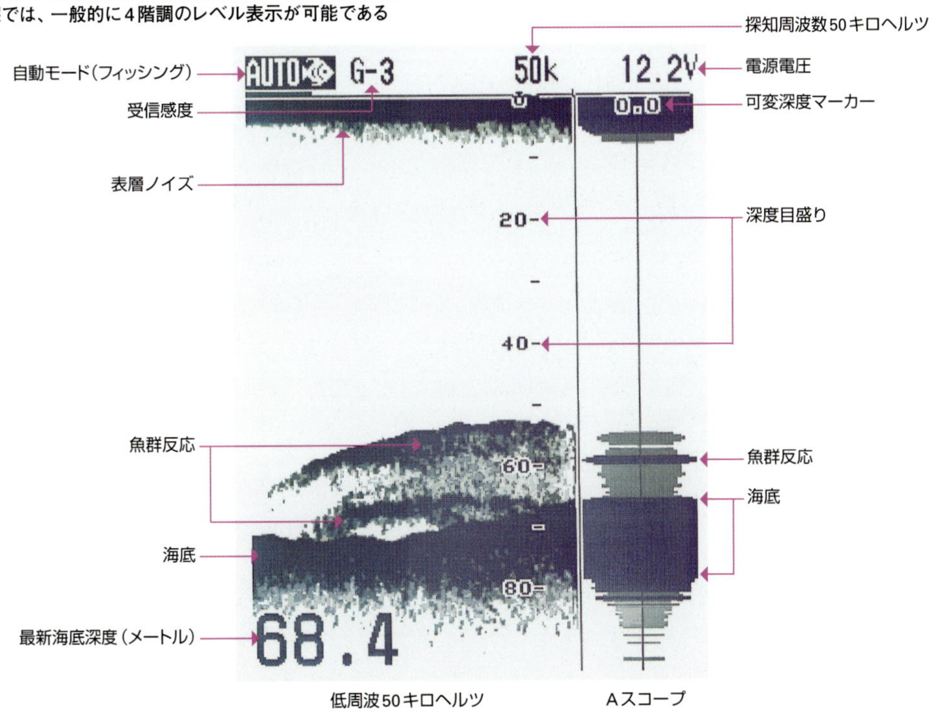

魚探画面に表示されるもの

ここで魚探画面上に現れる反応映像の表示内容を見てみよう。図2-3は代表的な魚探画面表示例である。

まず、最上段に出ているのは分時マークである。横向きに現れている細長いラインがそれである。

そのすぐ下の水平ラインは発振線という。海面位置に見えるが、厳密にいえば船底に設置した送受波器の場所である。

発振線の下は水中となる。水中で目につくのが魚群反応映像である。魚群反応は、モコモコしたかたまりや、山形、丸形、点状など千差万別に現れる。図2-3では数カ所に魚群反応が現れており、それぞれ独自の形をしている。

もちろん、カラー魚探では色の出方も違う。淡い色、真っ赤なものなど実にさまざまだ。

海中の魚群映像の最下部にあるのは海底映像である。太くて長い海底線が、右端から左端まで連続して現れている。通常、海底線は途切れることはない。

魚探画面上で表示する基本的な情報は、以下の４つ“分時マーク、発振線、魚群反応、海底線”から成り立っている。補助情報として、海底深度数字、可変深度スケール、固定深度目盛、探知周波数表示などがある。

❶時間の目盛り“分時マーク”

分時マークは、横棒で表示される。これは、魚探画面上で１分間の映像の長さを知るための目盛りである。

分時マークの内容はこうだ。30秒間を横長の実線で示し、残りの30秒間は表示しないという組み合わせである。マークとスペースで１分間の長さになる。分時マークというより30秒マークというほうが分かりやすいかもしれない（2-4）。

分時マークの長さは、画面の送り速度によって長くなっ

2-3　魚探の表示画面の例

ここにはあらゆる魚群探知情報が表示されている。海中を遊泳する魚群、反応の薄いプランクトン層、一尾で泳ぐ大きなサカナ、根に付く底付き魚群、海面付近に泡立つ気泡反応、舷側から投げ込んだオモリの反応など多彩だ

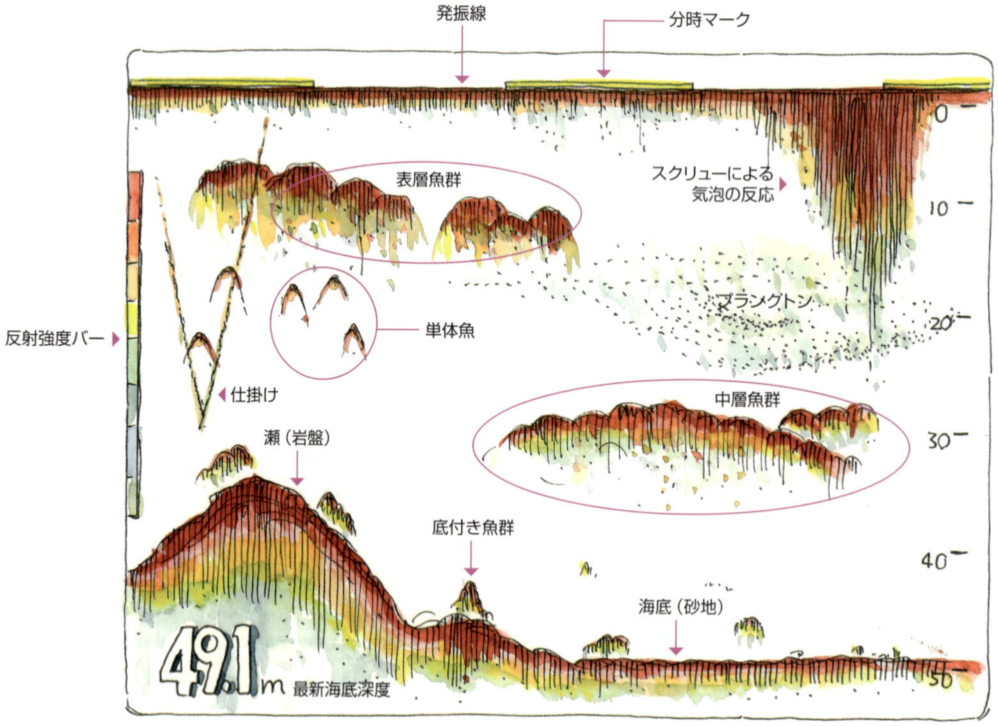

たり短くなったりする。また探知レンジにも連動している。

浅いレンジで探知しているときは画面の送りが速いため、分時マークは長くなる。逆に、深いレンジのときは画面送りが遅いので、分時マークは短くなる。

分時マークは、魚群反応が現れたのは何秒前か、何分前かを知るための情報である。画面上に現れた魚群ポイントまで引き返すための情報として役立つ。

❷海面位置となる“発振線”

分時マークのすぐ下にある水平ラインは発振線である。この線の上端が超音波の発射位置、すなわち船底に取り付けた送受波器の場所そのものとなる。海面と考えてもよい（2-5）。

発振線には太さがあるが、細い方が映像は見やすい。魚群反応を見る際、太すぎると邪魔になるためだ。太さは探知周波数や探知レンジによって決まる。

発振線が太い場合、映像表示に支障が生じることがある。特に浅場などで魚群を探す場合だ。

たとえば、浅い釣り場で海底深度が10メートルとしよう。ここで魚探を動かすと、当然、海底線は10メートル付近に現れる。

魚探の探知レンジを10メートルにセットし、魚群が海面下1～3メートル付近を泳いでいたとしよう。

ここで画面上の発振線の太さが1.5メートルぐらいとすると、そこから下の部分に魚群や海底が現れることになる。このように1メートル少々の発振線なら、表示画面の10分の1以上が発振線に占領されてしまう。発振線部分は完全に塗りつぶしであり、他の情報は現れない。

発振線はいつも現れるわけではない。探知レンジをシフト表示させると、発振線は出なくなる。なお、発振線が表示されるのは、探知レンジが標準のときだ。

2-4 分時マークの表示例

画像経過時間が分かる分時マーク表示例。画像送りが速い場合は上のように分時マークが長くなり、下のように画像送りが遅い場合は分時マークが短くなる。画像送りが遅い場合は、画面全体が左右方向に圧縮されたパターンになる

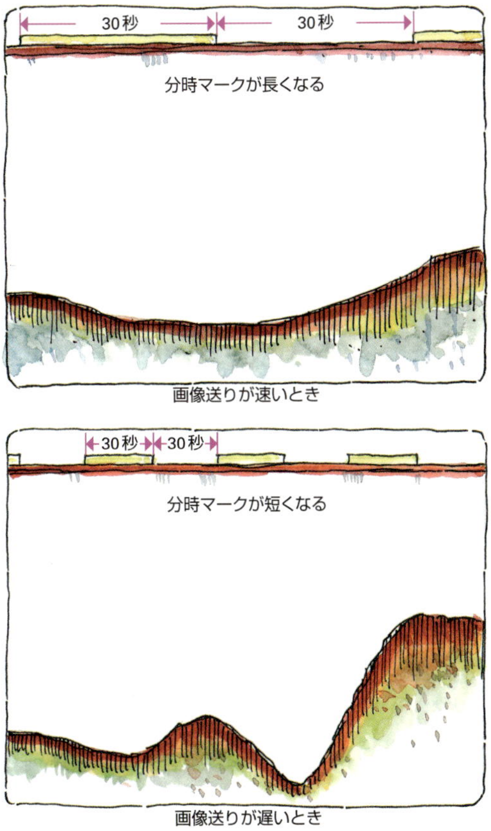

2-5 発振線の表示例

発振線の太さは、機器によって、探知レンジによって異なる。下の図のように発振線が太すぎる場合は、海面付近の魚群がその中に埋もれて表示できない

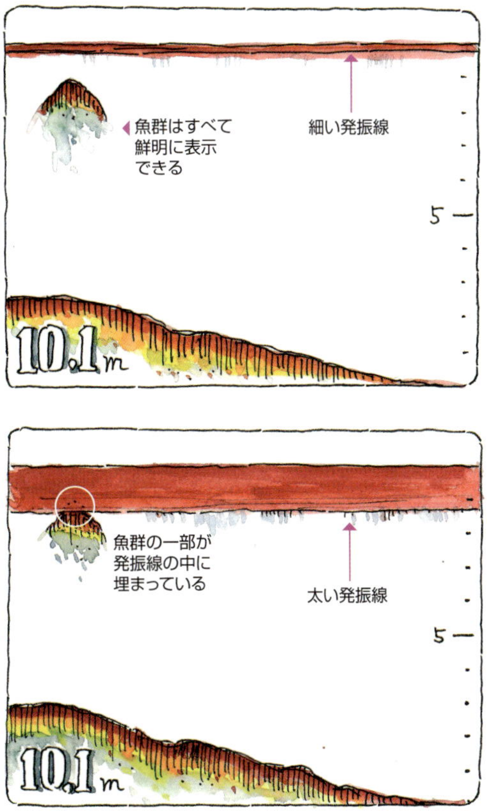

❸雲に似た“魚群の映像”

発振線から下方に映し出されているのが、海中の映像である。表層から中層、海底付近にみられる大きな固まりはすべて魚群である。

雷雲のような力強いもの、薄くハッキリしないもの、山形の鋭いものなど、いろいろな映像が映し出されている。漁師らは魚群映像が現れると「反応が出た！」ともいう。

魚探画面で、海面から海底線までの間に現れた映像は、基本的には魚群であると考えてよい。その形、密集度、分布状況などは、同じ魚群でも操船コースによって、探知周波数によって表示のパターンが異なる。

魚群の一般的な表示パターンは、モコモコとした雲のような形であるが、これも魚種によって、季節によって、あるいは時間帯によっても異なる。ただ、どのような魚探であっても、魚種まで判別できるマシンはない。魚探映像から魚種を判別できるようになるには、長年の魚探釣行経験の結果であり、アングラーとしての豊富なボートフィッシングの経験が必要となる(2-6)。

❹山脈のような“海底の映像”

海中映像の下方に出ている、連続したラインが海底である。山脈を断面でみたようなパターンである。

瀬は瀬らしく、岩場は岩場らしく表示されるので分かりやすい。海底部分には下方に長く伸びる“尾引き”と呼ばれる反応があり、これをみることで海底の質を判断したりする。また、カケアガリ部分や瀬などでは、魚群が付きやすいので、釣りポイントは海底のパターンを探ることで発見することもある(2-7)。

図2-3のように、画像の左下など片隅に表示されている大きな数値は、海底深度値である。画面の数値は最新の海底深度を意味する。ほとんどの魚探では、小数点以下1位まで表示している。

画像の動き方、映像の出方

魚探でキャッチした魚群は、魚探画面上にモノクロやカラー映像として表示される。画面上に現れるのは、もちろんサカナの形ではない。

魚群から反射して返ってきた信号を、時間の経過とともに表示し、画面上に並べて映像をつくるのである。

小さな魚群でもそこから何度も反射信号が返ってくれば、魚探映像は長時間表示されることになり、大きい魚影となる。一方、動きの速いサカナであれば瞬時の反射となるので、画面上には小さな魚影として表示される。

魚探映像は、表示画面に向かって右端から左方向へ送り出す動きをする。片時も静止していない。一定のリズムで画面全体が、映像が、左へ左へと送り出されていく(2-8)。

2-6 魚群反応映像の表示例

魚群の反応映像は、空の雲に似ている。表層や中層魚反応では上端がクリアで、下方はモヤモヤとなる。夏の入道雲のイメージである。海底魚群反応が多く見られるのは、瀬の突端から少し下がったあたりや沈船付近である

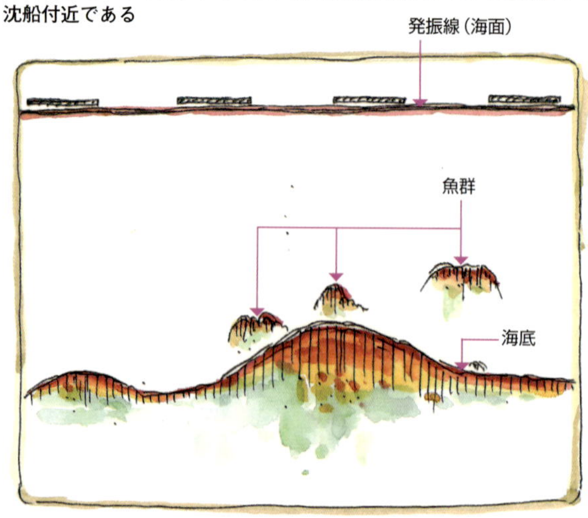

2-7 海底の反応の表示例

海底の反応映像は山脈に似ている。ゴツゴツした岩肌や滑らかな稜線、どこまでも続く平原のような砂地など海底ラインは様々な表情を見せる

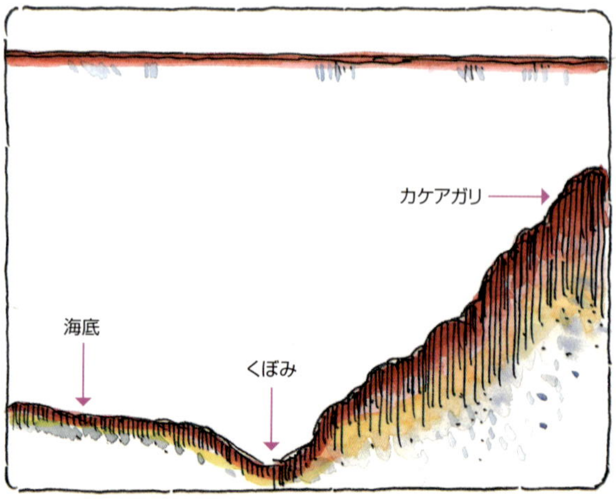

単体魚と群れの反応

さて、ここで魚探がとらえた魚群映像の出方を見てみよう。ここではゆっくり走行しながら魚探を作動させ、自船下に現れた単体魚と魚群との場合を考えてみる。

魚探画面上では、単体魚と魚群は完全に異なったパターンで現れる。初めて魚探を見た人も、これだけは区別がつく。これらの反応の違いはハッキリ分かるのである。

魚探画面上に現れる魚群映像は、通常は群れた魚影である。魚影の形はほとんどの場合、空に浮かんだ雲形パターンが多い。

もちろん、雷雲のような大きな固まりもあれば、パラパラとなったもの、全体に薄くぼやけたものなどもある。これもほとんどの場合、魚種によって映像の出方が大体決まってくる。というより、魚種による習性の違いで海中での群れ方のパターンが決まっているのである(2-9a)。

たとえばイワシなら大きく固まって群れるので、魚探映像もそれなりに大きな固まりで現れる。泳層がイワシとは違うけれど、アジもしかりだ。

要するに群れるサカナは、大なり小なり固まるわけだから、もっこりとした形で魚探画面に出てくる。これらは素人目からすると、「すごい魚群反応だ！」ということになる。

一方、いつも単独で遊泳しているサカナは、魚探画面上にも完全な単体の形で現れる。単体魚の表示映像は特徴がある。三日月を寝かせたような、ブーメランのような山形のパターンだ(2-9b)。

特に大きな魚体の場合は、単体でもきれいにキャッチできる。それぞれの単体魚がバラバラに動きまわり、エサを求めてあちこちをウロウロしていることがよくわかる。

2-8 画像の動き方

魚探画面は向かって右端から左方向へ送り出す。右端映像が一番新しい探知情報である。画面中央に大きな魚群反応が出ていても、それはすでに過去の映像であるのでUターンして再探知する

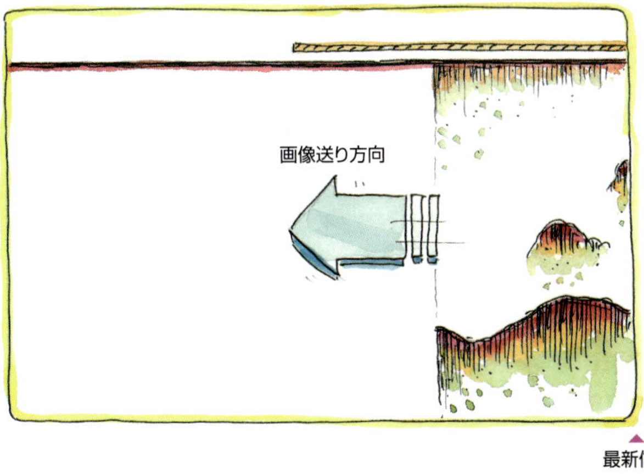

2-9a 一般的な魚群反応映像例

画面上のそれぞれの映像は、サカナの群れを表示している。空の雲が流れているようなイメージで表示される。魚群映像には形のほかに海中からの魚群反射信号の強さに応じて色が付く。赤系は強い反応であり、青系は弱い反応である

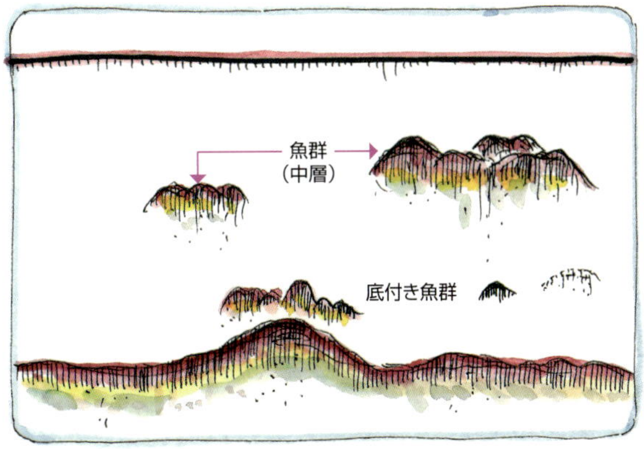

2-9b 単体魚の反応表示例

サカナが一尾、一尾、別々にとらえられて表示されている。超音波が各魚に単独に当たり、それぞれのサカナから反射されているためだ。特に大きなサカナが距離をおいて遊泳しているときに出やすい。もちろん小さなサカナでも単独で泳いでいるときはこのような映像になる。その形状から“ブーメラン反応”と呼ばれている

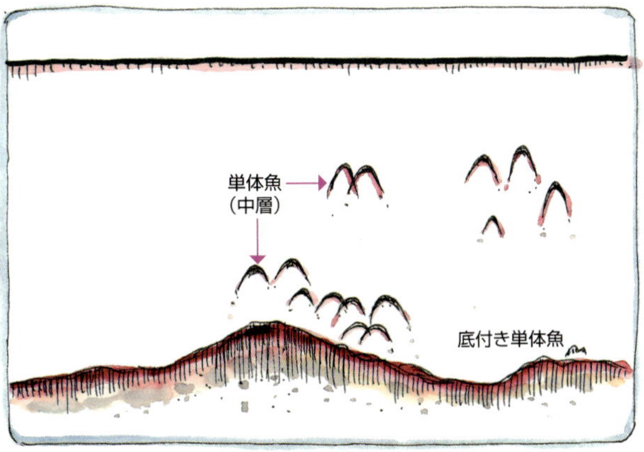

停止しているボートでみる魚群反応

いま、自船が魚探を作動させながら漁場で魚群を探しているとき、魚探に魚群反応が現れた場合を想定してみよう。もちろん、自船が走行している場合は、魚探映像は雲形や山形のパターンとなって現れる。

魚群反応が見つかったとき、自船は見つけた場所へ引き返して停船する。すると魚探映像は、今まで出ていた映像と大きく異なった形で現れてくる。ビックリするくらい大きな魚群反応である。

これまでは適度な雲形をした魚群反応だったのが、大きく横に太った魚群反応になってくる。海底ラインもデコボコしていたのが、ほとんど直線的なラインとなる。

このとき、自船と魚群や海底との位置関係は図2-10aのようになる。自船は停まっているので、超音波を発射する送受波器と魚群との距離は、時間経過に関係なく一定である。もちろん海底との距離も一定のまま保持され続ける。

一方、魚探の画像送りは停船に関係なく動作し続けるので、画面上には横に長い魚群反応が現れる。図2-10bのような状態で、いつまでも魚群反応を表示し続けるのである。停船中の魚探反応映像を見たとき、横方向に広がった大魚群が出現したのではないかと錯覚しそうだ。

船速によって映像の出方が違う

また、魚群上に停船しない場合でも、自船の走行速度によって映像の出方が異なる。自船の速度が速い場合は、魚群反応は横方向に詰まった小さな魚群映像になり、逆に船速が遅い場合は魚群反応は横方向に長めの映像となる(2-11)。

このことから遅い船速での魚群探知では、より詳しい海中魚群情報を得られることがわかる。特に一本釣り船などでは、魚群密集度、分布状態、底付き状況などをより詳しく知るためには有効である。

また、魚探の画像送り速度によっても魚群映像の大きさが異なる。画像送りが速いときは、魚群反応は横方向に広がった映像となり、画像送りが遅いときは魚群反応が細く小さく映し出される。このため、魚群探索時の反応映像は、探知時の自船速度、魚探の画像送り速度という2つのファクター―によって、魚探画面上に表示される魚群の大きさが異なってくる。

ただし、魚影の大きさが異なるのは左右方向の大きさだけで、上下方向は変わらない。

海中からの変な反応

海中には魚群、プランクトンなどいろいろな生物が遊泳している。魚探から発射された超音波はこれらの生物に反射するほか、海中に発生する気泡などからの反射信号もキャッチする。

❶ 小さなプランクトン反応

時として、発振線と海底の間にうすい雲状の反応層が出てくることがある。これはDSL(深海音波散乱層。プランクトンの密集による超音波乱反射層)による反応であり、微生物による反射信号が映っているのである(2-12)。

DSL層には魚群が付くので、はえ縄のマグロ船やイカ釣り船ではこれらの反応を見ながら操業する。この反応

2-10a 停船した自船と魚群の位置関係

魚群反応を見つけたとき、引き返してその位置で停船しながら探知をする

2-10b 魚群上に停船したときの魚探反応

今まで魚探画面上ではデコボコ表示されていた海底線が、停船したとたんに真っ直ぐなラインとなって現れる。それとともに魚群は横に長い大きな映像反応として現れる。大魚群発見だと勘違いすることがあるが、これは自船が停船して、いつまでも魚群の上に乗ったまま探知を続けているために生じる現象である

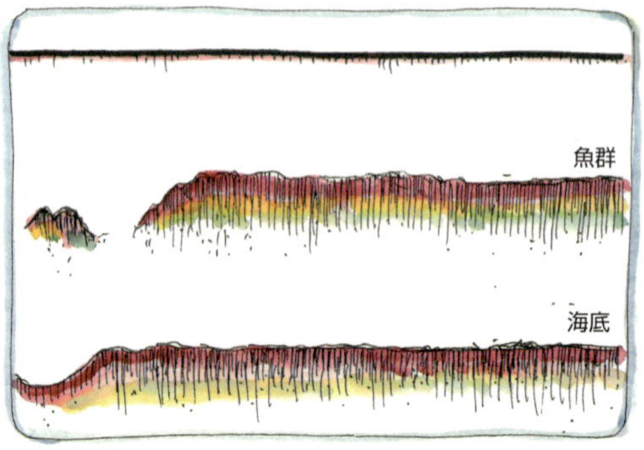

層は、昼間は沈下し、夜間は浮き上がってくる。DSLの存在は、魚群探索と重要な因果関係にある。天候や緯度の変化などにも関係する。

DSLの映像反応は水平方向に反応層をつくることが多い。単層や数層など、いろいろなパターンで現れる。長さは数マイルになることもあるとのことだ。

❷アワ切れの反応

アワ切れによる魚探映像が現れるのは、自船を後進させたときに生じる。スクリューによってかき混ぜられたアワが船体下に回りこみ、送受波器の下方にまで回ってくると、超音波発射に影響が出る。

今まで見えていた魚群反応や海底ラインが、急に消えてしまうのである。そして海面付近に大きな雑音反応が現れる。太い発振線どころか、それの何倍かのアワの反応のみが表示される。海底線は消えてしまうので、アワ切れ現象であるかどうかが瞬時にわかるはずだ(2-13)。

❸海面付近のモヤモヤ反応

発振線の下にモヤモヤした弱いノイズが出ることがある。これらは海面付近に遊泳するゴミ、アワ、他船の航跡、シケなどによって生じる細かい浮遊物による反射である(2-14)。

もちろんこれらは不要な信号である。不要信号が発生すると、魚探映像の上に重なって表示されるので、魚群反応など見たい情報がつぶされることがある。

ただし魚探では、このように映像が見にくくなったときは、それなりの信号処理や画像処理を行うことによって、目的の画像を見やすくすることができる。

2-11 高速走行と低速走行の映像比較

高速で探知した場合は、魚群映像は急峻な形で映る。逆に、低速で探知した場合は、緩やかな山の形で現れる

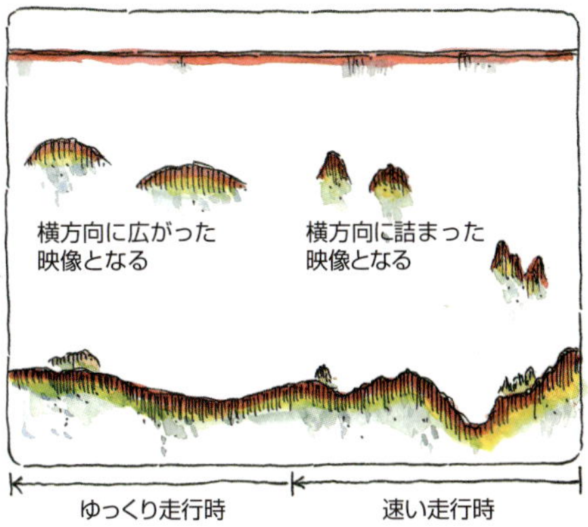

2-12 プランクトンの反応映像

画面上に左から右方向へ幅広で霞のようにたなびく映像が現れることがあるが、これはプランクトンである。プランクトンの反応は弱いため、細かい点々状となって出る。昼間は海底近くにあり、夜間になると上層へ上がってくる

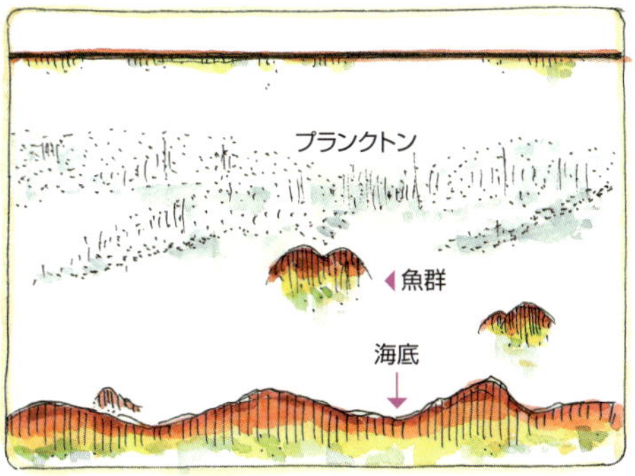

2-13 アワの反応映像(アワ切れの反応)

後進をかけたときによく現れるのが、アワ切れ映像である。強烈な気泡に取り巻かれると超音波は前に進めなくなり、このように海底や魚群を探知できなくなる。他船の航跡の中を通りながら魚群を探すときなども、ときどきアワ切れ現象が現れる。とりあえずアワ域から脱出しよう

2-14 海面付近にみられる弱い反応

発振線のすぐ近くにモヤモヤした弱い反応が現れることがある。これは海面付近のゴミ、細かい浮遊物、他船の航跡などである

海底映像を見分ける

通常、海中に発射した超音波のうち、もっとも強く反射するのは海底からのものだ。このため海底からの反射波は強力信号として画面に表示される。

当然、その色や形などの様子は、海底の質、深さ、発射している超音波周波数、受信感度設定などにより違ってくる。

魚探画面上では海底の色を基準に感度調整をする。通常、海底は赤茶色とか赤色になるように設定する。

❶尾引きで海底質を判別できるわけ

海底頂部から下方向に伸びている同系色の長い部分は、尾引き（オビキ）と呼ばれている。尾長鳥のような尾っぽが長い表示となるためだ。この尾引きの長さで海底の質を判別できるのである。

尾引きは長い場合と短い場合がある。海底からの反射波が強い場合は、尾引きが長くなる。海底質が硬いためである。長い尾引き表示であれば、岩場など硬質の海底であることがわかる。

逆に、尾引きが短いと、海底からの反射が弱いということで、海底質が軟らかいことを示す。砂地などの海域であると判断できる(2-15)。

もちろん、尾引きの長さは使用する周波数によって違う。50キロヘルツなど周波数が低い場合は長い尾引きが得られ、200キロヘルツなど周波数が高い場合は尾引きが短くなる。

尾引きを見て海底質を判断したい場合は、50キロヘルツで探知した映像を見るのがよい。低周波探知では尾引きが長くなり、わかりやすい。

❷海底線が二重三重に映るわけ

湾内などのように浅い釣り場で受信感度を高くして魚群を探していると、状況によっては2本とか3本の海底ラインが現れることがある。特に海底が岩盤などの硬い底質の場合は、その現象が顕著となる。

これは船底から発射された超音波が、一度、海底に当たったのち、船底や海面で反射して、再び海底に当たって——という動作を繰り返すために生じる現象である。このパターンが起きやすいのは、超音波の発振出力が大きく、また水深が浅いときである(2-16)。

二番反射は最初の海底線と同じパターンになる。ただし、映像は水深の2倍のところに現われる。

ときとして、二番反射の映像を海底質の判断情報として活用できる場合もある。たとえば、硬い海底質に二番反射が現われていたのに、そのうち砂地や泥地の部分になったため二番反射が出にくくなるということがあるのだ。

また、基本的に二番反射には魚群反応は現われてこない。このため、映像上に海底の突出部が現われたとき、二番反射に現われなければ海底ではなく魚群であることがわかる。もちろん、これは機器のトラブルではない。

2-15 尾引きの反応例

格好のポイントである瀬の魚探反応は強烈に現れる。それは瀬が硬い岩盤のためで、海底からの超音波反射波は強く返ってくるためである。反射波が強いと海底映像は最強の赤茶色や赤色系で表示される。そしてそのタテ方向の尾引き線は長く出る。このため赤くて長い尾引きが出ると岩盤質であることがわかる。逆に短い海底線の場合は反射信号が弱いので、砂地など軟らかい海底質であることがわかる。

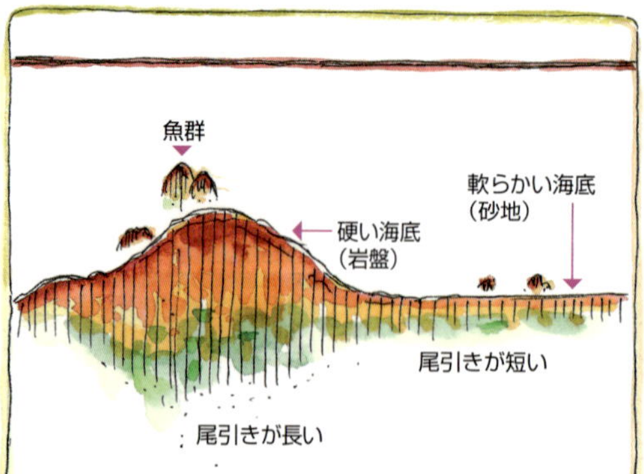

2-16 二番反射、三番反射

浅い釣り場で探知中、ときどき海底線が2本、3本と出ることがある。これは超音波が何度も海底と海面の間を行き来するために生じる現象であり、機器のトラブルではない。このようなときは画面表示を有効に活用するためにも、探知レンジを変えるとよい

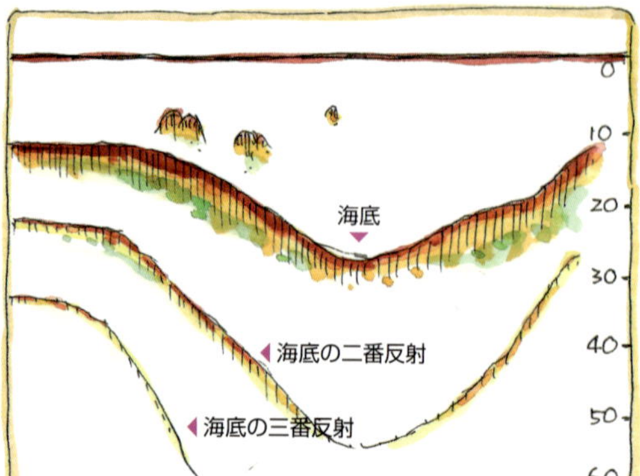

❸ 平らな海底線がギザギザになるわけ

通常は真っ直ぐであるはずの海底線が、ガタガタの形になることがある。ノコギリのようなギザギザ状である。

この主原因は、ピッチング、ローリングによって船体が揺れるためである。船底に付いている送受波器は上下や左右方向に動き、またその発射方向もズレたりする。送受波器と海底との距離が、船体の動きで変化するために生じる現象である。特に、シケやうねりのあるときには顕著となる（2-17a）（2-17b）。

送受波器の向きが少しずれるので、海底からの反射波受信効率が落ちる。もちろんこれは機器のトラブルではない。船体の揺れによる自然現象であり、天候の回復を待つほか手はない。

❹ 傾斜海底が幅広に映るわけ

急峻な海底やカケアガリあたりを走行中は、魚探画面上での海底線は大きな幅となって現れる。

水平で平らな海底の映像に比べて幅の広い、時として長い尾引きのような海底線が現れる。ただ、傾斜地の超音波反射波は平らな海底反射より弱くなる。

このため傾斜海底からの反射信号の映像はハッキリしたラインにはならない。ボヤッとした幅広の海底映像となる（2-18a）（2-18b）。

2-17a 波やウネリによる影響

少々海面が波立っているときの釣行時は、大きく揺られながら波の背に乗ることになるが、これが魚探映像に影響する。船体の揺れで超音波を発射する方向が安定せず、波の上下で海底との距離が変化する

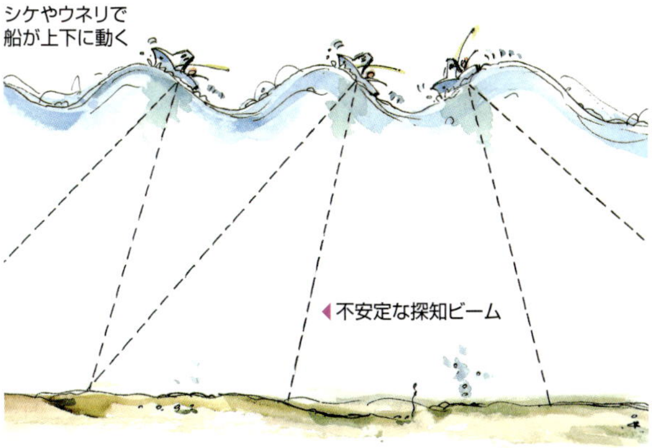

2-18a 傾斜のある海底

カケアガリなど海底の斜面に時々出くわすことがある。このとき超音波は斜め方向に、しかも広範囲の海底に当たる形で反射する

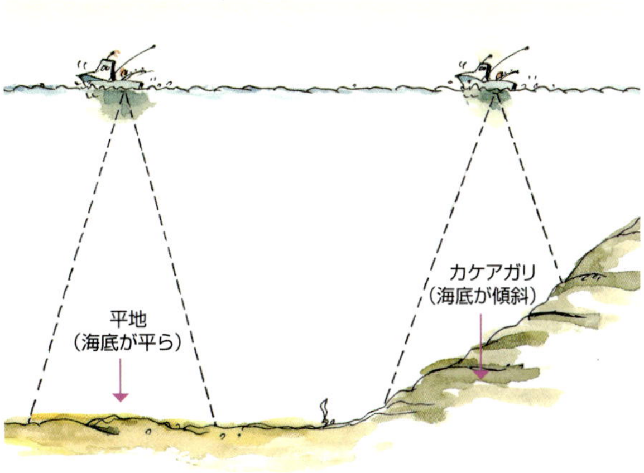

2-17b 波やウネリによる影響

自船が大きく上下すると魚探映像では海底線がギザギザになって表示される。いつもは平らな海底線もノコギリ歯状にギザギザ映像になる

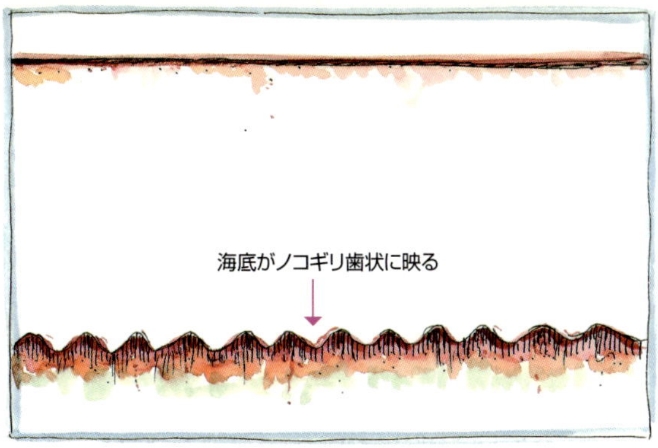

2-18b 傾斜のある海底

海底斜面から反射した超音波は、海底ラインがハッキリしない、少し弱い幅広の映像になる

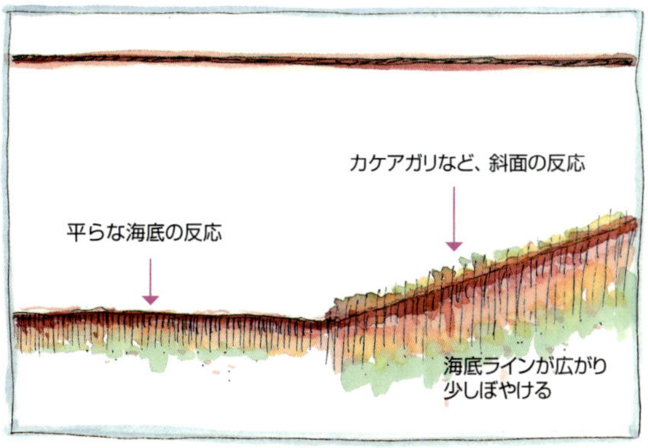

❺ デコボコ海底はそれなりに

海底の凸凹が激しい海域では、その起伏の激しさ状態が魚探映像上に現れることがある。魚探画面にもそれなりに海底ラインが折り重なって現れるのでよくわかる。

船底から発射した超音波はあちらの大岩、こちらの小岩、向こうの平たい岩盤へと当たるが、それらからは時間差をともなった反射となる。

少しずれた位置にある岩場は、大きな時間的なずれを伴いながら反射する。反応映像からデコボコした起伏の激しい海底であることがよくわかる(2-19a)(2-19b)。

自船を魚群上に乗せる

魚探で魚群を探すとき、自船の真下に魚群がいるかどうかの判断はなかなか難しい。魚探画面上に魚群反応が現れたとしても、それは直下のものか、右下か左下かも判断し難い(2-20)。

ここで、自船直下に魚群をとらえるまでの行程をみてみよう。いつもの漁場で魚群探索していたところ、大きな魚影が現れたとする。このとき自船は魚影上を通り過ぎたので、Uターンして魚群発見時の場所へ引き返さねばならない。ただUターンしたとき、元の走行コース上をたどることになるが、これがなかなか難しい操船術を必要とする。

初めて魚群を見つけたとき、自船と魚群の位置関係が図2-21のようになったとしよう。

まず、魚探画面上では図中の❶から❷となるが、この位置関係では自船は完全に魚群の芯の上に乗っているかどうかわからない。このためUターンした自船は、魚影を探りながら先ほどのコースを少しはずして走行すると、魚探画面上には先ほどと異なった魚影が現れてくる。

ここでは同図中❸のように少し小さな魚群反応となるので、コースをはずれて魚群をかすめたのではないかと推測できる。このため、再度、魚影を探るために走行しつづけ、もう一度魚影の上を通過する。何度も走行しながら魚影を確認することが一番重要だ。

そして同図中❹の位置に自船が来たとき、この魚群の芯らしき太い部分をキャッチする。このように何度も走行することによってこの魚群の芯を確認できるのである。

魚群のパターンから魚群の芯はもちろんであるが、左舷側にいるのか右舷側にいるのかの判断も可能となってくるのである(2-21)。

2-19a 起伏の激しい海底

大きな岩がゴロゴロした海底、起伏の激しい海底では、超音波はその凸凹部分に当たり反射する。少しずれた位置にある岩場からは時間的ずれを伴いないながら反射する

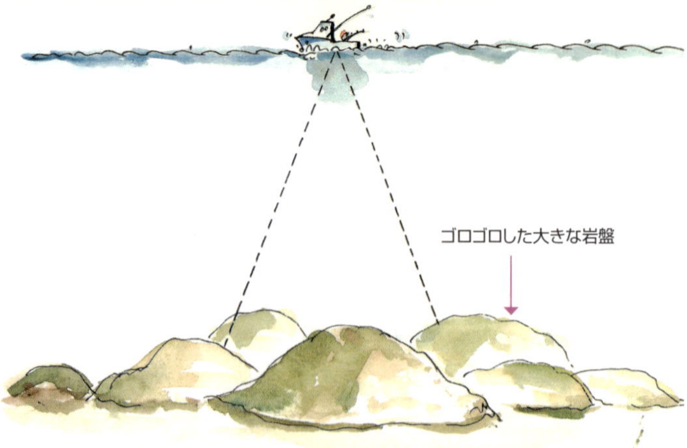

2-19b 起伏の激しい海底

デコボコした海底映像は、それなりのパターンで映し出される。海底ラインが折り重なるので起伏の激しい海底であることがよくわかる

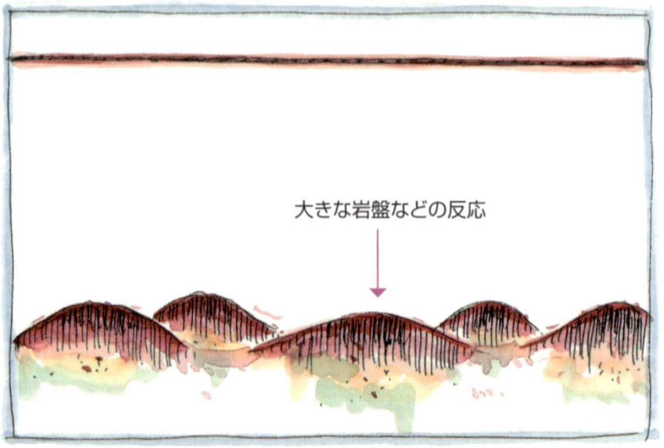

PART1-2
画面表示と映像の見方

2-20 魚群を探すプロセス

魚探を作動させながら魚群上を通り過ぎた場合、図のような位置関係になる。上は真横からの眺めであり、下は上空から見た図だ。コース直下の魚群は確実にキャッチできるが、少しずれたりかすめた場合弱い反応となり、もう少し離れた群れはそこに魚群がいることさえわからない。こんな場合、もっと広い指向角で探知すると効果がある

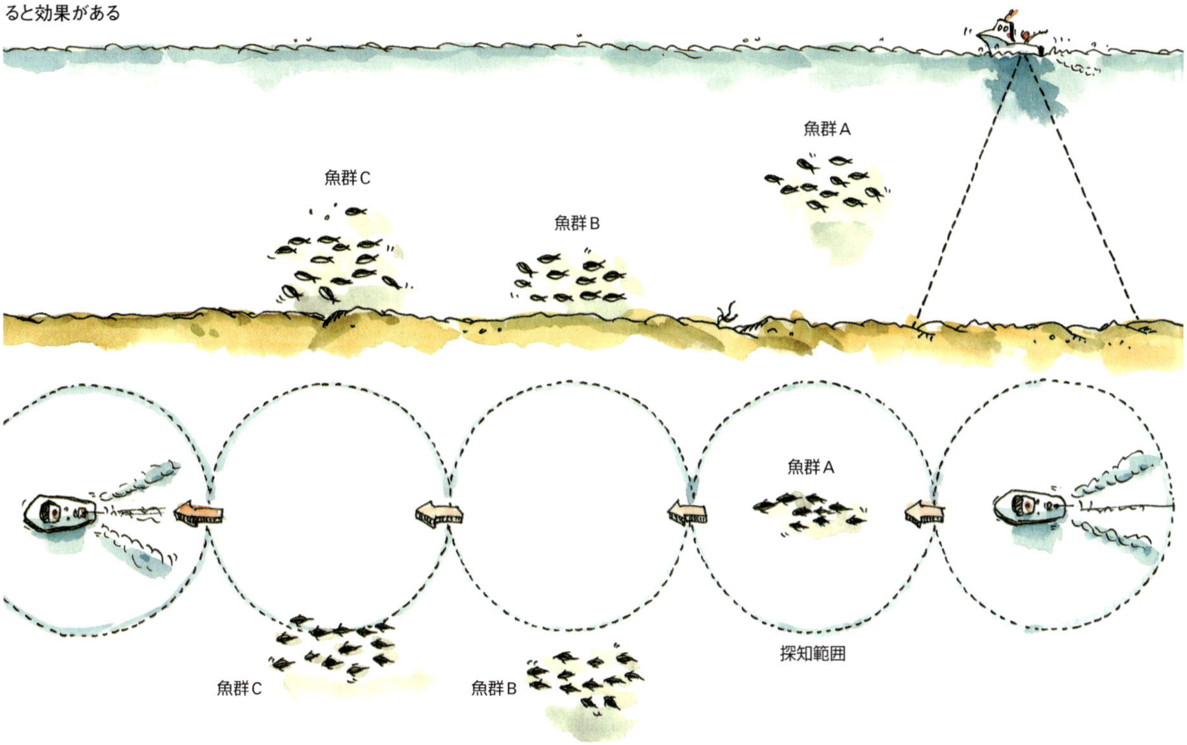

2-21 探知コースと魚群分布の関係図

小さな魚群反応が現れると、引き返したあと少しコースをずらして探知走行する。低周波と高周波による魚群反応を比較しながら魚群の芯を探る

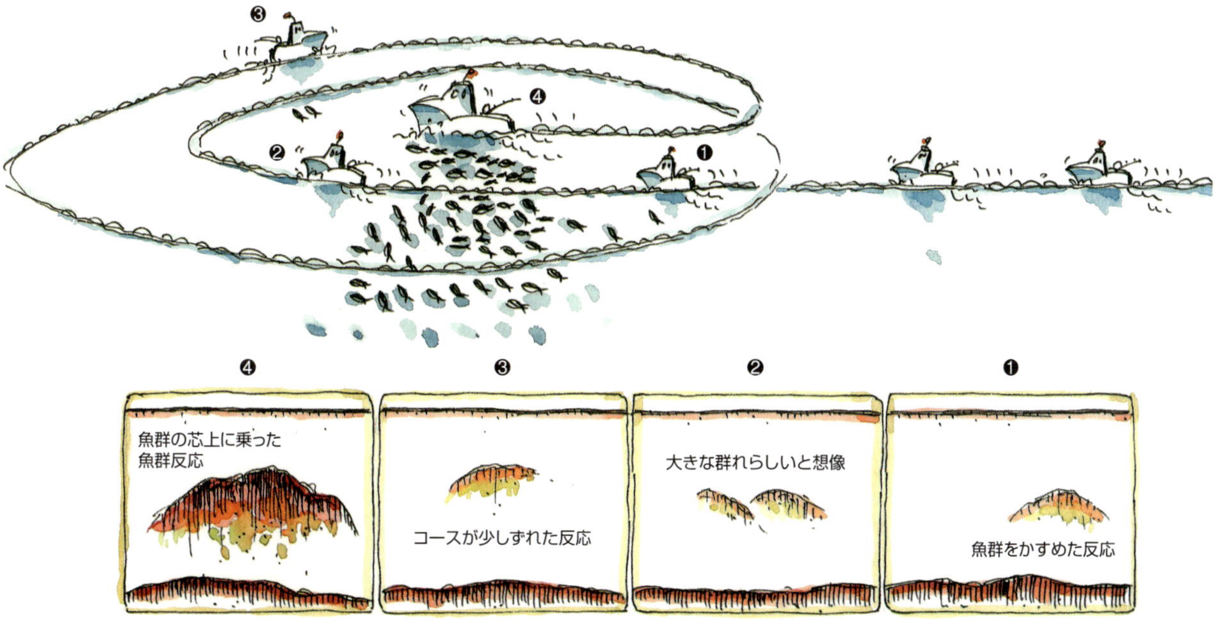

❸ 魚探の操作 ［案外簡単！ 覚えて今日から魚探・自由自在］

魚探の操作キーとそのはたらき

ここで魚探の操作ツマミとその機能についてみてみよう。ここではフルノ社製モノクロ液晶魚探LS-6100を例に、その流れを解説する。

LS-6100には6型のモノクロ液晶表示器が使われている。しかも表示画面はタテ長配置になっている。これは海底方向をできるだけ長く表示する魚探の基本レイアウトでもある。業務用ではこのスタイルが多い。

まず、魚探指示部のキー配置を見てみよう。操作キー部はすべて英語表記である。英語といってもやさしい単語ばかりなので、覚えてしまえば分かりやすい。キーの数も少なく、機器操作上の心配はいらない。

操作部はすべてタッチキーが使用されている。回転式ツマミがないので少し不安に感じるアングラーもあろうが、本機は突出部がなくてすっきりとした仕上がりが特長でもある。

❶八方位キー

これは八方位マークの大きなキーである。矢印キーともカーソルパッドともいう。

このキーはまず、画面上に表示する可変式深度マークを上下に移動させるときに使う。この深度マークは、魚群の遊泳する水深やタナを正確に測るときに便利である。

また、魚探画面上で目的地マーク位置を決める場合や、メニュー画面上いろいろな項目を選択する際に矢印キーを使う。

❷モードキー

上から2段目左にあるのは“モード（MODE）”キーである。画面表示モードを切り替える時に使う。

アングラーが欲しい情報が見やすく分かりやすく表示される画面を選択するキーである。どの魚探もそうであるが、いろいろな魚群探知画面を表示することができる。普通画面、海底直線拡大画面、部分拡大画面などだ。

❸メニューキー

2段目右側には“メニュー/取消（MENU/ESC）”キーがある。表示画面内容を設定するときに使用するキーである。

メニュー画面には各種機能が満載されている。たとえば、メニューの中には、オートモード、画像送り、深度単位表示、探知レンジなどが細かく設定できるようになっている。

❹探知レンジキー

上から3段目に縦長の“探知レンジ（RANGE）”キーがある。探知レンジの切り替え用である。たとえば探知表示する画面上の範囲を0から10メートルにするとか、0から20メートルにする、などを決めるときに使う。

このキーの上側「＋」を押すごとに“探知レンジ”の数値は大きくなってゆく。これは探知レンジが深い方向に切り替わってゆくためである。下側の「－」を押すと浅いレンジに切り替わってゆく。

❺感度調整キー

探知レンジの右にあるのが“感度調整（GAIN）”キーである。このキーを押すと感度調整画面が現れる。

魚探映像を見やすく、魚影を的確にとらえるためには、この感度調整操作は重要である。最上部の矢印キーを使って受信感度を調整する。

3-1 モノクロ液晶魚探〈LS-6100〉

小型ボートでは人気のフルノ製6型モノクロ液晶魚探〈LS-6100〉。明るい画面は直射日光下でも鮮明に表示する

❻ アラームキー

感度調整キーの下にあるのが“アラーム＝警報(ALARM)”キーである。このキーを押すと、いろいろな警報報知設定画面が現れる。

たとえば、浅瀬接近を知らせる警報、魚群発見を知らせる報知、適温水域に入ったことを知らせる報知など、いろいろな警報設定ができる。

❼ プログラムキー

探知レンジキーの下にあるのは“プログラム(PROG)”キーである。これはアングラーが好きな機能を選択して、あらかじめ登録しておくことができるという便利なものだ。パソコンが苦手な諸兄も、簡単な操作で機能設定ができるのでトライしていただきたい。

この機能、メーカー出荷時点では、自動モードに設定されている。このため“プログラム”キーを押すと、自動魚群探知または手動探知の選択画面が現れる。ここには頻繁に使う機能を追加しておくと便利だ。

❽ マークキー

プログラムキーの右にあるのは“マーク(MARK)”キーである。このキーは魚探画面上で、魚群反応の現れたポイントを記憶させるときに使う。

このキーを押すと、画面上に目的地登録画面が現れる。またそこには目的地マーク(十)も現れる。矢印キーで目的地マークを魚群位置に動かして、そのポイントを目的地として登録できる。ただし、GPS航法装置を接続しておかねばならない。

❾ 電源／輝度調整キー

操作部最下段にあるのは“電源/輝度調整(POWER/BRILL)”キーである。このキーを押すことで指示部本体電源の接断、液晶表示画面の輝度調整とトーン調整ができる。

＊

本機に配置されている操作キーは9つである。これらのキー操作ですべての機能が効率よく使える仕掛けになっている。

一般にキー操作というと面倒でイライラするものだが、本機ではそのような不便さはない。筆者もキーより回転ツマミが好きだが、本機のように操作がしやすいキー配置であればスムースに扱える。

3-2 〈LS-6100〉の操作キー配置

モノクロ液晶魚探を動かす

ここで魚探を動かしてみよう。さあ、電源をオンにして超音波を発射しよう。どのような映像が映し出されるのか興味深い。

❶ 電源の入れ方、切り方

最初に、操作部最下段にある電源キーを押す。キーを少し長めの気分で押そう。「ピッ」という軽い音とともに本機が動作準備に入ってゆくのが分かる。

電気が入ったあと、まず機器本体のロム（ROM）とラム（RAM）回路が正常に働いているかどうかを自動チェックする。検査結果を画面上に表示しながら準備態勢が進んでゆく。すべてオーケーなら数秒後には魚探画面が現れる。

電源を切るときは、電源キーを3秒間押し続ける。電源が切れるまで少し長めに押す必要がある。画面上に電源が切れます、というメッセージが現れしばらくするとオフとなる。これは無意識に電源キーに触っただけでは電気を切れなくするための工夫だ（3-3）。

❷ 画面のトーンと輝度を調整する

電源キーを押すとトーンと輝度画面が現れる。トーンは画面表示のコントラストであり、魚探映像を濃くしたり薄くしたりするものだ。矢印キーで調整する。

画面の明るさは輝度で調整する。これも同様に矢印キーの上下を使う。

❸ メニュー画面を表示する

この魚探には、3メニュー画面がある。メイン、システム、装備の3つだ。ここでは頻繁に使用する画面についてみてみよう。

メニューキーを押すと、メインメニュー1ページ目または2ページ目が表示される（3-4）。

❹ 自動（オート）モードの活用

本機は自動でも手動でも動作する。ここで自動モードでの動作状態を見てみよう。プログラムキーを押すと自動モード設定窓が現れる（3-5）。

自動モード時では、探知レンジ、受信感度、クラッタ除

3-3 電源キー

右下の電源キーを押すと、本体に電源が入る。電源を切るときは同キーを3秒間押し続ける

3-4 メインメニュー画面

メニューキーを押すと、メニュー画面が現れる。メニューには1ページと2ページの2画面がある

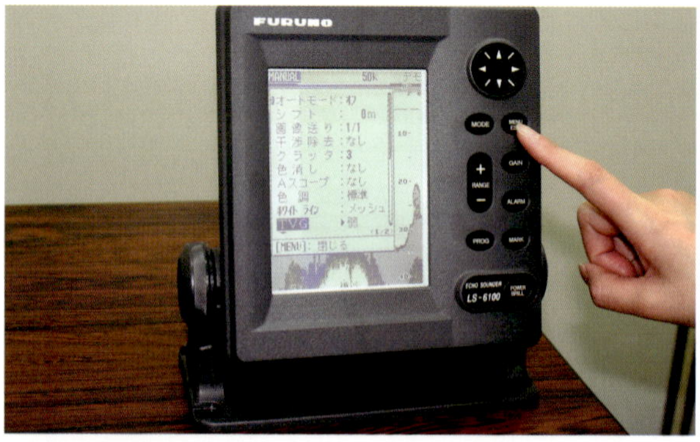

3-5 自動モードで作動させる

自動モードは魚探入門者には都合のよいモードである

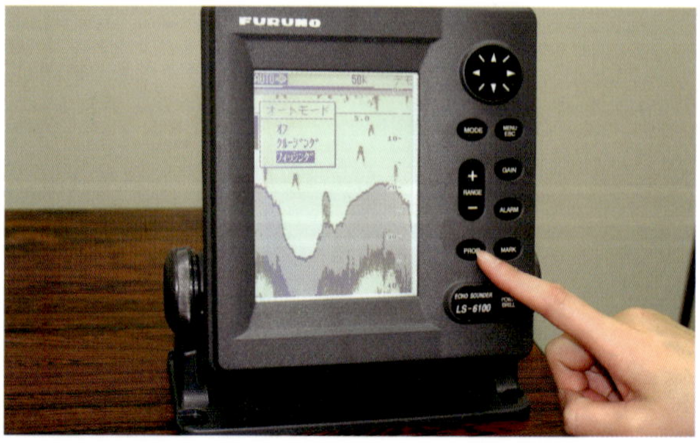

去が自動的に設定され、自動的に魚群探知が行われる。一切、何の操作をしなくても最適な画面映像になるので、魚探入門者には便利な機能である。

探知レンジは、海底部分が表示画面の下方にくるように自動的に切り替わる。感度調整は海底反応が一番強い濃厚色で表示されるよう自動調整され、クラッタ除去は海中の汚れやプランクトンなど弱い反射信号が自動的に軽減されて見やすい映像になる。

自動モードには、クルージングモードとフィッシングモードの2つがある。

クルージングモードは、弱い反射信号を抑え、強い信号の海底を鮮明に表示するもので、釣り場までの走行表示に最適である。フィッシングモードは、弱いエコーの魚群信号を鮮明に表示するもので、釣り場到着後の魚群探しには最適である。

❺いろいろな表示モードを見る

最近の魚探にはいろいろな表示画面が採用されている。本機の場合は、1周波単記表示、2周波併記表示、部分拡大表示、海底直線拡大表示、Aスコープ表示が用意されている。ここで各画面の表示パターンを紹介しよう。

モードキーを押すと表示画面が順次切り替わる。モードキーを押す毎に、1周波単記→2周波併記→部分拡大→海底追尾拡大→海底直線拡大→航法画面1→航法画面2→1周波単記…と、順次繰り返し表示となる。

まず1周波単記表示は図3-6のパターンになる。50キロヘルツまたは200キロヘルツのどちらか1周波で探知表示するもので、これは魚探表示の基本パターンである。

次に、図3-7の2周波併記表示では映像は2分割されており、左に低周波の50キロヘルツ、右に高周波の200キロヘルツによる探知映像を表示する。それぞれの探知特性を比較できるので、魚群と自船の位置関係の判断、探知魚種の判別などに活用できる。

部分拡大表示は図3-8の通りで、水中の一部分を拡大して表示する。水中を詳しく探るときに有効で、釣行対象魚がいそうな水深を指定して大きく表示できる。

3-6 1周波単記表示画像の出力

これは魚探の基本となる画像である。分時マーク、発振線、魚群、海底の4要素が映し出されている

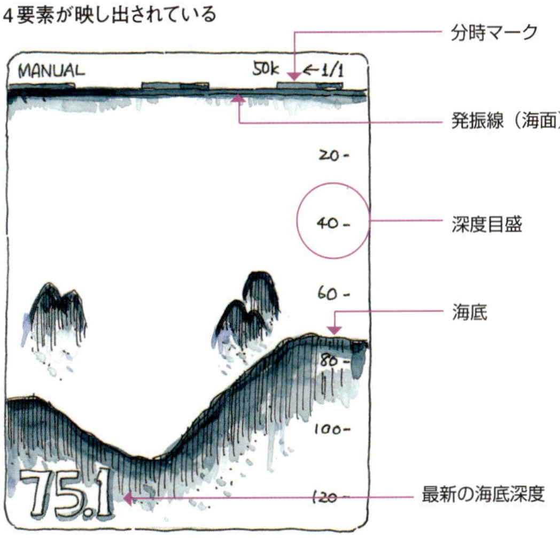

3-7 2周波併記表示画像の出力

画面を二分して左右に50と200キロヘルツの探知映像を表示する

3-8 部分拡大表示画像の出力

詳しく見たい水深を左画面に大きく表示できる

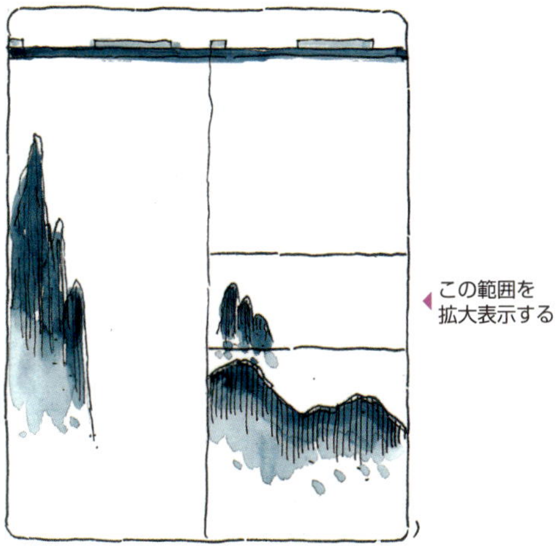

海底直線拡大表示は図3-9のパターンとなる。海底直線という名称から、デコボコした海底線を直線に直した変形表示となる。海底線から一定の高さの魚群分布状況を見たいときに便利な表示である。海底から魚群までの高さがよく分かる。根付きのサカナなど、底モノ狙いに活用できる。

Aスコープ表示は図3-10のようになる。これは魚群探知の最新情報を表示する。表示の形は他の表示モードとは異なり、探知信号の強弱を横方向の振幅で表現する。

魚探では、海底からの超音波反射信号が一番強いので、このAスコープでは海底部分が一番大きな振幅となって現れる。この表示は最新探知情報を、瞬時に大きく表示するため、漁師も活用している。

❻ 探知レンジ、シフトレンジの使い方

探知レンジは、自動モードでは魚探そのものが海底深度を検出して自動的に設定するが、手動設定もできる。

プログラムキーを押し続けてオフを選択すると、画面左上表示がMANUAL（手動）に変わる。MENU/ESCキーを押すと手動操作に切り替わる。これで探知レンジは手動で選択設定できるようになる。

探知レンジキーを押すと、レンジ表示窓が現れる。探知レンジキーのプラスまたはマイナスキーを押して、希望設定レンジを選択する。40mを選択すれば、40メートルまでの海中の様子が画面上に表示される（3-11）。

また、シフトレンジを使用すると、現在見ている探知レンジをそのまま上下させて、深いところや浅いところを見ることができる。この上下移動させることをシフトするという。

一方、シフト操作では、まずメニューキーでシフト表示を選ぶ。画面上にシフト数値が現れるので矢印上下キーを押してシフト値を設定する。

たとえばシフトを50メートルにしたとき、探知レンジが40メートルであれば、画面上には40～90メートルの範囲が映し出される（3-12）。

❼ 探知周波数を決める。低周波か高周波か

表示モード画面枠の最下部に、探知周波数を決める項目がある。ここで探知周波数を選択する。

ただし、周波数選択ができるのは、“1周波単記”や“部分拡大”など、1周波数のみで探知する場合だけである。周波数の選択は図3-13のようにする。

3-9 海底直線拡大表示画像の出方

海底を直線に表示して、さらに海底から一定の高さ範囲を拡大表示する。根付き魚群の状況などがよくわかる

3-10 Aスコープ表示の出方

Aスコープ表示の出方。最新探知状況が一瞬にして表示できる

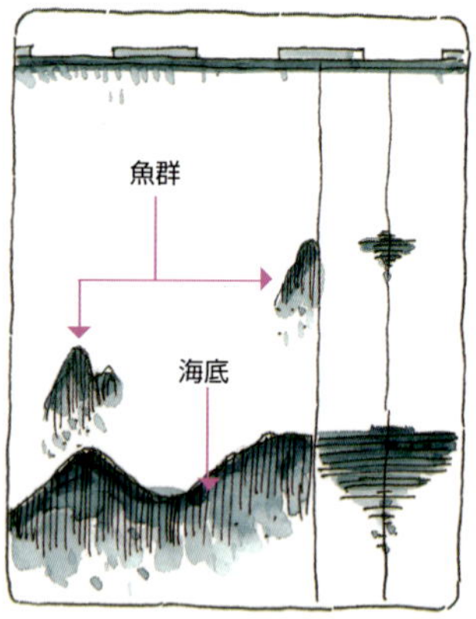

3-11 探知レンジの設定

探知レンジキーを押すと、レンジ表示窓が現れる。＋を押すと深く、－を押すと浅くなる

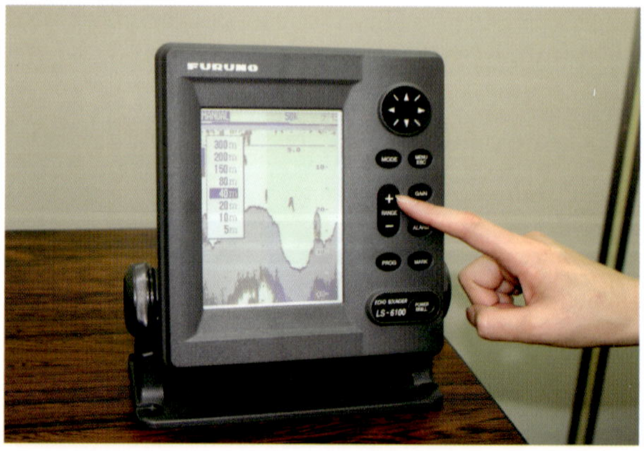

❽ 受信感度の調整

常にクリアで鮮明な映像を表示するには、信号強度に応じた受信感度調整を行う必要がある。受信感度は自動まかせという方法もあるが、シビアな魚群探知では手動による受信感度調整は欠かすことができない。

まず感度調整キーを押す。上段に200キロヘルツ、下段に50キロヘルツの感度レベルがバーで表示される。感度はそれぞれの調整となるので、まず矢印上下キーで周波数を選ぶ。

次に、感度キーを続けて押し、感度を調整する。画面上の映像表示状況を見ながら感度が調整できる。画面上に雑音が出る寸前まで感度を上げるのが一番よい。メニューキーを押し感度調整は終了である(3-14)。

❾ 干渉を取り除く

自船の電気機器からの雑音の誘導や、周期的に現れる他船の魚探からの干渉ノイズは邪魔である。ただ、これらの干渉波は除去できる。

メニューキーを押し、干渉除去を選ぶ。矢印上下キーで干渉除去の強さを設定する。強・中・弱の順に干渉除去機能が利く。ただし、干渉が生じていないときは、干渉除去は“なし”に設定しておく(3-15)。

3-12 画面表示が有効になるシフトレンジ

シフトレンジでは、現在見ているレンジをそのまま上下させるので、画面を有効に使える

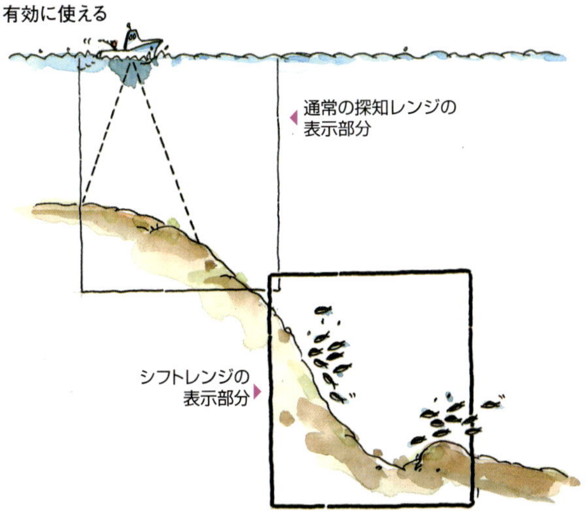

3-13 探知周波数の選択

1周波探知の場合は、50キロヘルツか200キロヘルツを選択する。最上部の矢印キーで操作する

3-14 受信感度の調整

受信感度の調整は大事な操作である。通常、画面上に雑音が出る寸前まで感度を上げておく

受信感度が低い映像。魚群反応が小さくなってわかりにくい

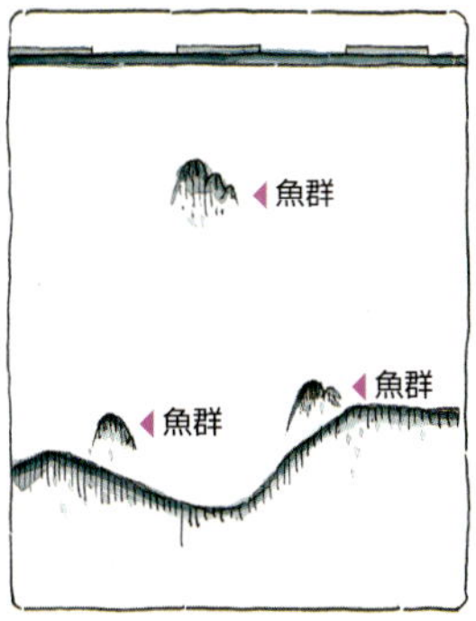

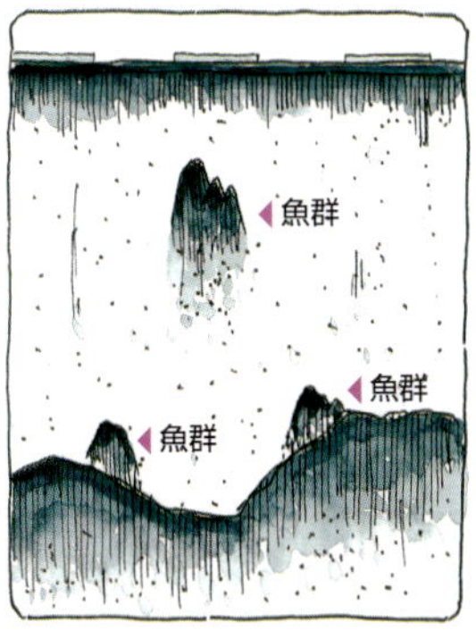

受信感度が高すぎる映像。海中雑音が現れて見づらい

適切な受信感度の映像

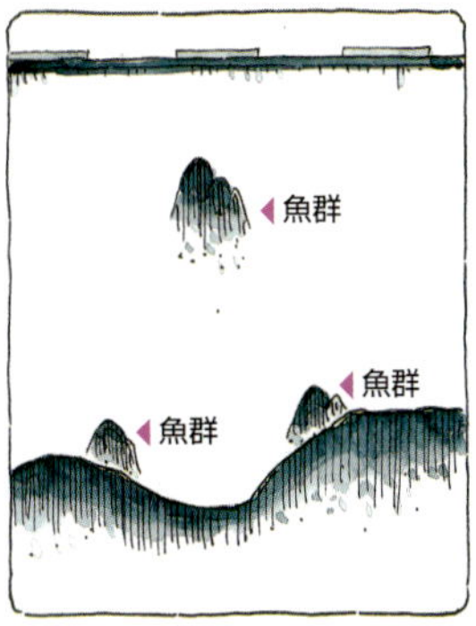

3-15 干渉波の除去

他船魚探からの干渉や自船の電気機器雑音が発生したとき役立つ

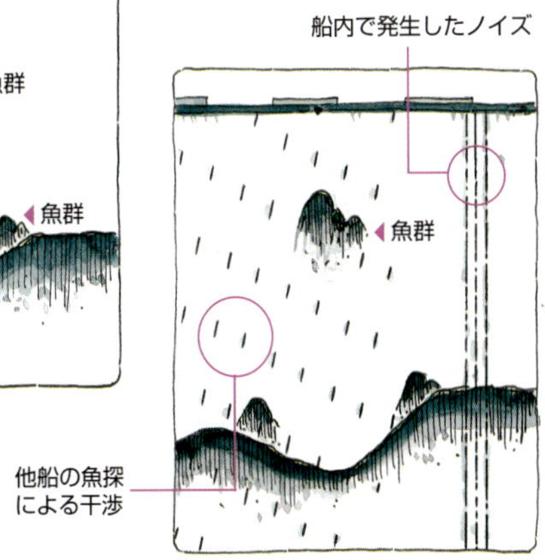

⑩ 細かなノイズを除去する

海水などの汚れが原因で、画面全体が斑点などで汚れたように、見にくくなることがある。これはクラッタキーで除去できる。

メニューキーでクラッタを選ぶ。矢印キーでクラッタ除去の利き具合を設定する。このマシンの場合、利き具合は、1、2、3、4、5、6までである。これも雑音がないときは“なし”にしておく(3-16)。

⑪ 画像送りの設定

魚探映像は画面に向かって左へ左へ送り出されてゆくが、この画像送り速度は調整できる。同じ魚群や海底であっても、画像送り速度によっては映り方が変わってくる。

画像送りを速くすれば映像横方向へ広がり、反対に遅くすれば横方向に縮まる。この特性を利用して、起伏の激しい海底を細かく観察するには、画像送り速度を速くするとわかりやすい。一方、なだらかな海底では画像送りを遅くすると、わずかな起伏などがわかりやすくなる(3-17)。

まずメニューキーで画像送りを選ぶ。設定画面上で、矢印上下キーを使って希望の画像送り速度を選ぶ。画像送りの種類には、停止、1/16、1/8、1/4、1/1、2/1、4/1がある。

⑫ 魚群反応ポイントを登録する

このマシンには、“目的地登録”が搭載されている。魚探画面上に出ている魚群反応の位置を緯度経度値で記憶登録できるという機能だ。しかも、操作は実に簡単である。魚探画面上の魚群反応部分に専用マークを当てるだけだ。

ただし、この機能を動作させるためには、GPSなどの自船位置信号が必要である。このため、別売のGPS航法装置を接続し、GPSから自船位置信号をもらわなければならない。

目的地登録というのは、特別なポイントや魚群反応場所などの特定位置を、緯度経度値で魚探本体上に記憶させることである。もちろん、登録したデータは番号や名前を付けて保存できる(3-18)。

登録しようとする特定位置は、地球上の精度の高い絶対的な位置(緯度経度値)のことである。登録できる位置の精度はGPS航法装置の測位精度そのものであり、10m以下という精度の高いものだ。中型ボートなら、オモテとトモでもハッキリと位置が違うことがわかるぐらいの高い精度である。

釣行に役立ついろいろなポイントを目的地として登録できる。魚探画面上で魚群反応の現れた場所はもちろんだが、瀬の位置、沈船位置などいろいろマークできる。

魚探画面上で記憶登録できる位置は、いま画面上に表示されている範囲内だけである。魚探映像は画面の左端から消えてゆく。このため残念ながら、消えてしまった魚群反応部分は記憶対象外となる。

もうひとつ、他の方法による目的地登録方法がある。これは仲間船などから入手した釣りポイントを、緯度経度の

3-16 クラッタで海中雑音を除去する

クラッタは海中雑音を除去できる。あまり利かせすぎると魚探反応が出にくくなるので要注意だ

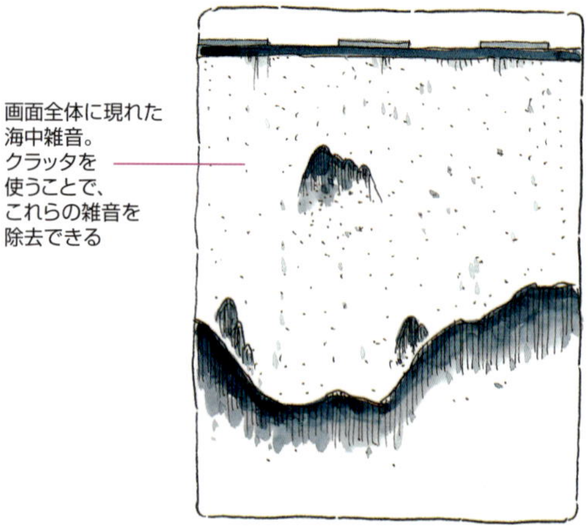
画面全体に現れた
海中雑音。
クラッタを
使うことで、
これらの雑音を
除去できる

3-17 画像送りの設定

画像送りは探知レンジに連動しているが、好きな送り速度が設定できる

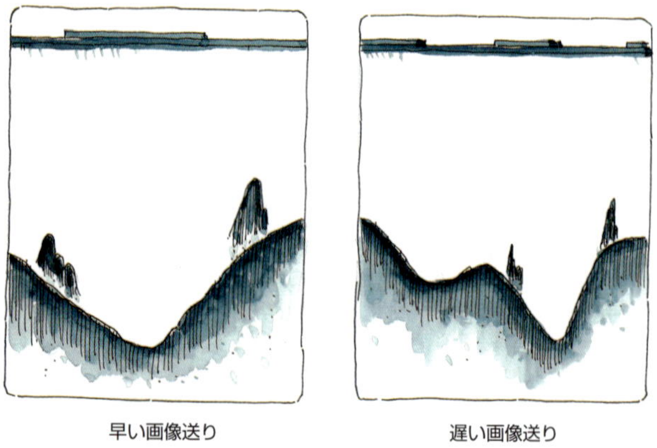
早い画像送り
遅い画像送り

数値で入力し登録する方法である。完全に絶対的な位置になるので、正確なポイントとして登録できる。

いずれの方法も簡単なので、一度、目的地登録をトライしてみよう。

＊

ここで、実際に目的地を登録する方法を見てみよう。先にも述べたが、ここでは本機にGPS航法装置を接続しておかなければならない。

目的地の登録操作は次のようにする。

今、魚探は正常に動作し、魚探画面上には魚群映像がチラホラ出ているとしよう。途中、気になる少し大きな魚群反応が現れたので、さっそくこのポイントを登録する。

まず、本機の操作パネル部右下にあるマークキーを押す。すると画面上に目的地登録の文字と、画面右端に十字マークが現れる(3-19)。

この状態で操作パネル上端にある矢印キーを押し、十字マークを左方向へ移動させる。十字カーソルは画面上を上下・左右に自由自在に移動させることができるので、目的の場所選びは簡単にしかもスムースにできる。

画面上に出ているいろいろな魚探反応の中で、登録したい映像部分へ十字マークを移動させる。登録する場所としては、例えばサカナがいそうな瀬や魚礁となる沈船の位置などである。また図3-18のように、これはと思った気になる魚群映像なども登録対象である。とりあえず気になる映像場所をマークすればよい（通常、魚探画像は右から左へ送られてゆくが、目的地登録操作中は画像が停止してしまう。できるだけ手際よく操作しよう)。

希望する魚群反応上に十字マークを移動させたら、マークキー押す。これだけで登録は完了。目的地として設定した位置が緯度経度値のデータで自動的に登録されたことになる(3-20)。

こうしたGPSの目的地登録機能と魚探を合わせて利用することによって、魚探は一段と活用メリットが生まれてくることになるのである。

3-18 目的地登録の設定

魚探画面上で目的地登録ができる。過ぎ去った魚群反応映像上にマークすることで、緯度経度値で記憶させることができる。大きな反応ポイントまで引き返す場合に役立つ

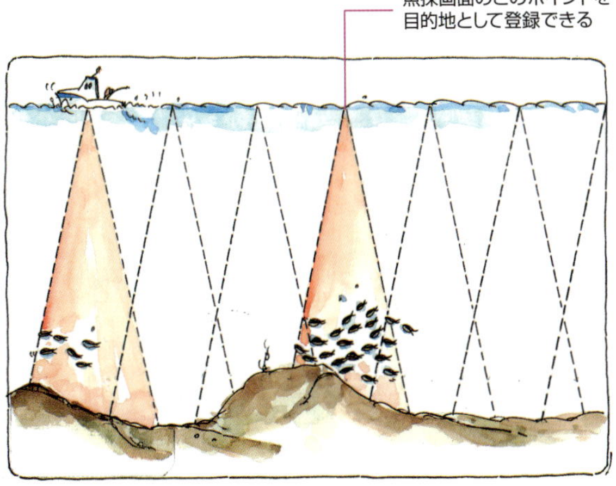

3-19 魚探映像での目的地登録

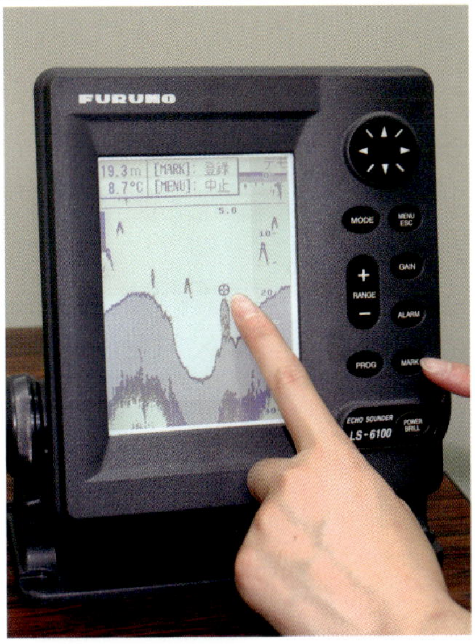

目的地登録はまずマークキーを押す。すると画面上に十字マークが現れるので、マークを目的の反応位置へ移動させる

3-20 魚探反応位置を緯度経度で表示

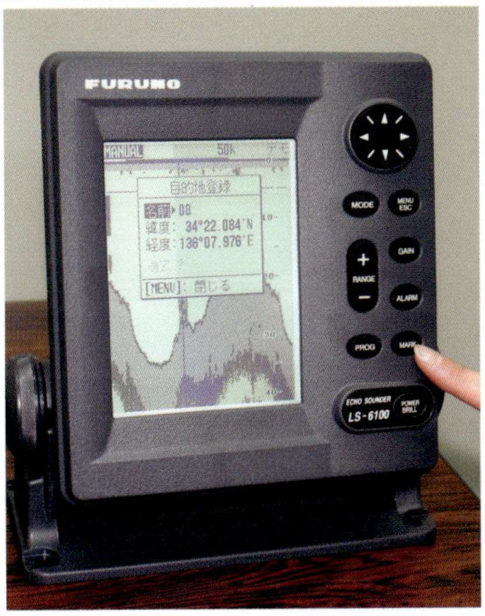

マークキーを押すと目的地が登録される。これで魚群反応位置の緯度経度値が記憶された

HOW TO USE FISHFINDER

PART 2 CHECK IT

魚探大研究

PART 2

HOW TO USE FISHFINDER

魚探画面の見方

魚探は水面下の情報を洩れなく映し出してくれるすばらしい道具。
魚探なしにボートの釣りを究めることは不可能である。
目に見えない沖合いの広い海の中から、狙った獲物をきっちり釣り上げるには、
勘や運に頼るのはとうてい無理な話。
どんなに経験を積み、想像力を働かせたとしても、
実際に魚探で海の中が見えている人と比べれば、
まるで釣りの内容が違うものになる。
「百聞は一見に如かず」という諺と同じで、
たとえ過去に100回同じポイントで釣ったとしても、あくまで海の中は想像の世界。
いまの時点で魚群があるかどうかは
仕掛けを落としてみるまでは見えないのだ。
そこでこのパートでは、魚探反応の実際の表示画面をふんだんに揃え、
見えない海の中を“見る”ための最高の武器となるように解説してみた。
魚探に精通し、海の中がそこそこ見えるようになって、
はじめてそこから精緻な釣り、
ターゲットを狙いすますような釣りが可能となるのである。

解説／竹内真治
Shinji Takeuchi
写真／竹内真治、編集部 イラスト／高根沢恭子

PART 2

魚探
大研究

1 ショットガン釣法のススメ

はじめに

「ショットガン」釣法で魚探のイロハを学ぶ

魚探反応を知る近道として、私がお勧めしたいのが、“ショットガン”という釣り方だ。ショットガン釣法は、サバ皮などの魚皮バケのサビキを魚群めがけて落とす釣りのこと。バケがシラスのような小魚に見えるため、これが群れに命中しさえすれば、アジ、サバ、イワシ、イサキなどのターゲットが釣れる。

ボートを走らせて反応があったら、グルッとボートを回して反応の上に乗せ、サビキを落とす。群れにサビキが命中すると、オモリの落下が途中で止まり、プルプル、ククッと手にアタリがでる。コマセも使わず、オモリを付けて落とすだけだから、群れを見つけてから10秒もあれば、その魚種が何かすぐに確認できるわけだ。

手軽だから、ボートを走らせている途中で反応が確認でき、小魚の分布、動きがよく見えるようになる。小魚は大型魚にいつも狙われているため、小魚の動きがつかめれば、ワラサなど大型回遊魚の動きまで見えてくるのである。

ボートを操船中、画面で確認できるサカナの反応の多くは小魚。だから、この小魚を魚探でとらえ、ショットガンで釣り上げることが、海を知ることのまず第一歩となる。

ボート釣りを極めるのは、海の中がよく見えるようになること。それを可能にするのが魚探の役割だ。だから、腰をすえて魚探とじっくり付き合うことが、見えない海の中を理解する近道であり、釣り上達の最短コースとなる。

ただし、魚探反応は画面を見ただけで魚種の判別はできない。反応を釣り上げて初めてその魚群が何か分かるのだから、反応のすべてを釣るしかない。海の中には外道と呼ばれるサカナも多く、この外道も含め、魚探に映るもの全部が分かるのが理想的。それを可能にする手段として、ショットガン釣法が一番適しているのではないかと私は思っている。

外道も含めて、魚探に映るものすべてを確認していくことが重要である

たとえコマセに寄ってきたワラサを魚探でとらえても、それはエサを食べるときの本来の姿ではない。だから、その反応を見たからといって、ワラサのすべてを知ったことにはならない。小魚の群れを追うワラサの反応に何度も出合うことで、初めてワラサの生態の一端を理解できるようになるわけだ。

ショットガンは、小魚だけをターゲットとしているわけではない。バケとハリの大きさを替えれば、イナダやカンパチから深海のキンメまで狙うことが可能になる。また、イカやシロギスなど一見釣れそうにないサカナまでハリに掛かってきて驚かされることも多い。

ショットガンで釣れないのはシラスやキビナゴなどごく小さなサカナ。また、カワハギのように歯でエサを確認して食べるようなサカナも苦手である。でも、釣れない反応は、ほぼこれらの小さなサカナと判断できるから、それはそれで海の中の理解につながるわけだ。

*

ショットガンで使うサビキはサバ皮など魚皮バケや、オーロラのバケなどシラスのような小魚に見えるものがいい。ただし、コマセ用のスキンバケはコマセのアミの擬似だから、シラスバケにずっと劣るので注意が必要だ。

シラスはほとんどのサカナのご馳走で、磯のカサゴから砂地のキス、イナダ、カンパチ、沖合いを泳ぐカツオなど、あらゆるサカナのエサとなる。これを食わないサカナを探すほうが大変なくらいで、磯のメジナだって食べているほどだ。

イナダやカンパチ、カツオなど少し大型を狙うのであれば、バケはできるだけ大型のものにし、見つからなければ自作する。イナダやカンパチのカッタクリ釣りは、もともとはコマセを使わず、バラフグやハゲ皮のバケをスイスイとしゃくって泳がせるもの。これにカンパチやイナダ、ホウボウ、アカヤガラなどが食ってくる。

カツオの一本釣り漁船でも大型のバケを使うし、メジマグロのバクダン仕掛けの先にも魚皮バケを使っている。だから、大型魚を狙う場合はサバ皮にこだわらなくてもいい。最近、試した自作のバケでは、予想どおり深海のキンメも釣れた。本来、サカナは小魚をエサとしているのだから、小魚のように見

PART2-1
ショットガン釣法のススメ

上：ショットガン釣法ではポイント選びが最も重要なテーマ。アングラーは魚探を確認しながらボートを移動させ、サカナの群れを追わなければならない。ショットガンの経験を積むことで、魚探を見る“眼”も養われていくことになる

右：魚探でポイントを探し当てたら、すぐに仕掛けを落とす。ショットガンでは多様なサカナが釣れるので、魚探の反応が何であったのかを確認することができる

えるものなら何でもいいのだ。

ただし、ショットガンに食うのは、サビキが落ちているときが一番多く、バケが動いてないとダメ。群れに命中しなかったら、すぐリールを巻いて、群れの5メートルぐらい上まで仕掛けを上げ、一度サカナの視界から消してからまた落とし直す。この作業が大切で、群れの中に入れておけば、間違って食うだろうというようにやっていると、群れは警戒してどこかへ逃げてしまうのである。

コマセを使った釣りに慣れてしまうと、サカナの生態に鈍感になるから、このあたりがなかなか理解できないかもしれない。要は仕掛けを落とすたびに、魚群とシラスが新たに出合ったように演出しなければならないのである。

＊

ショットガンで難しいのはボートを正確に反応の上に止めることだ。

コマセ釣りでは少々ポイントがずれようが、コマセでサカナを飼い付けるのだから問題ない。でも、ショットガンはサカナの群れそのものに命中しないと釣れないから、いかに正確に反応に乗せるか、何度も同じ反応をとらえられるかどうかで、成果に差がでる。

また、群れはつねに動いているし、ショットガンで釣り上げれば驚いて逃げる。ただ、わずかに動くだけだから、これを細かくボートを操作し、再度、探し出すのである。この作業が案外難しい。

ボートが魚群の真上に乗っているときは、魚探画面の右端部分に反応がでる。だから、右端から反応が途切れないうちにショットガンを落とさなければならない。しかし、一度ショットガンが命中して一尾でも釣れると、反応がなくなってからも、ついつい仕掛けを落としたくなる。ここをどれだけ我慢して、また反応に乗せるかだ。

サオも出さずに魚探ばかり見ていることなど我慢できないという人もいるだろうが、これをやらないと釣りが上達しないのである。なんとかここをガンバッてクリアするしかない。そして、海の中が手に取るように見える“魚探の達人”となり、野生のサカナの動きや生態を実感できるようになってほしいと思うのである。

2 画面表示を読み解く ［基礎編］

画面表示の仕組み

画面の99パーセント以上は過去のデータである

魚探の画面は、一見するとテレビのようにリアルタイムで海の中を映しているように思える。しかし実際は、画面の右端だけがボートの水面下の状態を表していて、他の99パーセント以上はボートが通り過ぎた過去のデータを表示したものだ。

魚探を使い始めた人が、最初に勘違いするのがこの点である。魚探の画面を目にしたとき、画面の真ん中に大きな群れが映っているのを見れば、誰だってボートの下にサカナがいると思い込んでしまう。そして、必死で釣ろうとするハズだ。ところが、これが大マチガイ。こんなことでは何も釣れないのである。

魚探の表示画面というのは、パソコンで1行ごとに改行しながら文章を打つようなもの。センサーから発射された1回のパルス波の反射データは魚探画面の右端の1行にすべて入っており、それが次々に更新、スクロール（順送り）されていく。魚探のスイッチを入れたとき、一度に海の中を映し出すのではなく、右から左へとゆっくりと表示画面が埋めつくされていくのも、こうした理由によるものだ。

昔の記録紙式の魚探、あるいは地震計から吐き出される地震の揺れが記録された紙をイメージしてもらえばいい。現在使用されている魚探は、あの紙がモニターに替わったもの。したがって、魚探画面の中央にどんな大きな魚群反応が残っていようとも、画面の右端から反応が途切れれば、すでにボートの下には群れがないことを意味するのである。

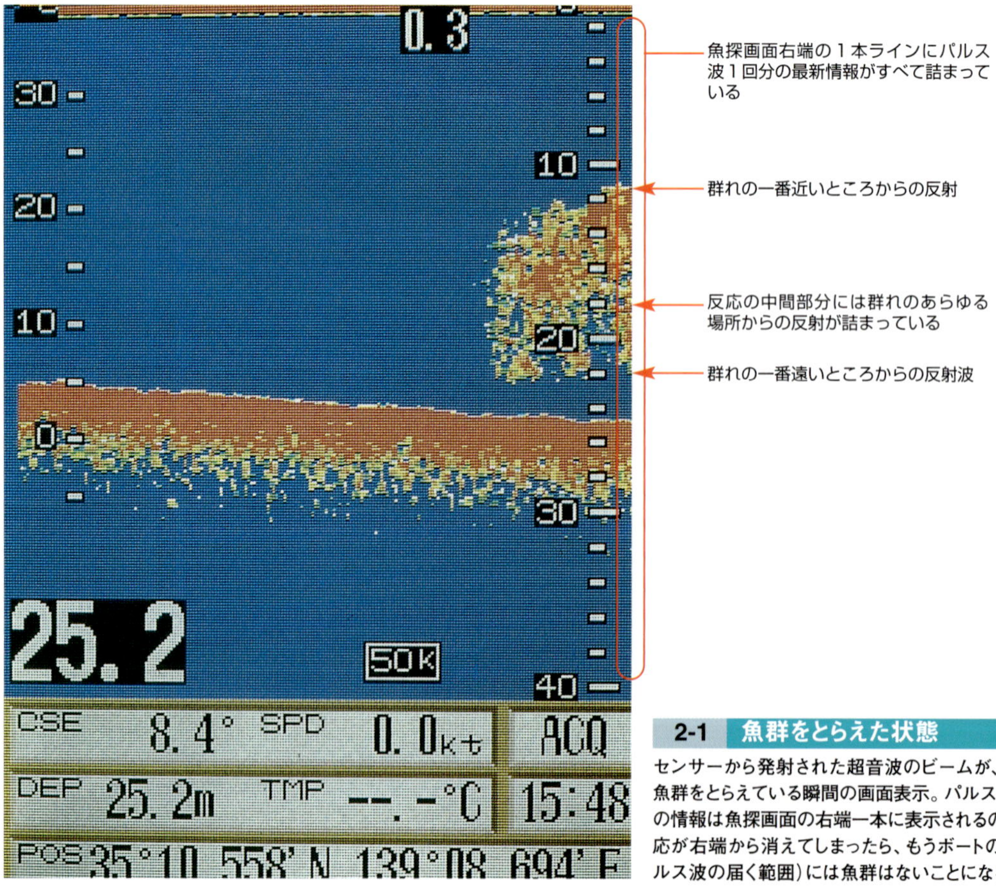

2-1 魚群をとらえた状態

センサーから発射された超音波のビームが、まさに魚群をとらえている瞬間の画面表示。パルスの最新の情報は魚探画面の右端一本に表示されるので、反応が右端から消えてしまったら、もうボートの下（パルス波の届く範囲）には魚群はないことになる

PART2-②
画面表示を読み解く[基礎編]

図-1を参考に、画面に群れの形が表示されるプロセスを見ていこう。

この魚探画面では、右端のパルス波③の1本の縦線のみが最新の情報であり、①や②はそれぞれ過去の状態を表示したものである。それぞれの時点で、海中のパルス波の情報はすべてこの1行に詰まっていることになる。

センサーから発射された超音波は、何かに反射した順、つまり距離の近いところから戻ってきて、反射波の強弱によって色分けして表示される。最新の情報を表示している③の時点では、まず、魚群Aの群れのお尻あたりに反射があり、次に魚群Cの厚みのあるあたりの反射波が戻り、最後に海底からの強い反射波をとらえている。一方、ボートが①の時点、②の時点でも同様に、その瞬間に反射波が戻ってくる。もちろん、①から③までの間でも無数のパルス波が発射されており、これらが連続して表示されることで群れの形を作り上げているのだ。ちなみにパルス波は、水深20メートルあたりの浅いレンジだと1分間に1,000～2,000回、水深1,000メートルあたりの深いレンジでは数十回発射されている。この蓄積が画面にあたかも魚群そのもののような反応をつくるのである。

2-2 すでに過ぎ去ったサカナの群れ

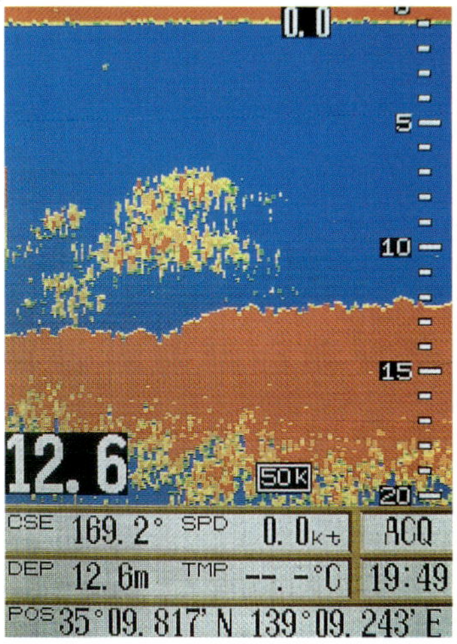

サカナの反応が確認できるが、この時点で仕掛けを落としても無駄。すでに過去のものと考え、ボートを回して新たに群れを探すしかない

水面下の状態は常に変化していく。魚探に表示されるリアルタイムの情報と過去の情報を組み合わせながらポイントを探していかなければならい

図-1 画面表示のプロセス

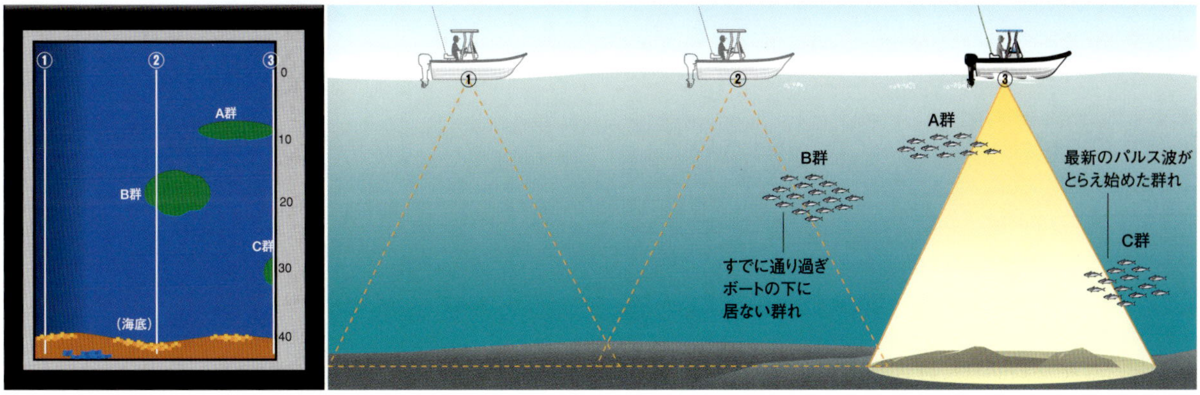

魚群は画面右端から順送りに表示される

岩礁帯と砂地の反応

魚探の画面表示から海底部分の底質を読み取る

魚探画面からは、魚群の有無だけでなく海底の情報も読み取ることができる。

たとえば、砂地や泥地は音波の反射が弱く、一部は吸収されるなどして反射波の戻りが少ないから、海底反応の表示部分の厚みがあまりない。それに比べると岩礁帯は何倍も反射が強く、広い範囲から反射波が戻るため、反応表示も強く、分厚いものとなる。このように、ボートを走らせながら魚探の画面表示を確認し、海底反応の表示部分が薄ければ砂地、ゴツゴツとして分厚ければ岩礁帯、というように判断できるのである。

もちろん、海底地形図などから、ボートが走っているエリア周辺のだいたいの情報をつかんでおくことも、判断の助けとなるはずだ。

これらの地形の情報は、居着いているサカナの生態と深く結びついている。たとえば、砂地の中に小さな岩礁帯が隠れているような場合にも、その部分だけ海底反応の帯が盛り上がり、分厚くなることがある。海底の変化の少ないエリアにおいては、浅場ならキスやマゴチ、中深場でスルメイカやヤリイカなどがターゲット。また、砂地の中に小さな変化を見つけた場合は、オニカサゴやアラなどを狙うことも可能だ。

このような場所では海底に大きな魚群が表示されることはめったにないから、写真2-4のように海底部分の表示を拡大する機能を使い、小さな反応をこまめに探っていくのがよいだろう。

2-3 砂地に岩礁が点在する海底の反応

砂底に点在する根を捉えた魚探の画面。画面右側の盛り上がった部分は硬い岩の部分なので、前後の部分と比べて厚みのある表示となっている。このように、海底反応表示の厚みの変化や形状の変化を見ることによって、底質を判断することが可能となる

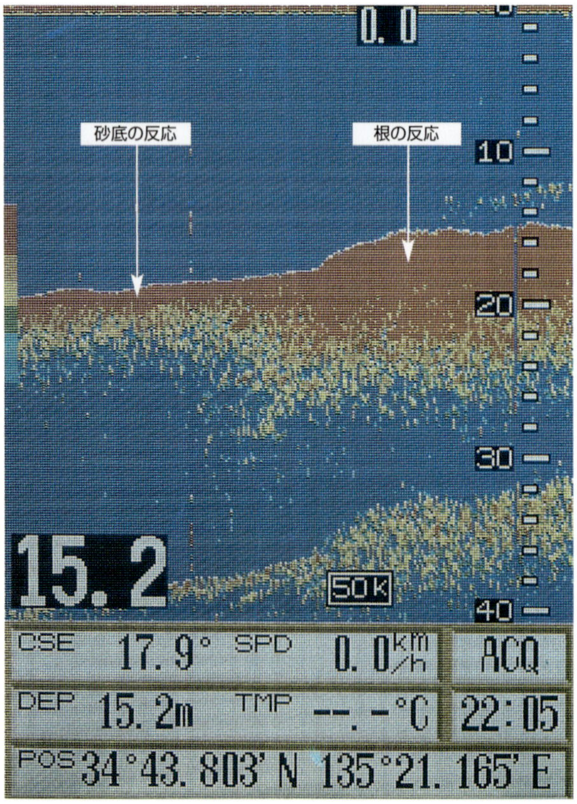

2-4 海底部分の拡大表示

魚探の拡大表示機能によって、海底の反応の変化をこまかく把握することができる。左画面は海底拡大表示である

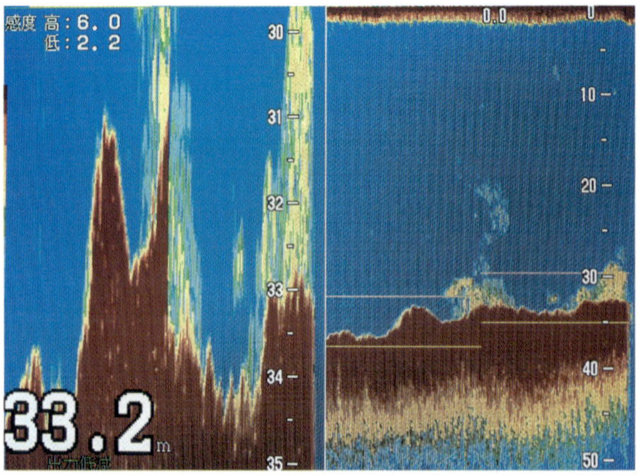

「尾引き」とは何か

海底部分に表示された尾を引いたような反応

超音波は、硬いものに当たると強く反射し、軟らかいものなら弱い反射となる。また、同距離の反射波をたくさん拾うほど、その水深における反応は強く表示されることになる。

そのため海底の反応は、魚群などと比べ、よりはっきりと強い色で厚みをもって表示されるわけだ。さらに、赤く強い反応の下に、黄色からブルーまでの尾を引いたような色の変化が確認できるが、これは“尾引き”とよばれる反応だ。

一般的に、海の中で最も強い反射波が得られるのは海底部分である。センサーから発射された超音波は、ビームとなって海底に届き、また反射してセンサーに届く。このときボートの真下からの反射が一番速く戻り、ビームの中心から外側の反射もわずかなタイムラグで途切れることなしに順々に戻ってくる。さらに指向角をはずれたサイドローブ(図-2)からの弱い反射も拾うことで、写真のようなグラデーション表示となるのである。

海底部分の反応表示の厚みは、50キロヘルツ、200キロヘルツの差、つまり指向角の差でも違いが表れる。写真2-6のように、50キロヘルツは50度程度とビームの指向角が大きいから、広い面積から反射波がたくさん戻るため、海底部分の反応は厚く表示される。一方、200キロヘルツの場合は指向角が13度ぐらいだから、海底部分の反応は薄く表示されるのである。

2-5 海底の表示部分に表れた尾引き

尾引きができるのは遠くからも反射波を拾っているということ。1本のビームの海底からの反射波は、近いところから順に戻ってきて魚探画面に縦一列に積み重なっていく。その厚みのある反応が尾引きである

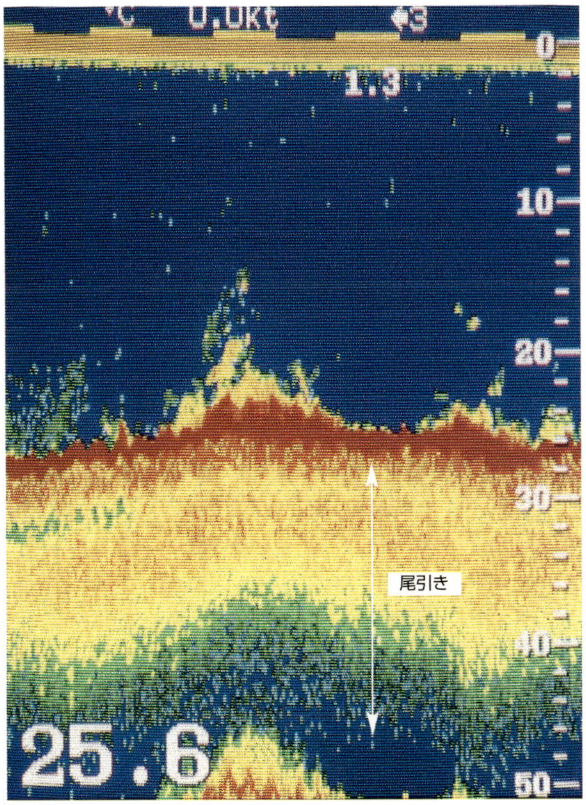

2-6 50キロヘルツと200キロヘルツの尾引きの表示

指向角が広い低周波(左)ほど海底部分は厚く表示される

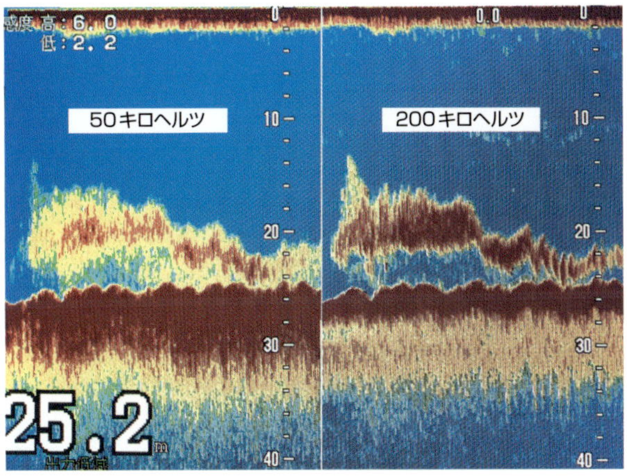

図-2 指向角のイメージ

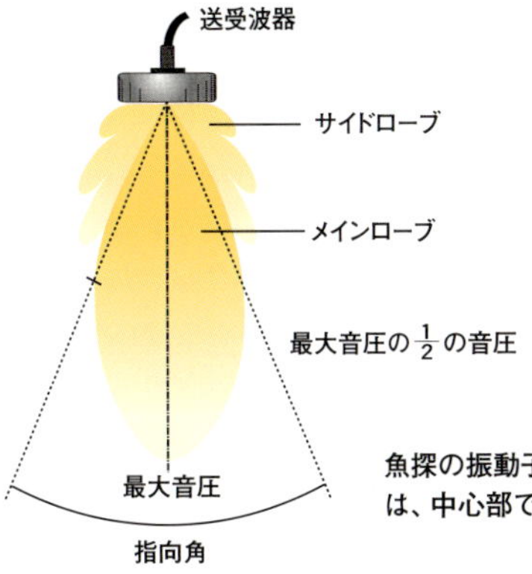

魚探の振動子部分から発射された超音波は、中心部で強く、周辺部では弱くなる

魚の群れとサイズ

小さくて数が多いほど赤く密集した反応となる

魚探の表示画面の特性として、小さくても数が多ければ濃い反応になる、というのがある。同距離の反射波が多ければ、ひとつひとつの反射が弱くても、大きな固まりとなって反射強度が強くなり、赤く濃い画面表示となる。したがって、イワシなど数が多くて密集しているものは、同距離にたくさん個体があるから、反応も強く濃く表示されるわけだ。

一方、イワシよりも個体のサイズが大きなアジなどであっても、緩やかに群れているような場合には個体のひとつひとつが青や緑の弱い反応として映り、それが点々と表示される。もちろんアジやサバなどの大きな個体でも、数が多く密集していれば、個体が識別できないほど連続した赤く濃い大きな反応となるわけだ。

しかしながら、ワラサクラスの大きな個体であれば、ある程度大きな群れであっても、1つ1つがわずかに分離し、別々のものとして映る場合が多い。このことを頭に入れておけば、真っ赤に表示された大きな反応は、だいたいがイワシやキビナゴなどの小魚の反応と判断できるし、20センチメートルぐらいのアジの集団なら通常は黄色の反応で、何かの理由で密集すれば真っ赤、というぐあいに見分けられる。

写真2-7は、東京湾内のアシカ島周辺に着いたカタクチイワシの群れの反応である。イワシは一般的には表層を泳ぐ魚といわれており、外洋にいるときは表層で見かけることが多いのだが、周囲の環境や成長過程においては、海底にべったり張りついていたり、海底付近から山のような群れをつくりあげたりすることがある。

反応が出ているカタクチイワシは、瀬が落ち込んで平坦になったあたりの低層で群れていたが、サバなどに発見されないよう、隠れているのかもしれない。イワシは海底からきっちり4メートルほどの距離をとって、群れの底部分は他の場合より濃く強い反応になっているのが見てとれる。

一方、写真2-8は、浅場の岩礁帯にいたキビナゴの反応である。少しバラけているが、個体サイズが小さく弱いキビナゴは、常に身を寄せあって生きている“スクールフィッシュ”である。その密集度はイワシより高いかもしれない。

このような場所では、ときにキビナゴが海底から海面までびっしり埋め尽くすような大きな群れになる。魚探の水深が、1メートルもなくなってしまって驚かされることも少なくない。密度が非常に高いため、海底と誤認してしまうほどだ。

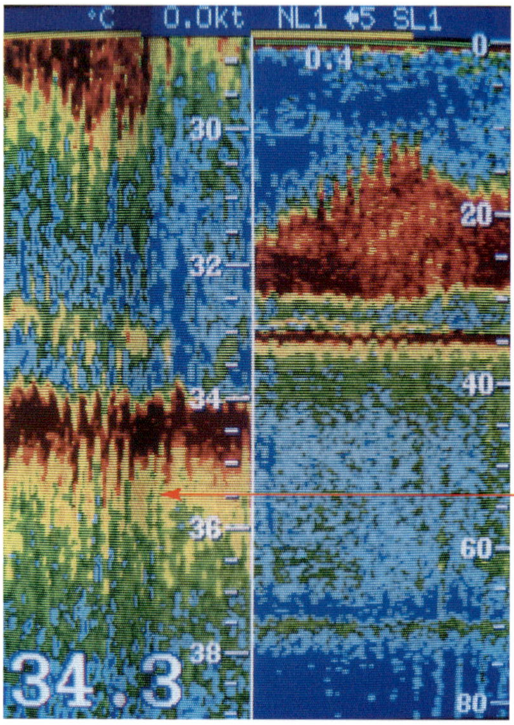

2-7 海底付近にいるカタクチイワシの反応

カタクチイワシのように小型で数が多く密集している魚群は、反応が真っ赤な色で表示されることが多い。同距離の反射が多数重なると、単体の反応がたとえ小さくても、強く、濃いものとなる、という魚探の特性によるものだ。写真はサバなどに追われて底層に下りたカタクチイワシの反応。反応の中にも濃淡があるのがわかるが、これは密集度の差と考えられる

PART2 - 2
画面表示を読み解く[基礎編]

2-8 のんびりしたキビナゴの反応

キビナゴもカタクチイワシ同様に密度の高い群れを作るから、真っ赤な反応となる。ただし、この群れは周囲からのプレッシャーがなく、バラけてのんびりしている状態。ちなみに、キビナゴはイワシと違い、海底に接して群れていることが多い

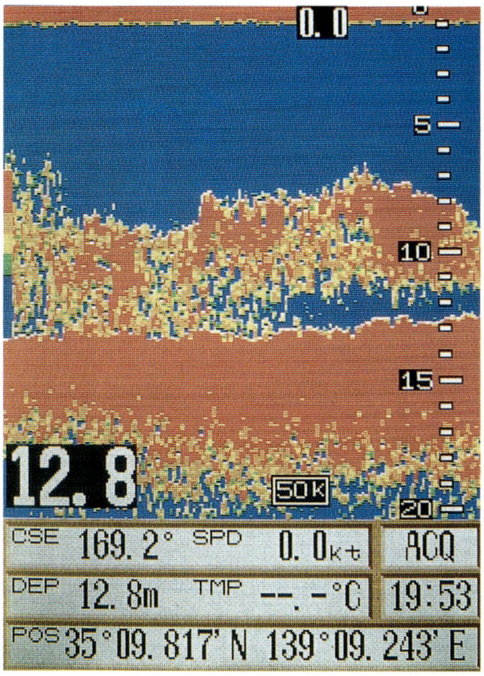

2-9 密度の薄い中サバの反応

小さいサカナほど密集して身の安全をはかるが、少し大きな個体になると、密度はだいぶ薄くなる。この写真は20センチメートル程度の中サバの反応。これも数が多くなれば、赤い反応で表示されることがある

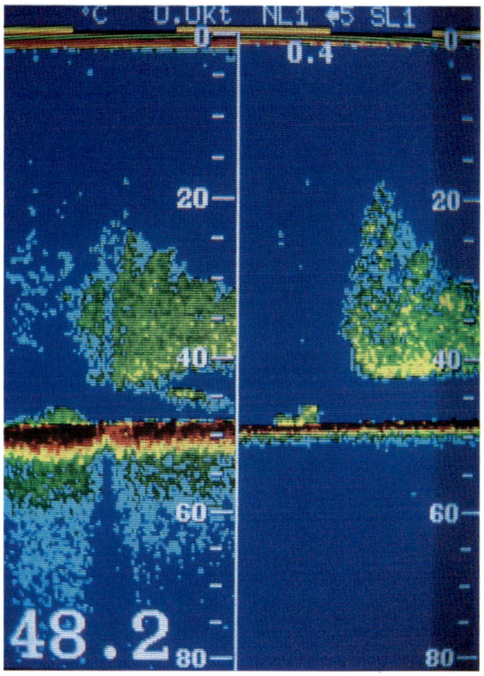

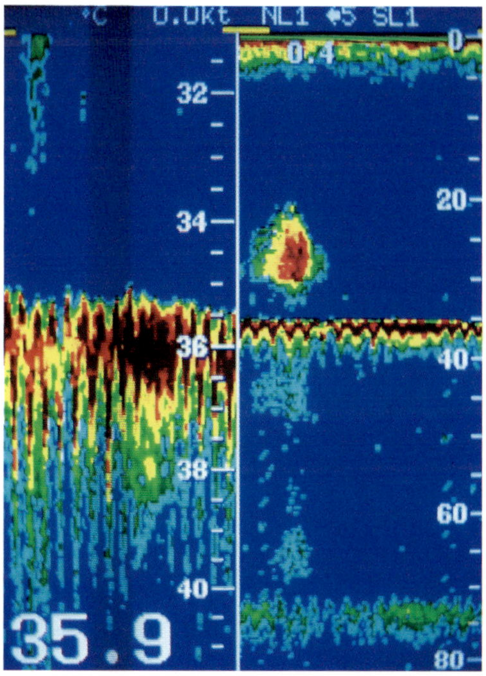

2-10 カタクチイワシの小さな群れ

200キロヘルツの画面でとらえたカタクチイワシの小さな群れ。本来、もっと全体に赤いものとなるはずだが、群れの端をかすめたのかもしれない

ショットガンで釣り上げたカタクチイワシ。個体のサイズや密集度によって群れの反応に特徴がでる

PART 2

魚探大研究

「泡切れ」とは何か

海中の気泡の影響によって反応が途切れる現象

センサーから発射された音波が、海中に発生した気泡によって遮断された場合、魚探画面に映るサカナや海底の反応が大きく途切れることがある。音波は泡に阻まれて前へ進むことができず、画面にはいっとき何も映らなくなる。超音波は、水中の空気によって振動エネルギーが吸収されてしまうのである。

こうした泡切れが起こるのは、ボートをバックさせたときや、他船の航跡を横切る場合などさまざま。ボートを急発進させた場合にも、プロペラが空気を噛んで泡切れが起こる。また、波で前後にピッチング（縦揺れ）を繰り返すと、船底で海面を叩くたびに泡を発生させるため、荒れた海で釣りをする場合などにも泡切れは多い。

一般的なプレジャーボートの場合、魚探のセンサーはプロペラ部分より上、つまり浅い位置にある。そのため、バックすれば気泡が船底へ回り込み、センサー面の下にも入ることになる。ちなみに、センサーの取り付け方や場所によっては、センサー自体が水流を乱す原因となるため、取り付け時には十分に注意を払わなければならない。

たとえば、センサーをボートのトランサム部分に取り付ける場合、船底がV字型だと、どうしても船底面からセンサー部分がはみ出してしまうことになる。その突起が不規則な水流をつくり、音波の発射面に泡の空気が回り込んでしまうのだ。

実際、ボートを止めているときは反応が見えるが、3ノットも速度を出せば画面に何も映らない、などというケースが少なくない。20ノットでボートを走らせながらでも海中の様子が確認できるのと、3ノットで何も映らなくなるのでは、漁師の釣りと子供の釣りぐらいの違いがある。

これまでのプレジャーボートは、設計段階で魚探の取り付けまで考えてつくられたモデルは非常に少なかった。コマセでサカナを寄せて釣るスタイルが主流となっている日本の釣りでは、センサーの取り付け位置については重要視されてなかったのである。しかし、ルアーフィッシングのように積極的にターゲットを狙う釣りが普及しつつある現在、プレジャーボートでも、漁船並みの魚探性能が要求されつつある。

写真2-11は魅力的な魚群を見つけ、ギアをバックに入れ、行き足を止めてジグを落としたところ。この反応でカンパチが釣れた。センサーの取り付け位置が良いため、泡切れが発生してもすぐに復活しているのが確認できる。

泡切れは波長の長い50キロヘルツで発生しやすく、波長の短い200キロヘルツで少ないのが特徴だが、この画面表示もそれを表している。

2-11 バックギアに入れると泡切れする

この魚探反応は、ジギングの最中に良い反応を見つけ、バックギアを入れて行き足を止め、さらにジグを投入したときのもの。このボートにはフラットキールがあり、センサーをスルーハルで取り付けているため、泡切れしてもすぐに群れの反応が復活している。また、この2周波魚探の場合、50キロヘルツ（画面左側）では完全に途切れているが、200キロヘルツでは海底部分が切れていないことが画面表示で確認できる。高周波のほうが、泡切れに強いことがわかる

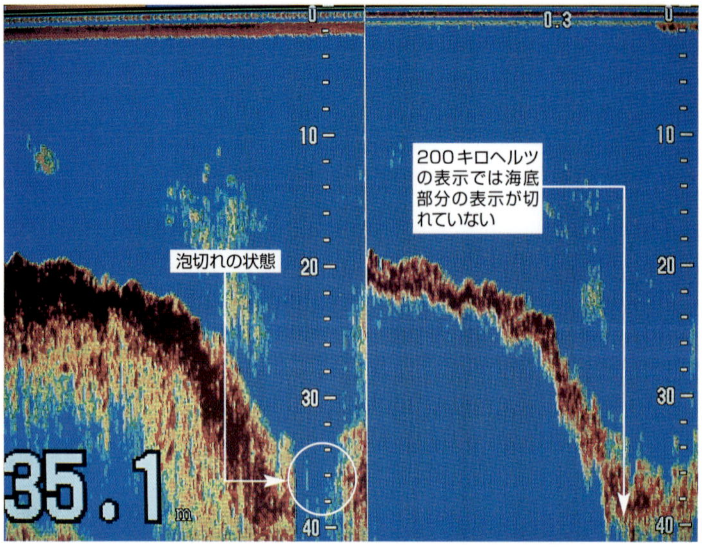

2-12 泡切れで何も見えなくなった状態

写真は一軸シャフト船がバックギアを入れた状態。深い位置で発生した大きな泡は、長い時間（約1分）にわたって反応を途切れさせた

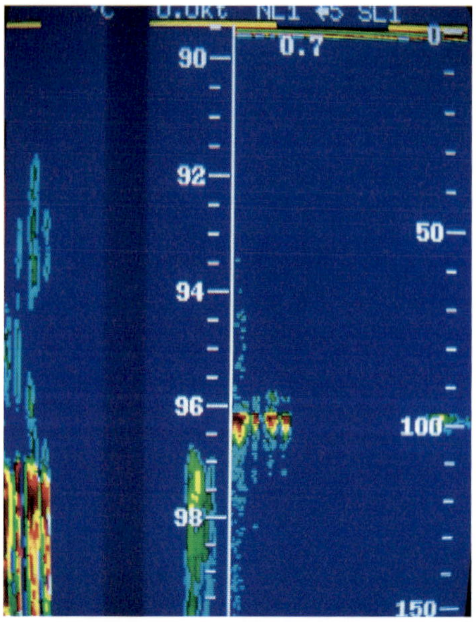

二番反射と三番反射

レンジを調節して画面の表示範囲を有効に使う

魚探画面を見ていると、海底が二重三重に映ることがある。図-3のように、センサーから発射された超音波は、海底に反射して戻ってくる。ところがこれらの超音波の一部は、再び船底や海面に反射し、もう1度海底まで到達して戻ってくることになる。いわゆる“やまびこ”のようなもので、反射が強ければ2度3度と反射を繰り返し、それをまたセンサーが拾って表示するから、海底が二重三重に映るのである。

2回目の反射を拾った画面表示は、1回目のものより反射が弱く、3回目はもっと弱くなる。また、超音波の進む速度は反射しても変わらないので、2回目に反射してきた海底の反応は正しい水深の2倍の位置に表示され、3回目に反射してきた海底の反応は3倍の水深となる。つまり、二番反射や三番反射が魚探の画面に映るということは、水深20数メートルの場所で、魚探の表示範囲(レンジ)を80メートルにしているようなときに、40メートルや60メートルの部分に海底の反応が繰り返し画面表示されていることを意味するわけだ。当然、画面のレンジを小さくすれば、二番反射や三番反射は表示されないことになる。

二番反射や三番反射は海底質の判断に利用されることも少なくない。ただしこれが表示されるということは、実際の水深よりもかなり深い部分まで表示しているために、魚群が画面に小さくしか映らないことを意味する。これは魚群を確認する上では大変不利なこと。魚群を確認する場合は、すぐに適正なレンジに変更しなければならない。

図-3 超音波の反射のイメージ

超音波の一部は海底とボートの間で反射を繰り返す

2-13 二番反射、三番反射の表示

魚探のレンジを水深の倍以上にしていると、海底の反応の下にもう1本、海底が出てくる。これを二番反射とよぶのだが、これは海底に反射した音波がもう1度船底や海面に反射し、再び海底まで戻ってセンサーにとらえられたもの。3度繰り返せば三番反射である

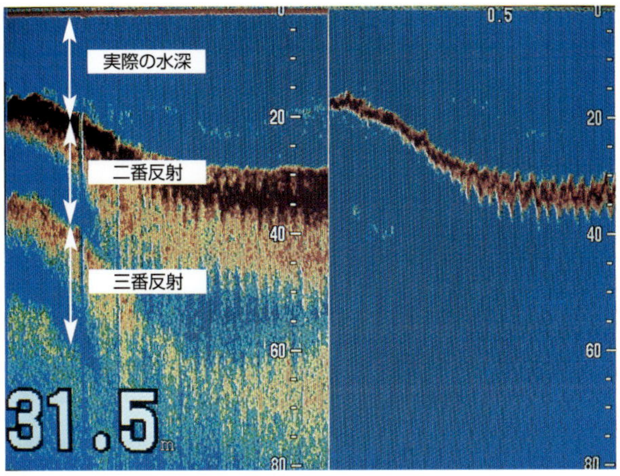

2-14 状況に応じて水深レンジを修正する

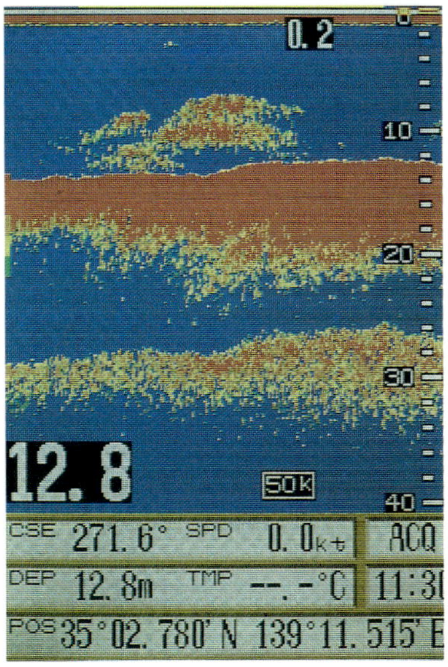

二番反射が出るのは、レンジ幅が大きいということ。この写真では、水深11メートルの場所で40メートルのレンジで表示している。これだと水深の半分近くありそうな大きな魚群反応も小さく見えてしまい、仕掛けを落とすタイミングも測りにくい

ブーメラン反応とは

魚探の画面に現れる「へ」の字の意味を理解する

魚探画面で海の中を確認すると、ときどき湾曲した「へ」の字のような形状の反応がみられることがある。このような反応は、一般に“ブーメラン反応”と呼ばれていて、ボートが静止しているときにその下をゆっくりと大型単体魚が通過したような場合、またはその逆に、静止している大型単体魚の真上をボートが走っていたときなどに画面に表示されることが多い。

ブーメラン反応が起きる理由を、図-4で説明していこう。まず、サカナが①の位置にくると、振動子から発射されたパルス波がサカナをとらえ始める。しかし、サカナとボートとの距離が遠いため、実際の水深よりも深い位置に反応が表示される。

一方、サカナがボートの真下に位置したとき、すなわちイラストの②の状態にあるときは、サカナとボートとの距離は一番近くなる。

さらにサカナが前進して③の位置にきたときは、①の位置にいるときと同様、遠くて薄い反射となる。この場合も、サカナとボートの距離が遠いため、画面上の水深表示では、実際にサカナがいる水深よりも深い位置に反応が表れる。そして、ここまでの反応を連続で画面表示すると、への字、つまりブーメランのような反応となるわけだ。

ブーメラン反応は、大型の単体魚に顕著にみられるもので、それもボートとサカナが一定のタイミングで行き交った場合におこる。また、海中に棒やロープにようなものが浮遊していた場合にも、このような形状に表示されることが多い。さらに、大きな魚群の上を通過するような場合も、ハッキリとは確認しにくいが、群れ全体が「へ」の字に表示されることが少なくない。

2-15 定置網のロープが作るブーメラン反応

画面上部に表示されているのは、定置網のロープの反応。定置網の周りには、網を固定するためたくさんのロープが広く張りめぐらされているが、特に潮の抵抗を受けるような重要な場所では、数トンもの鉄のアンカーがいくつも打ち込まれていて、太いロープを張って支えている。アンカーは網よりだいぶ離れたところへ落とされるから、そのロープの上をボートで走ると写真のようなブーメラン反応が確認できる。ひとつの「へ」の字が1本のロープを表している

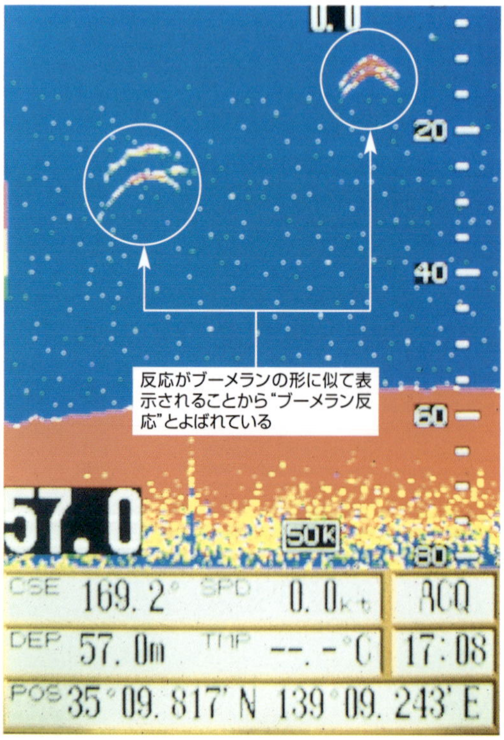

2-16 サカナの群れで見られるブーメラン反応

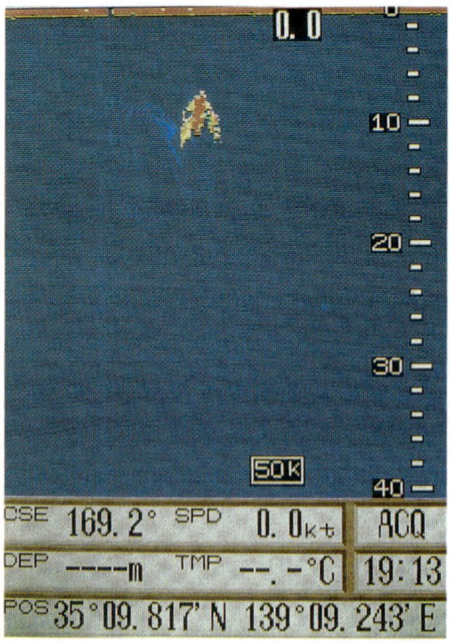

群れ自体の反応がブーメランのような形になることもある。これは小魚の反応だが、巨大な群れが動かずに一定の場所にいれば、ボートが通過したとき、ゆるいブーメラン形状となる

図-4 ブーメラン反応のイメージ

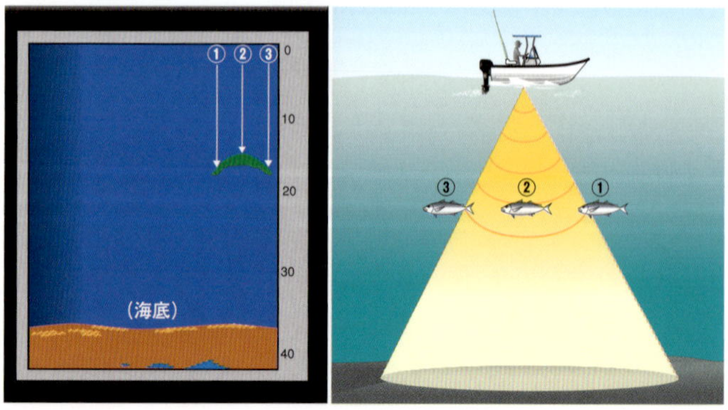

長い反応と短い反応

同じ距離に同じものがあれば同じ反応が続く

魚探画面に1本の長い反応が出ることがある。これがあたかも体長の長い魚が泳いでいるように見えるため、「ワラサだ、イナダだ」と勘違いする人が少なくない。魚探の特性上、このような反応が出ることが多いので、まずはしっかりとこの原理を理解しておく必要がある。

センサーから発射される超音波は、浅いところでは1分間で数百回～数千回にもおよぶ。もし1尾のサカナがセンサーから等距離にいて、連続して同じ反応を拾うとすると、画面上には横に長い1本の反応が表示されることになる。

図-5で説明すると、ボートと同じ速度でサカナが並走していたならば、Bのように画面表示される。また、サカナがボートと斜めに交差すればA、行き違った場合にはCのような反応となる。

同様にボートを止めてコマセ釣りをしているときも、サオをいじらず仕掛けを置きっぱなしにしておくと、コマセカゴの反応が横長に表示される。コマセ釣りをしていて、ボートの下にフグが近寄り、ずっと同じ位置にいたりすると、やはり横に長い反応となるから冷静に判断しなくてはならない。

魚探は、センサーから等距離に同じものがあれば、同じ反応が表示され続ける。魚探画面の左右方向は、時間の推移を意味しているにすぎない。したがって、画面の左右いっぱいの長い反応が出たとしても、特別に長い(大きい)サカナが映ったわけではないのである。

写真2-17は、大型の回遊魚がボートと同じ方向へしばらく走ったときの反応である。1本の横線が1尾であることを考えると、特別な大物のようにも思えるが、大きくてもせいぜい2～3キロ程度のメジマグロかカツオあたりだろう。

このような反応は、サカナだけでなく海底の状態を確認する場合でも頻繁に起きる。たとえば、ボートを走らせている途中で海底から立ち上がった根を発見し、GPSなどを使ってきっちり根の位置にボートを止めたとする。すると、それまで海底の起伏が画面に表示されていたのに、ボートを止めてからは平坦な海底しか表示されなくなる。等距離で反射波を拾い続けるのだから、当然、そのような画面表示となるわけだ。

同様のことは、動きのない大きな魚群の反応でも見られる。ボートを真上に止めたままにすると、画面いっぱいまで反応が続き、巨大な群れのようになることがあるのだ。

一方、長くなる反応とはまったく逆に、短く縦に細い反応となる場合がある。これはボートが大きな魚群と行き違った場合などに表れる反応で、図-5の画面にあるCのように、縦方向には長いものの、横幅が細くて扁平な形状として映ることが多い。

こうした反応が表れるのは、サカナとボートが行き違い、サカナにパルス波の当たる回数が少なくなったため。これによって、横幅の短い表示となる。要するに間引かれた状態なのだ。

魚探で見る海の中の物体は、ボートがゆっくり走っていて、相手が静止している状態なら比較的正確にその形を映し出す。でも、そんなときばかりではないから、表示された群れの形を見たり、周囲の状況を考慮したりして、その都度、判断するしかないのである。

2-17 大型回遊魚と並走した反応

写真はボートが大型回遊魚2尾と同方向へしばらく並走したときのもの。ただ、この2尾はボートの真下でなく、ビームの端の方でとらえているハズだ。真下を走っていたり、横切っていたりすれば、センサーからの距離が大きく変化するから「へ」の字のような形になるだろう

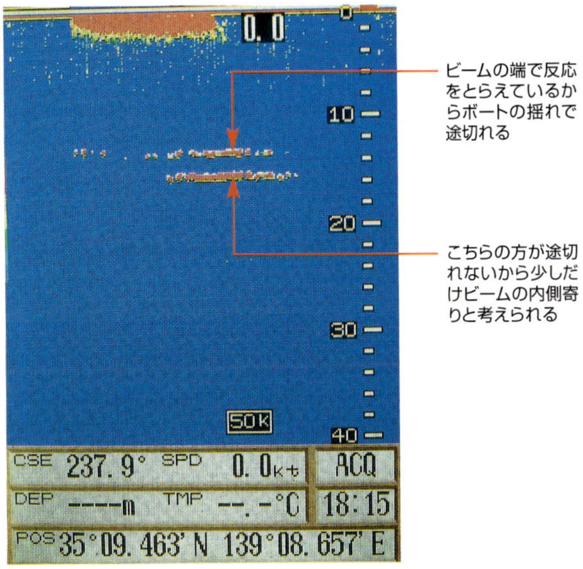

図-5 長い反応と短い反応

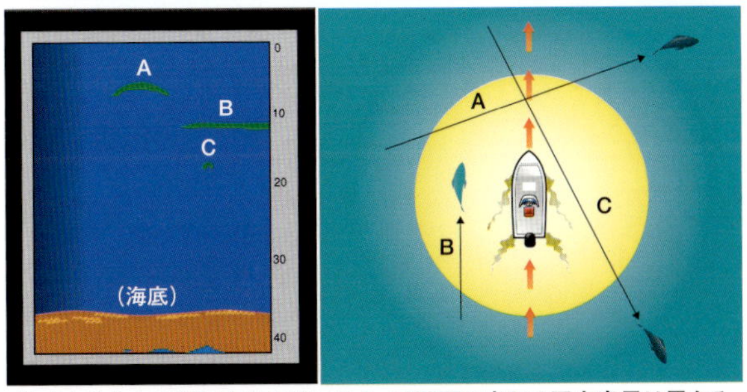

ボートとサカナの進行方向の違いによって画面に表れる反応表示は異なる

2周波魚探の活用①

ボートが魚群の真上に乗っているかを判断する

小型のプレジャーボートでよく使われる50キロヘルツの魚探の指向角は、一般的に40～70度前後と広く設定されている場合が多い。仮に指向角が50度の魚探で水深40メートル下の海中を見ているとすると、海底部分に直径約37.3メートルのビームを当てていることになる(図-6)。

慣れない広い海の上で魚群や根を探し出すことは、ボートの操船者にとって至難の業といえるので、最初のうちは、できるだけ広い指向角のものが望ましい。初心者が魚探を購入する場合、1周波だけのタイプを選ぶのであれば、広い範囲を探ることができる魚探のほうが群れを見つけやすいからだ。

ただし、指向角が50度の魚探では、ビームが届く範囲の端の方、つまりボートから20メートルほど離れたところに魚群があっても、しっかり反応をとらえ、あたかもボートの真下に魚群があるように映ってしまう。大きな反応が画面に表示され、慌てて仕掛けを落としたのに何も釣れないときは、こんな状態であることが少なくない。

一方、200キロヘルツの魚探の場合、指向角は約10～20度と狭く設定されていることが多い。たとえば指向角が12度の場合、水深40メートル下の海底においてビームの届く範囲は直径約8.4メートル程度。50キロヘルツの魚探と比べて、探ることができる範囲はかなり狭くなる。一見、同じような画面にみえる50キロヘルツと200キロヘルツだが、探査範囲が面積にして何倍も違うし、魚群も動いているから、200キロヘルツではわずかにずれた場所を通過しただけでも群れを見失ってしまうのである。一方、200キロヘルツの場合は、ボート真下のより狭い範囲を、より詳しく、正確に探ることができるというわけだ。

そんなこともあって、最近では2周波魚探が使用されるようになり、それぞれの欠点を補いつつ、海の中をより正確

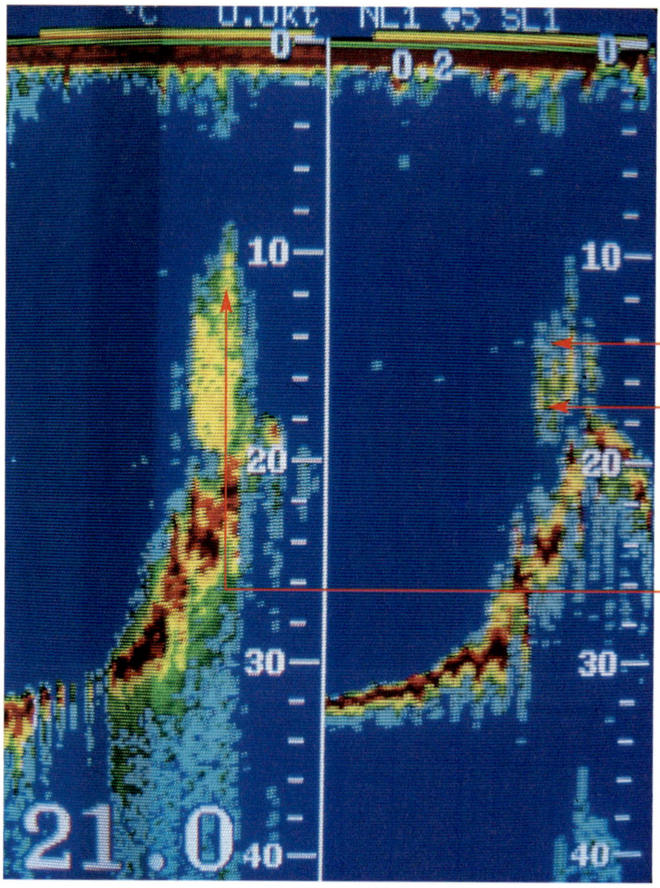
0
0.2
0
10
10
20
20
30
30
21.0
40
40
指向角の広い50キロヘルツで群れの真上に乗れば、群れ全体の大きさをつかめる
200キロヘルツだけの場合、群れは小さいものと判断される
200キロヘルツは指向角約12度と狭いから、ボートが真上を通過しなければ魚影は映らない

2-18 アジの群れの真上を通過

2周波魚探の両方の画面に魚群が映れば、ボートが群れの真上付近に位置していたことを意味する。水深33メートルの海底から、水深18メートルまで立ち上がった根があり、根のてっぺんの潮上側に高さ約10メートルのアジの群れが見える

PART2 - 2
画面表示を読み解く[基礎編]

に見ることができるようになってきた。これを使えば、50キロヘルツの広い指向角で魚群を探し、200キロヘルツの画面で群れを再確認することが可能となる。たとえば、50キロヘルツで反応が出て、200キロヘルツに映ってなければ、ボートが群れの真上から外れている、というようなことが判断できるわけだ。

写真2-20の場合、2周波魚探の50キロヘルツの画面に大きな魚群が見えるが、200キロヘルツには表示されていない。つまり、ボートが魚群の真上に乗ってないことを意味している。一方、写真2-19を見ると、ボートがぴったりと魚群に乗り、ショットガンでアジが釣れたであろうことまで想像させる反応が表示されている。

魚探の性能が向上するにつれて、ボート釣りもどんどん進化し、今やここまできたのである。

図-6　50キロヘルツと200キロヘルツの違い

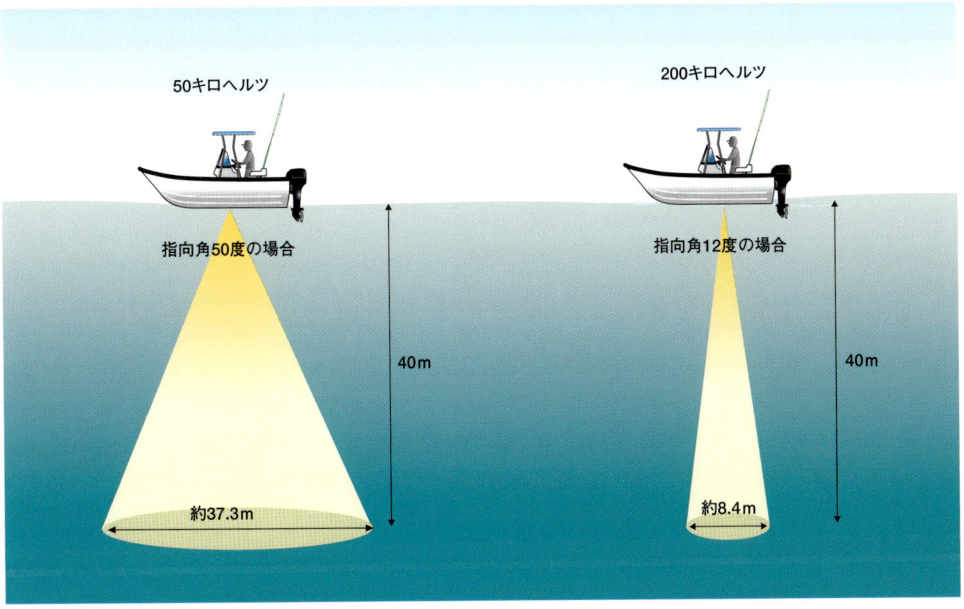

2-19　イワシの群れにショットガン命中!

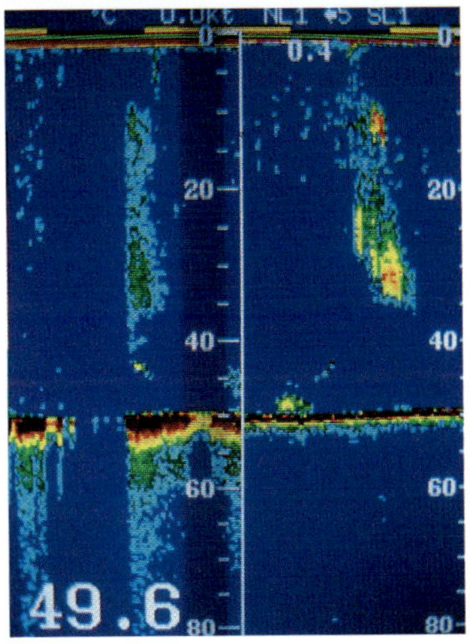

操船中にイワシの群れを発見! 200キロヘルツにも濃く映ったのでボートが群れの真上に乗ったと判断し、アスターン(後進)をかけショットガンを投入した。写真の画面表示は、カタクチイワシをゲットしたときのものだ

2-20　ボートが魚群の真上を外した場合

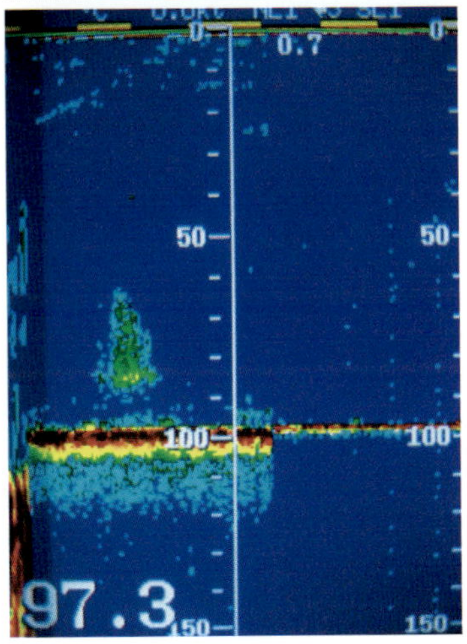

50キロヘルツに映って200キロヘルツに映らないのは、ボートが魚群の真上から外れた場所を通過したことを意味する。群れの中心に乗るにはGPSの航跡を見ながら反応のあった左右を探っていかなければならない

2周波魚探の活用②

異なる周波数でプランクトンと魚群を見分ける

魚探画面に突然大きな反応が出て、これはシメシメと思い急いで仕掛けを落としたら、意外に何もアタリがなかったというようなことが、ボートの釣りでは少なくない。これは、魚探に反応した魚体がごく小さいものであったり、もっと小さいプランクトンだったりするからで、こんなときは、どんな名人が頑張ったとしても、何も釣ることができないのである。

海の中には、サカナのエサになるプランクトンや3センチメートルに満たないような稚魚がたくさんいる。こうしたプランクトンや稚魚の反応は、海の中ではあらゆるところに出る。

プランクトンや稚魚の反応に関連して理解しておかなければならないのは、200キロヘルツは波長が短いため小さな物体までとらえることができ、50キロヘルツは波長が長いからごく小さなものは映りにくい、ということだ。ただし、50キロヘルツでもプランクトンやシラスなどが密集していたり、大きな群れを作っている場合には反応が表示されることがあるので、両方を同時に見比べるのがベスト である。

たとえば200キロヘルツだけに表示されて50キロヘルツに映らない反応があれば、ほぼプランクトンや小魚の反応であることが分かる。逆に、50キロヘルツに強く大きく映り、200キロヘルツに小さく映れば、これは間違いなくサカナの反応である。

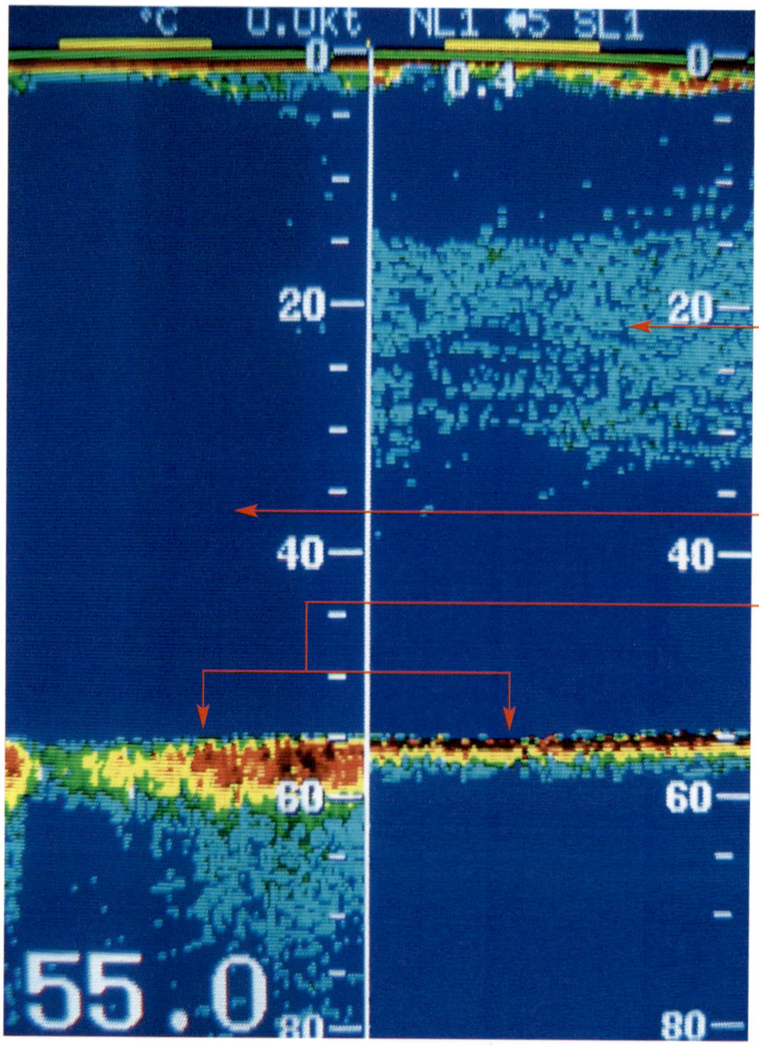

2-21 プランクトン層の反応

200キロヘルツの画面上で映り、50キロヘルツに映っていないのはプランクトンや非常に小さいサカナの反応と考えられる

2-22 稚魚の反応

50キロヘルツの画面で薄く、200キロヘルツの画面で濃く見えるのは、シラスなどの稚魚の反応と考えられる。50キロヘルツの方が広い範囲から反応を拾うため、大きめの魚群があれば、200キロヘルツより濃い反応になるハズだが、そうならないのは、サイズが小さいからではないかと考えられる

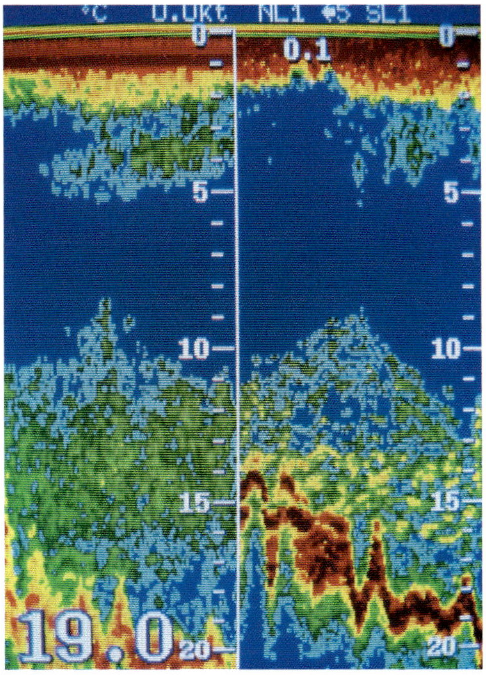

2-23 プランクトン&稚魚の反応

浅い根の上にびっしり層を作っているのは、50キロヘルツに弱く、200キロヘルツに強く反応が出ていることからみて、プランクトンもしくは稚魚であると考えられる。急峻な根のポイントで、潮の流れも速いことを考えると、自力で潮を上がれない動物性プランクトンが流されてきたのかもしれない

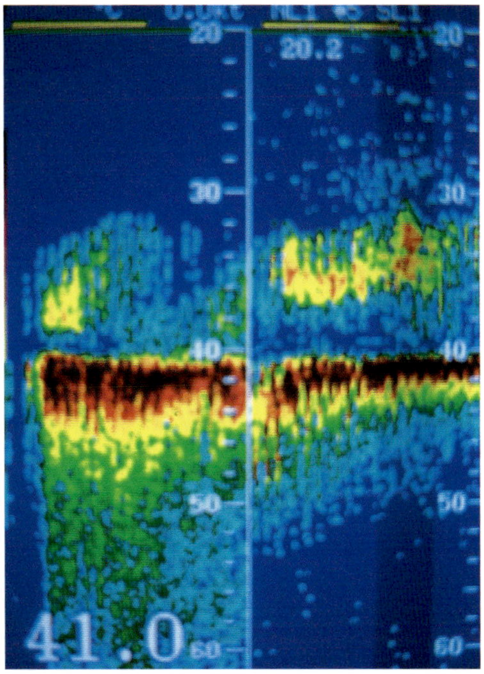

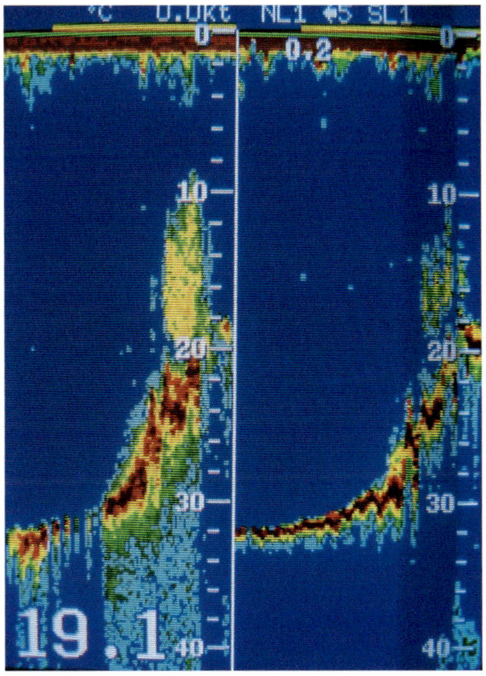

2-24 根の上にあるアジの反応

50キロヘルツに濃くて大きく、200キロヘルツに小さくて弱く映る反応は、サカナのものと考えられる

反応があれば魚が釣れるとは限らない。プランクトンや稚魚の反応かアジやイワシなどの群れの反応かを見極める必要がある

仕掛けと反応の関係

オモリなどの仕掛けは実物よりも大きく映る

ショットガンやジギングなどをしていると、仕掛けが魚探に映ることが多い。おもにオモリやジグが強く音波に反射するのだが、これが実際より大きく映るから不思議である。

これはパルス波が、浅場であれば1分間に数百～数千回という速いサイクルで発射され、仕掛けの落下中やシャクリのあいだ、または漂っているあいだも、連続して超音波が反射されているためである。たとえばロッドを手持ちにして、オモリを海中に止めた状態にする。そのとき、センサーからオモリまでの距離は、からだの揺れや船体の揺れで少なくとも30～40センチメートル程度は動く。この振れ幅がしっかり超音波にとらえられて、画面に反射波が書き込まれるから、まるでオモリが30～40センチメートルもあるように表示されるのである。

写真2-25の画面表示には、エビシャクリダイの釣りで用いられるテンヤが映っている。左画面は右画面の海底を拡大表示したもので、テンヤをシャクリ上げているのがよく分かる。テンヤが海底から約2メートルにあり、シャクリ上げる幅もロッドと手の長さを合わせた2メートルちょっと。しかし、テンヤの大きさが水深の目盛りで見ると50センチメートルほどある。ところがテンヤの実際の大きさは、エビも含めてせいぜい15センチメートル前後。つまり、このテンヤからセンサーまでの距離が、ボートと手の揺れによって40センチメートルほど振れているということになる。

魚探反応は、すべてセンサーと対象物との距離で計測される。対象物の揺れが画面表示に影響するのは、考えてみればあたりまえのことといえるだろう。常に波などの影響で状態変化するプレジャーボートにおいては、小魚の群れは別にしても、大型単体魚などの反応は、むしろ変形されずにきれいに表示されることのほうがまれだ。

また、自分の魚探では画面に仕掛けの反応が映らないのでは…？ という読者の方がいらっしゃるかもしれないが、それは仕掛けがビームの届く範囲の中に入ってないことが原因と考えられる。ボートが風などで流される、あるいは長いサオで浅場のコマセ釣りなどをするような場合、ビームの届く範囲から仕掛けが外れてしまうことが少なくない。どんな魚探であっても、ビームの届く範囲内にあれば、仕掛けの反応は画面に表示されるはずだ。

ちなみに、水深50メートルぐらいまでであれば、周波数に関係なくほとんどの仕掛けがビームの届く範囲に入る。コマセカゴも大きく映り、魚探画面に長くて太い、1本の線として表示される。コマセカゴに集まってくるハリ取りから、大きなマダイが海底から浮き上がって、ハリを食う場面までハッキリと映るのである。もし、水中の仕掛けやオモリが魚探にどう映るかを見たければ、サオを持ち上げたり下げたりして、仕掛けが魚探画面の中でどう動くか、試しに確認してみるのもいいだろう。

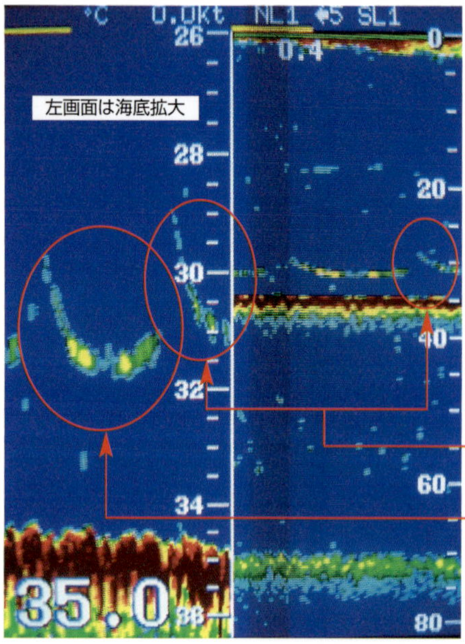

左が右部分の拡大。タナが底から約2.5メートル、シャクリ幅が約2メートル

テンヤをシャクリ上げたところ、テンヤの大きさが50センチメートルぐらいに見える

2-25 大きく映ったテンヤ

魚探には小さなものが大きく映る傾向がある。写真は、エビシャクリダイのテンヤをシャクリ上げているシーンが映っている。しかし、15センチメートルもないテンヤとエビが、水深の数値を参考に換算すると50センチメートルぐらいの大きさになる。これはボートの揺れなどでセンサーからの距離が絶えず変化し、その反応をとらえているからだと考えられる

テンヤの仕掛け。伝統的なエビシャクリダイの釣法で用いられる

船体の揺れの影響

波の状態によって変化する海底反応を読み取る

シロギス釣りをしていて、このポイントはたしか砂地で平らな海底のハズなのに、魚探には海底がデコボコに表示されておかしく感じることがある。ふと、いつもより波があるのに気付き、「な〜んだ」と納得する。海が荒れると、海底の反応もデコボコに表示されるのである。

このような反応が画面に表示されるのは、魚探機能のシビアさが関係している。センサーから発射された超音波は常に海底をとらえているが、センサーから海底までの距離を測っているだけで、波でボートが上下したり、揺られたりすれば、海底からの距離も変化するのだ。

たとえば、大きな3メートルぐらいのウネリの中を走れば、当然、水深も3メートル上がったり下がったりして、それが魚探画面に表れる。また、バシャバシャする三角波の中にボートがあれば、海底も同じように乱れるわけだ。

私がボートに魚探を初めて取り付けたとき、しばらくこのことに気付かなかった。いまでもウッカリすることがあるが、賢明な読者の皆さんはこれに惑わされてはいけない。海上では波が50センチメートル程度あるなんてあたりまえのこと。その50センチメートルの変化は、魚探にもハッキリと表示されるのである。

ただしこのような反応は、指向角の違いによって、影響が強く出る場合とあまり出ない場合がある。たとえば、指向角の広い50キロヘルツでは、ボートが少々揺れても安定して真下の反射をとらえ続けることができるため水深はあまり変化しない。一方、指向角の狭い200キロヘルツでは、ボートの揺れによって海底までの距離がシビアに変化して、水深がより深くなったり浅くなったりして表示されるのだ。

2-26 激しいローリングをしたときの反応

写真はピッチの短い波で激しいローリングを繰り返したときのもの。ボートが傾いたとき、ビーム範囲の狭い200キロヘルツはボートの真下の反応をうまく拾えず、遠い場所からの反射を真下の海底として表示している。一方、50キロヘルツは指向角が広いから、ボートが傾いてもボートの真下からの反射を拾うことができる

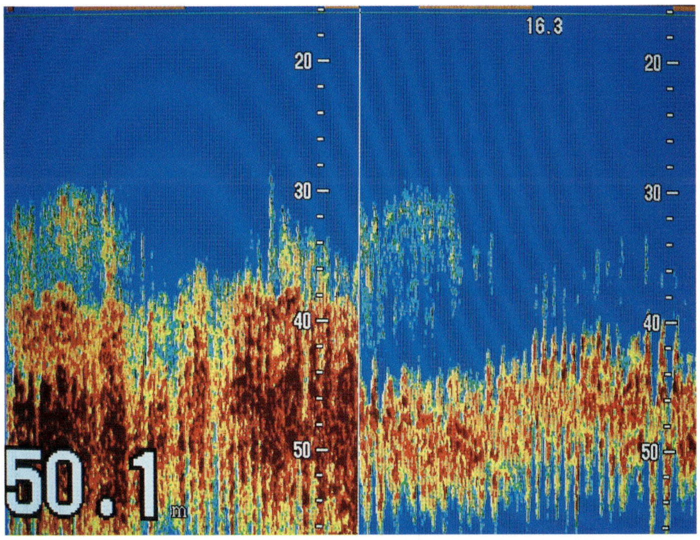

図-7 ボートの揺れの影響

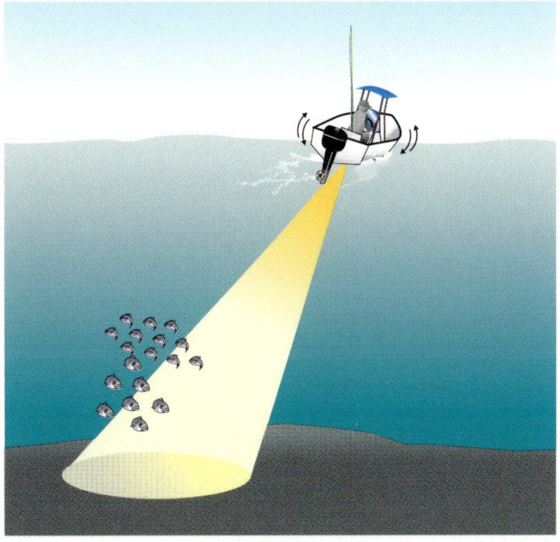

ボートの揺れによって、平らな地形がデコボコに表示されることがある

停泊中、移動中にかかわらず、ボートは波やうねりの影響を受ける

3 画面表示を読み解く ［応用編］

さまざまな魚探反応

魚探画面には多種多様な魚群の反応が映っている

ボートで走り回る海の中には、あらゆるサカナがいる。そして、それらボートの下のサカナのほとんどすべてが魚探に映っているのである。これから紹介していく魚群反応では、主なサカナの代表的な反応を取り上げているのだが、反応の中にその一魚種だけが映っているわけではない。

たとえば、「根」と呼ばれるようなポイントには、雑多なサカナが入り交じっていて、その種類は大変な数である。

また、大きなイワシやアジの大きな群れをとらえたら、その周辺にはそれらの魚を狙う大型魚がいる場合が多い。しかし、ある魚種では1、2尾しかパルス波でとらえてないものや、数はいても、他の魚群と一体に映るものもある。

ここで紹介する例は、一魚種の代表的な反応をピックアップしているのだが、その画面の中にも、隠れていたり、判断できずに解説できない反応がまだまだたくさんある。まずは、そのことを頭に入れておいてほしい。

たとえば写真3-1の浅場の岩礁帯の反応では、アジの群れをとらえているのだが、その中には小イサキの群れや、カマス、小ムツが交じっている。これは撮影のとき、ショットガンで釣れたから分かるのだが、それ以外にもネンブツダイやメバル、ベラやフグ、カワハギなどが映っていてもおかしくない。このポイントは数えられないぐらい通った場所で、これらのサカナはいつもショットガンで釣れるターゲットとなっているのだ。

この撮影は春に行われたものだから、青物のイナダやカンパチはいないと想像できるが、秋ならこれらが映っている可能性もある。

もう一つの反応は港前周辺に付いているウルメイワシの反応で、別に項目を立てて紹介しているが、この反応の中にはウルメイワシ以外の判別がつかない変化や反応が見られる。

この反応を撮るときイナダが釣れたし、後日、同じ反応を狙ってワラサも釣れ、友人のボートが大型のマダイを釣ってきたからマダイが付いている可能性もある。

海底近くにある、横に長く太い反応は判断がつきにくい。上下を青物が走って、群れが途切れた反応なのだろうか？　一見、巨大なサメが群れの中に突っ込んだように見えなくもないが、それならもっと強く赤い反応に出るだろうと思う。ゆっくりとボートが流れているから、上下途切れた魚群の連続反応ということかもしれない。

ともあれ、イワシは群れるのが本能だから、群れから外れた反応があれば、大型単体魚の可能性を疑ってみる必要がある。

このように、魚群反応はサカナの生態と合わせて考え、推理していくのである。

3-1　浅瀬の反応

小アジの他にもさまざまなサカナの反応が表示されている

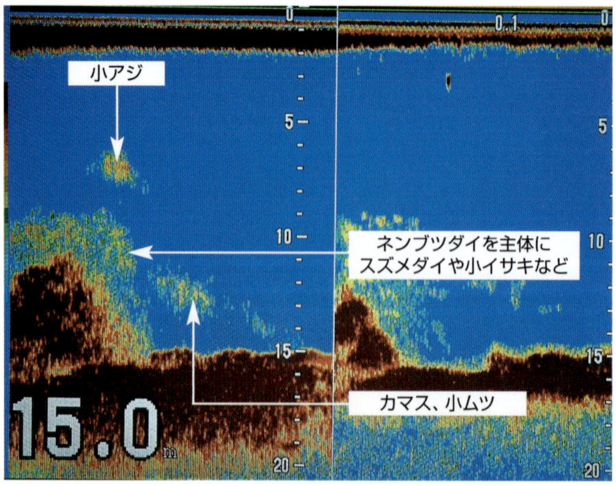

3-2　ウルメイワシの群れの反応

巨大なウルメイワシの反応の中に大型魚の反応が確認できる

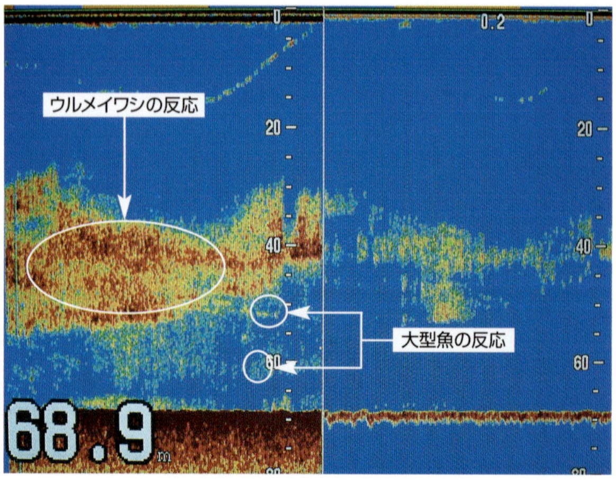

画面表示を読み解く[応用編]

小アジ、中アジの反応

青物シーズンに浅場の瀬周りを泳ぐ群れの定番

アジの反応は、ボート釣りの魚探反応の中でも基本中の基本といえる。

小アジの群れは春から秋にかけて浅場の瀬周りならどこにでも見られる。この群れを苦もなく発見できるようになれば、あたかもイケスに生かしているサカナを取り出すかのように、いつでも自在に釣り上げられるようになる。

また、アジはワラサなどの青物からヒラメやマゴチのような底魚、カサゴやメバルなどの根魚まで、さまざまな大型魚のエサになる。エサとして見たらイワシの方が最適なのかもしれないが、イワシは沖合いに集まることが多いから、浅場の瀬周りではアジが主役。青物を釣るときも、アジの群れを探せばその周辺でヒットすることが多い。ヒラメやマゴチも同様で、小アジの群れを見つけ、ショットガンでアジを釣ってそのまま底まで落としたら一発で食ってきた、なんて場合もよくある。

それだけに、群れを発見して、その形をよく観察すれば、イワシの群れの場合と同様に、アジを取り巻く周辺の状況がよく見えてくる。アジもイワシほどではないが、団子になって防御の形を取るし、仲間と常に離れないようにしている。したがって、群れの反応が割れたり、引き裂かれたような反応が出れば、何かが群れに突っ込んだと考えることができる。

アジの群れは、基本的に海底から最低でも1～2メートル離れた位置にある。そして岩礁の潮上側に群れ、青物などに狙われたら、岩を背にして防御する。背後に岩があると、青物も高速で突っ込むことができないからだろう。

しかし、アジは夕方や曇り空のときは警戒心を解き、大胆にエサを取る。浅場の砂地に出て、海底から海面まで乱舞し、動物性プランクトンを食べたり、深場の表層から30～40メートルあたりでやはり動物性プランクトンを捕食したりする。このようなときのアジの群れの反応はバラバラで、タナもまちまちとなる。

アジは夏から秋のときに浅場の根の周辺あたりに多く見られる。しかし冬の水温が冷たい時期になると、水深50メートルより深場に落ち、ときには200メートルぐらいにいたりする。1度、こんな深場の群れを探してみるのもおもしろいだろう。

3-3 小、中アジの反応

アジは小、中型のうちは浅瀬の岩礁帯に居着き、周辺を回遊してエサを取っている。代表的な反応として、写真のような根の頂上付近の潮上に、団子になって群れているものがある。ここは流れてきたプランクトンが溜まる場所でもあるし、大型の青物に襲われたとき、岩を瀬にして回避行動がとれるなど、アジにとって安全な場所でもある。またアジの反応で特徴的なものは、群れの下部が海底から少し離れていること。だいたい1～2メートル離れていることが多く、根魚の不意打ちを避けているように見える

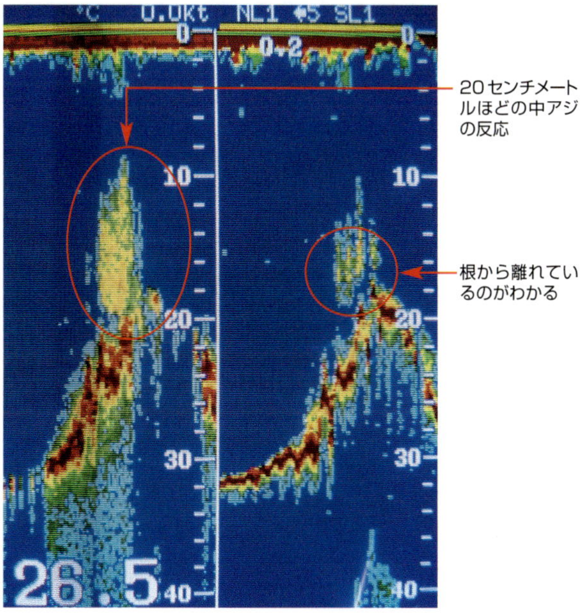

3-4 瀬に着いた小アジの反応

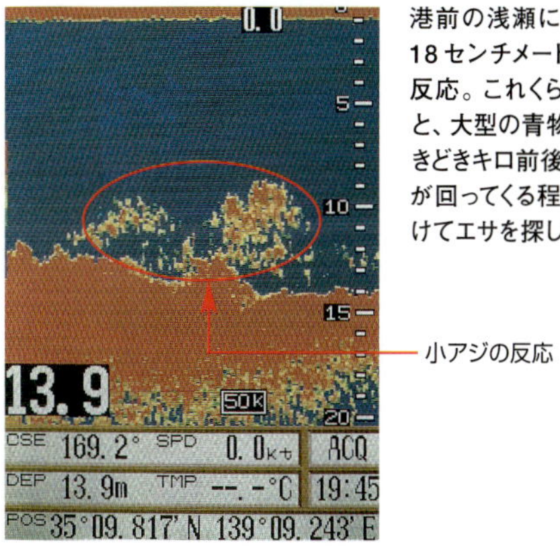

港前の浅瀬に毎年見られる15～18センチメートルほどの小アジの反応。これくらい岸に近い浅瀬だと、大型の青物の回遊も少なく、ときどきキロ前後のイナダやカンパチが回ってくる程度。のんびりとバラけてエサを探しているようだ

3-5 東京湾口の小イサキ、小アジの反応

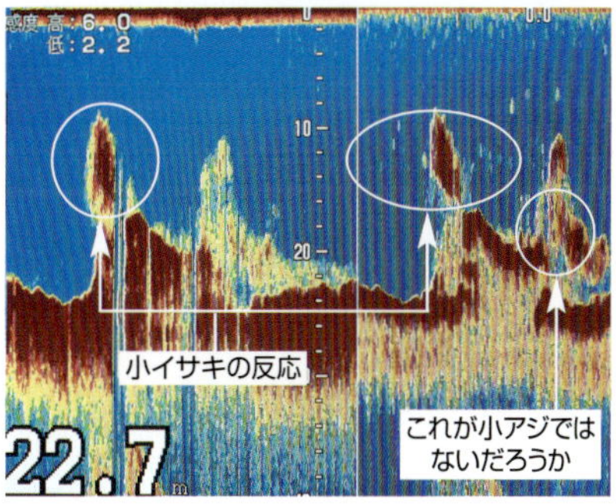

東京湾口の浅瀬で小イサキがたくさん釣れたときのもの。根の頂上の小イサキの反応をはずれると、小アジも食ってきた。17センチメートルクラスの小イサキと、同クラスの小アジが混じっていた

プランクトンの反応

エサの状態を探り周囲のサカナの活性を見る

プランクトンはサカナにとって、“赤ちゃんのミルク”のような存在である。

海の中の一番小さな単位として、まずバクテリアがある。このバクテリアが分解した窒素やリンから養分をもらうのが植物性プランクトンで、主に珪藻類が多い。植物性プランクトンは葉緑素で光合成をし、自己分裂で増殖する。単体では目に見えないぐらいごく小さなものだが、春になって海が緑色に濁るのは、水温が上がり、バクテリアが増え、それを栄養にする植物性プランクトンも増えるからだ。植物性プランクトンは光合成のために太陽光を必要とするので、分布する水深は深くても光の届く100メートルぐらいまで。一般的には水深40メートルぐらいまでの場所に多く分布している。

植物性プランクトンをエサにするのが動物性プランクトンである。動物性プランクトンには、カイアシ類、ヤムシ類、オキアミ類などがある。ヤムシの大きなものは10ミリメートル以上あり、大型魚のエサにもなっている。

動物性プランクトンは光を嫌う性質があるといわれていて、日中は深い海の海底に沈み、夕方や曇り空のとき、植物性プランクトンを食べるために表層まで浮かんでくる。通常、沈んでいる深さは数百メートル以深というから、すごい垂直運動をしていることになる。

動物性プランクトンは、魚探にはっきりと映る。たとえば夕方、沖合いの表層、水深40メートルあたりに10メートル～20メートルほどのブルーの層の反応が出て、それが延々と続くことがある。これがプランクトン層である。

また、水深40メートル程度の場所でも、表層10メートルぐらいに黄色の帯が出ることがある。サカナではないかと思えるような表示なのだが、仕掛けを落としてももちろん釣れない。よくよく見ると、層になっているが、サカナの反応のようにまとまりのあるものではない。このような場合もプランクトン層である。

同じような反応は、ヤムシ類だけでなく、イワシの稚魚やシラスであっても表示される。夕方、この反応を見つけたら、魚探で周辺を探ってみよう。アジ、イワシ、サバなどが、動物性プランクトンの層の中で乱舞する場面が見られるかもしれない。

瀬も岩礁帯もない平坦な海底の場所でも、プランクトンさえいれば、アジなどが集まってくる。明るく見通しのいい日中ではこんなことは起こらないが、夕方の一時なら巡り合えるチャンスがある。

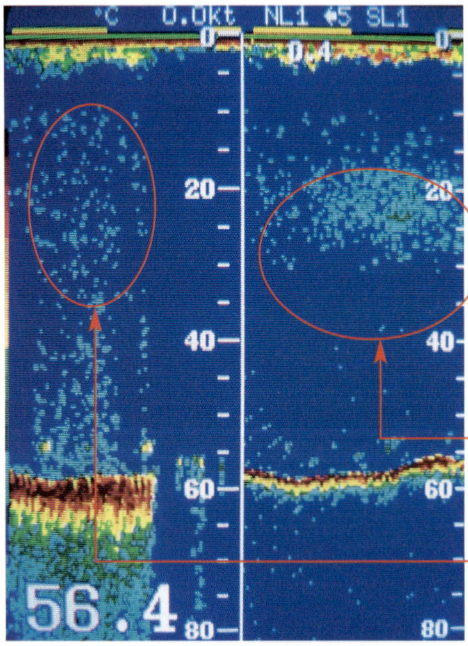

3-6 プランクトン反応

200キロヘルツ(右画面)に出て、50キロヘルツ(左画面)に表れない場合は、プランクトンもしくはシラスクラスの稚魚の反応と考えられる。写真は曇りの日や夕方などによく見られるプランクトン層の反応。光合成をする植物性プランクトンは、光の届く水深にいるが、動物性プランクトンは日中深みにいて、夕方表層に上がり、植物性プランクトンを食べる。その動物性プランクトンを食べに、アジやイワシが集まってくる

プランクトン層。もっと深いエリアでも同じように水深30～40メートルまで出る

動物性プランクトンの場合、密度が濃いと50キロヘルツにも出ることが多い

3-7 シラスクラスの小魚の反応

こちらも右画面の200キロヘルツに黄色の濃い反応が出て、左の50キロヘルツに薄い反応が出ている。ごく小さな魚の反応、もしくは動物性プランクトンの反応である可能性がある

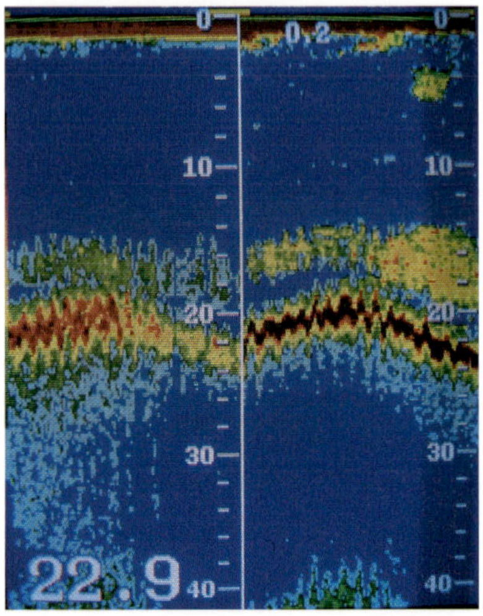

PART2-3
画面表示を読み解く[応用編]

イワシの群れの反応
表層部に真っ赤に表示された大群の動きを追う

一般的な魚探反応の中では、イワシほど大きく、真っ赤に凝縮されて表示される魚群はない。

イワシはあらゆるサカナのエサになるような弱い存在だが、言い換えれば、いくら食われても種が絶えないほどの繁殖力のあるサカナでもある。イワシは非常に大きな群れを作り、主に表層付近で見られることが多い。

イワシの群れは、大きくなると厚みが100メートル近くになり、それが浅い海に入り込んだりすると、海底部分から海面まで真っ赤に表示されることがある。またカタクチイワシの稚魚などは、海底にピッタリとくっつき、層になって休んでいることもあるから、一概にイワシは表層魚であるとは言い切れない。

カタクチイワシの群れは、いつも大型魚に狙われていて、周囲に何物かがいる場合が多い。そして、その大型魚の動きによって、イワシの群れの形が変化している。逆にイワシの形を観察することで、周りに回遊魚がいるとか、のんびりした形をしているからこれは何もいない、などと判断できるのである。

それだけではない。反応をよく見ていると、イワシの群れがまさに青物に襲われている瞬間に出くわすことが少なくないのだ。長さ100メートル、厚みが50メートルもあるような大きなイワシの群れが、ブリに襲われ、包丁で切ったようにスパッと2つに割れたり、横長だった群れが縦長に形を変えたり、ダンスでもするような乱舞が見られることもある。

イワシは群れから少しでも離れると大型魚に食われるため、群れの密集度は高く、外側まで真っ赤な反応になる。それが突然バラケたり、不規則な形をしていれば、何物かが襲っている状態と考えられる。また周囲を敵に囲まれ、それ以上泳いで逃げることができなくなった場合、その場で丸く団子状になり、防御の形をとることもある。

ここでは、いくつかイワシの群れの形状を例として挙げておくので、参考にしていただきたい。

3-8 カタクチイワシのダンスショー

イワシは大群を作り、身を寄せ合う弱いスクールフィッシュである。いつも他のサカナに狙われているから、そのプレッシャーで群れの形が常に変化している。ひとつの群れが直径50メートル以上あるが、タテに伸びたりヨコに広がったり、合体したりと、まるでダンスでも踊っているかのよう。水の中では向きを変える度にギラッギラッと輝いていることだろう。群れが真っ赤な強い反応になっているのは、大型魚からのプレッシャーが強く、密集しているから。この場合、周囲でサバが釣れたから、サバの大群に襲われていたと考えられる

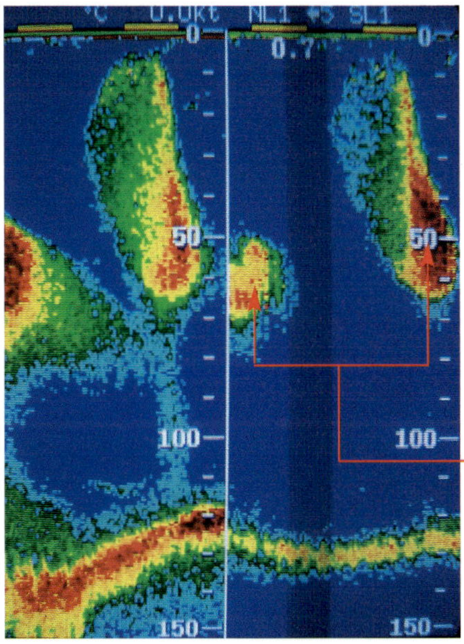

カタクチイワシの反応。中心が真っ赤で、密集度が高いことを表している

3-9 沖合い表層のカタクチイワシ

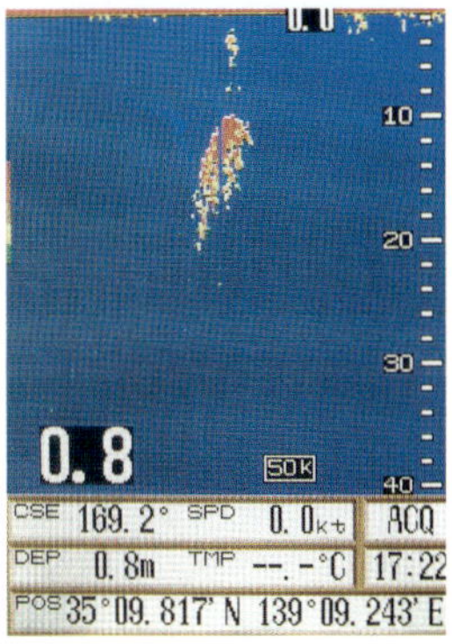

秋口によく見られる沖合い表層のカタクチイワシの反応。こんな小さいものがあちこちでたくさん見られる。秋にはカツオ、メジマグロ、ソウダガツオ、サバと、カタクチイワシをエサにする大型魚がたくさん回遊する。そのためか、イワシの群れも分散しているようだ。この反応にも、群れの上に何者か、イワシを脅かす存在がつきまとっているように見える

3-10 浅場でのんびりエサを食うカタクチイワシ

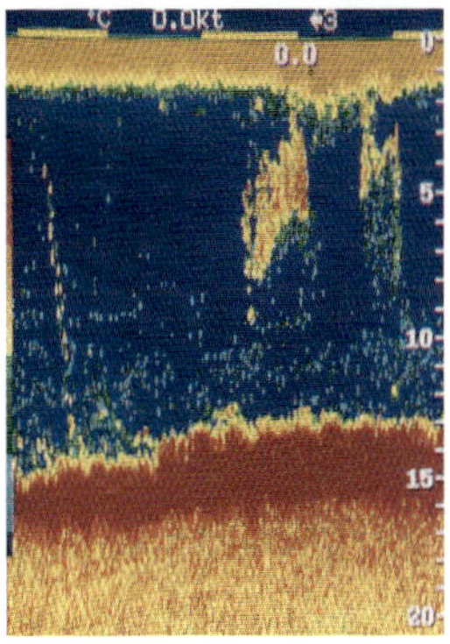

大型魚のプレッシャーも、突っ込まれたようすもないカタクチイワシがエサを食い始めた夕方時の反応。ノイズのようなブルーの反応は、動物性プランクトンだと思われる

キビナゴの反応

浅場の岩礁帯周辺に多く見られる真っ赤な反応

キビナゴは、鹿児島県など九州地方での水揚げが有名だが、関東方面でもたくさん見られるサカナである。浅い海の岩礁帯周辺にいて、沖合いで出合うことはめったにない。大きな回遊をしないからか、岸近くに設置された定置網に入ることも少ないようだ。プレジャーボートの釣りにおいて、このサカナを釣り上げた経験のある人は、あまりいないだろう。

しかし、浅場の瀬周りでアジ釣りなどをしていると、水深15メートルぐらいのところに、厚みが10メートルもあるような真っ赤で、大きな反応が突然現れたりする。イワシの反応によく似ているので、慌ててショットガンを落としてみるが、ドンピシャで命中したと思ってもピクピク、プルプルという感触が伝わってこない。何度やってもまったくハリにかからないから、不思議に思い、さらにしつこく試していると、そのうちハリが背中に引っかかってキビナゴが上がってくる。キビナゴはショットガンの魚皮バケを食わないのである。

キビナゴの反応はイワシに似ているが、大型魚に追われてもイワシのように丸く団子状になったりせず、極端に浅い岩礁帯の中へ入ったりして逃れるような動きをする。またイワシと違い、群れの下部が海底までぴったりくっついているのを、魚探の画面で見ることもよくある。これを狙って釣ったことはないが、もしやるとするなら、湖のワカサギ釣りで使うサビキあたりが有効ではないかと思われる。

3-11 キビナゴの大きな反応

キビナゴの反応は、密度が濃い真っ赤なもので、一見イワシの反応によく似ている。しかし浅瀬の岩礁帯や、周辺の砂地などに群れ、あまり深場で見ることはない。また、写真のように海底に密着することもよくある。浅場ではイワシより大きな群れを作ることも多い

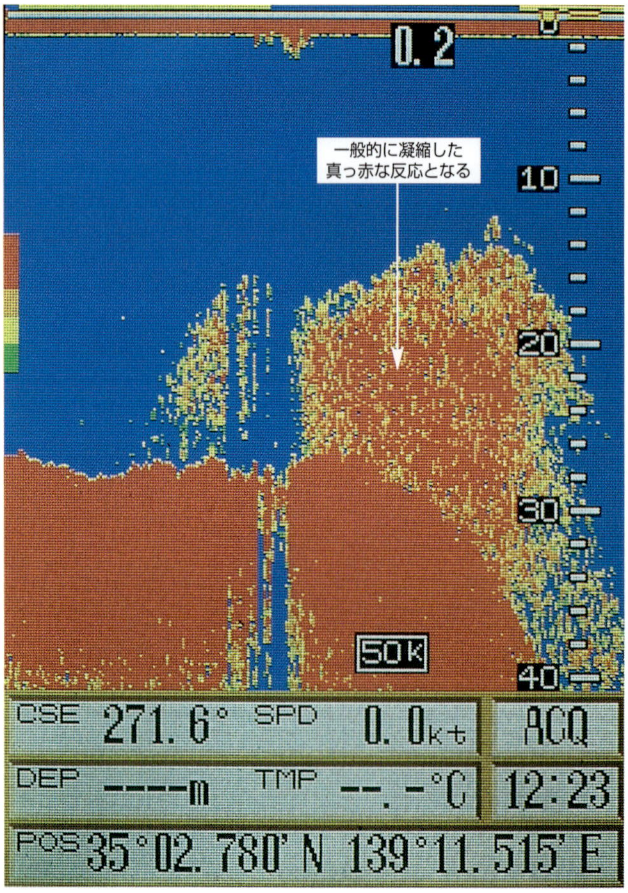

キビナゴの反応はイワシのように非常に大きくなることが多い

3-12 釣れないキビナゴの反応

キビナゴの場合、このくらいの密度の反応でショットガンを落としても、まずハリに掛かることはない

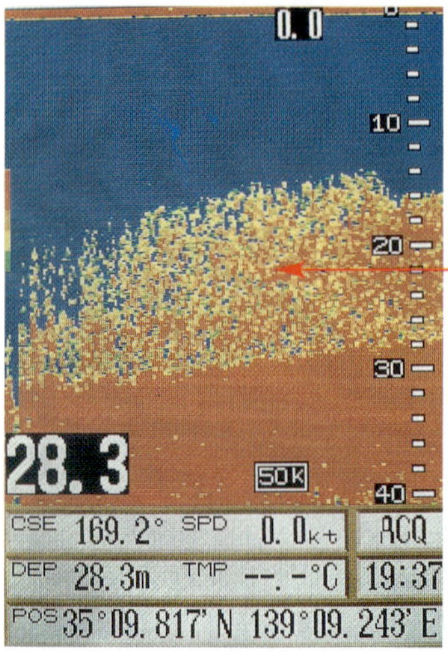

沖合いのサバの反応

沖合いの表層〜中層に多く見られる反応を追う

サバはコマセでマダイ釣りなどをしていると、望みもしないのにハリに掛かったりするから、外道の代表魚のようにいわれる。

しかし、本来、大型のサバは沖合いを大群で回遊し、イワシの群れやシラスなどを食べている。沖合いでカツオを探して走り回ると、いくつも鳥山に出合うが、カツオかと思うとサバである場合が多い。カツオなら高速でイワシの周囲を取り囲み、身動きがとれない団子状態にするが、サバはサバ自体の群れが大きいし、イワシをきれいな団子状態にできないから、鳥山もばらけた散漫なものになる。

こんなときのサバはイワシの下に位置するから、イワシの群れが表層にあれば、水深数メートルの範囲にいるが、イワシが深ければ、水深30メートルや40メートルあたりに大きな反応が出る。イワシの反応はサバを警戒し、密集した固まりの反応となるから、その周囲にあるばらけた反応はサバと判断できるわけだ。

この群れの深いところには、ときに1キログラムを超すイナダのような大型のマサバも交じっているから、これをぜひ釣って食してほしい。

サバはエサを追わないとき、水深150メートルの海底から20メートル付近の低層に群れて、なんとなくゴロゴロしているというような場合もある。平坦で変化のないような海底などに多いから、魚探で探し、発見できたらこれもショットガンで試してみるとよい。

また、瀬も何もない中層で反応があるという場合は、サバであることが多い。

サバは稚魚のうちはアジと同じように浅瀬に見られるが、20センチメートルにもなれば、もう水深の深いエリアに移動するようだ。この群れも水深100メートル以深の低層に群れていることが少なくない。

3-13 サバの反応例

サバは表層から低層まで、浅場から深場まで、どこででも見られるサカナだ。主にシラスやイワシ、動物性プランクトンなどをエサにしている。写真の群れは、カタクチイワシ周辺にいたもの。30〜40センチメートルクラスの中、大型である。一見イワシにも見えるが、密度がなく、バラバラしてプレッシャーも感じていないから、それと考えられる

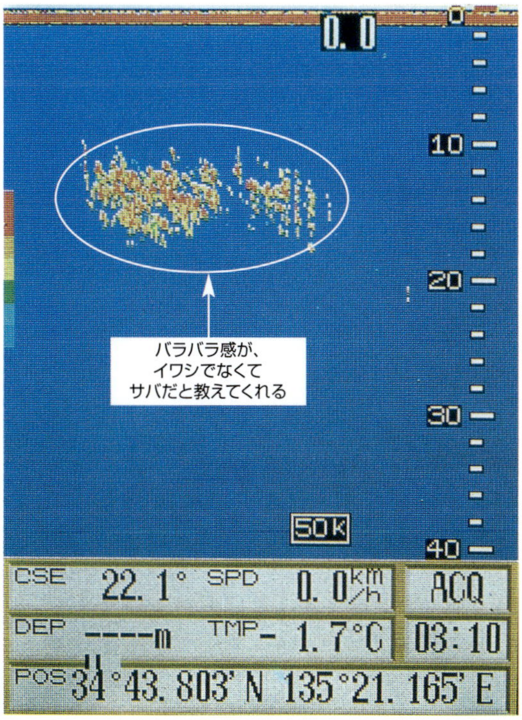

沖合のサバはショットガンのメジャーなターゲットになる

3-14 中サバの大群の反応

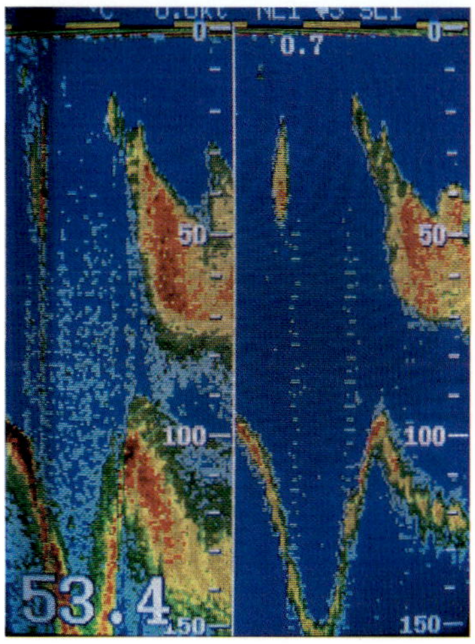

中サバの大群は、イワシの反応とよく似ている。この反応だけを見ると、イワシそっくり。でも何度かボートを反応の上にのせ、ショットガンを命中させたが、全部サバ。それも鈴なりで釣れてきた。イワシだけでなく、海底近くにあればアジの反応に似ている場合もある。だから反応だけにこだわらず、周囲の環境、たとえばエサのイワシの群れがあるとか、アジやイワシが普通見られない場所での反応だ、というように総合的に考え合わせて推理するしかない

イナダの魚探反応①

小アジやキビナゴを狙う浅瀬のギャング

ブリは東シナ海周辺で産卵し、その稚魚は黒潮に乗って日本列島沿いを北上することが知られている。一定期間、稚魚は沖合いを漂う流れ藻などに着いていて、ある程度の大きさまで成長したら、日本沿岸の浅瀬に接岸する。そして浅瀬一帯をすみかにして、小魚を追ったり、ときに沖合いを走り回ったりしながら、冬になるまで沿岸で育つ。これがモジャコから、ワカシ、イナダに成長する過程である。

しかし、冬に水温が下がると浅瀬にプランクトンが少なくなる。プランクトンがなくなれば、それをエサにする小魚もいなくなるから、イナダも大きな群れを作り、エサを求めて回遊に出る。

イナダは中型魚とはいえ、優れた遊泳能力を持つ回遊魚である。浅瀬の小魚など、動くものには何でも興味を示し、飛びつく。浅瀬にはイナダを狙うような大型魚は少ないから、自由に泳ぎ回ることができるわけだ。魚探反応には、まさにそのあたりのイナダの行動がよく映り、性格まで見えてくる。

浅瀬でイナダを探すには、一般的に小アジやキビナゴなど、小魚が居着いている瀬を見て回るのが一番だ。ひとつのアジの群れは、日に何度かはイナダに襲われるだろうから、そこに行き当たれば絶好のチャンス。入れ食いを体験することも可能になる。

しかし、このように捕食中のイナダにうまく行き当たらなくても、魚探に映るアジの群れやキビナゴの形などから、周りにイナダがいるかどうか推測することができる。たとえば、アジの群れが密度を高め、警戒しているようなら、周囲をこまかく探っていけばどこかでイナダの群れが出てくるはずだ。

また、イナダは根周りの砂地にいたり、定置網の周囲や設置されたブイなどに居着いて休んでいたりすることがある。表層、中層、底層といった決まりはないから、意外な場所で見つけることが多い。いずれにせよ、イナダの反応を探すには海中を丹念に探していくしかない。

浅瀬のイナダの群れは、大きなもので数十尾、小さいの

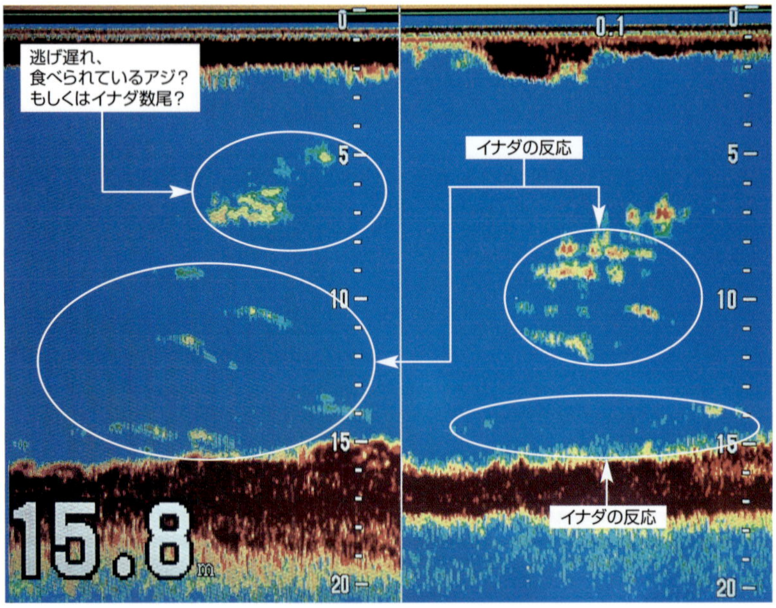

3-15 悠々と徘徊するイナダの反応

イナダといってもキロに満たないワカシサイズ。浅瀬の根周りを我が物顔で悠々と泳いでいる状態。この浅瀬にはワカシの天敵はまずいないし、エサの小魚は豊富だし、ノビノビしているようすまで反応から見えてくるようだ

で数尾ぐらいと、ひとつの群れの数はそれほど多くはない。これが、アジを襲うときなどとなるとさらにバラケるから、魚探に映るのは多くても数尾程度。ブルーの薄い単体で映ることが多い。

逆に中層や底層で休んでいるような場合の方が、赤く太い線が何本も重なり、大きな反応となる。

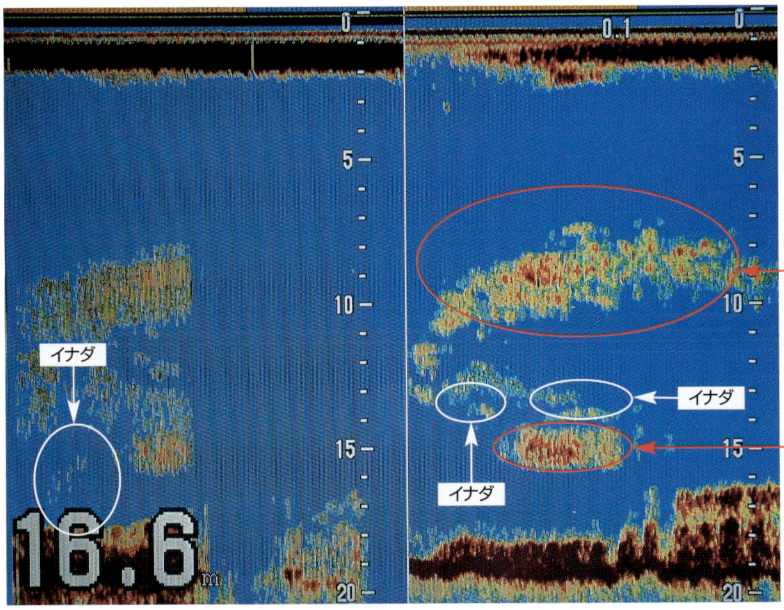

イナダに突っ込まれ、
割れたアジの反応

3-16 アジの群れを襲うイナダ(1)
アジの群れを見つけてショットガンを落としたところ、アジは1～2尾しか掛からなかった。実はこのアジの群れはイナダに襲われて、割れてタナが上がっていた。釣っている最中、不自然にアジのタナが高いのが疑問だったが、後でじっくり反応を確認して納得

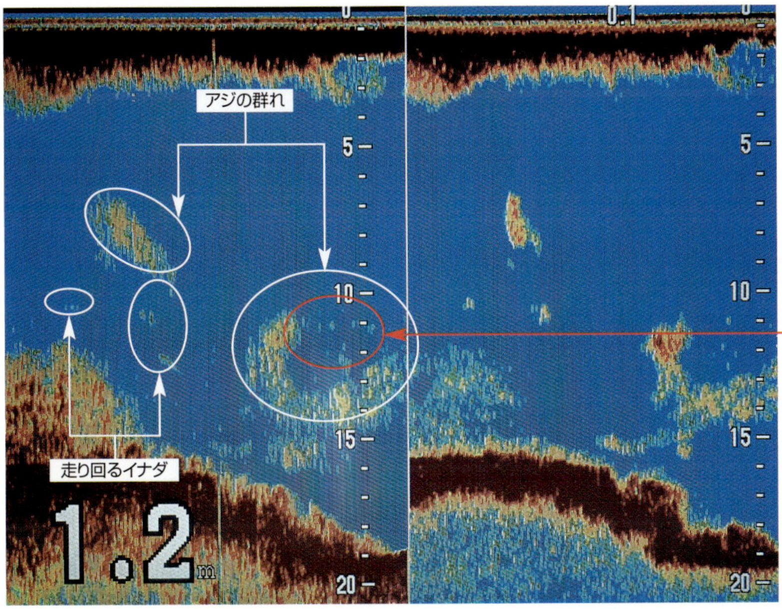

まさにアジを食った瞬間。
アジの群れに穴が開いた

3-17 アジの群れを襲うイナダ(2)
小魚の群れの反応を見ると、そのときどきの海中の状況を表す表情を持っている。写真はまさにイナダがアジを食った瞬間。群れの形が完全に崩れ、イナダが走り回っているのが映っている

イナダの魚探反応②

ウルメイワシの群れを襲う大型魚の動きを追う

写真3-18の海底から表層まである大きな反応は、すべてウルメイワシの反応である。

相模湾奥では毎年ウルメイワシの反応が見られるが、これほど大きなものはめったにない。撮影できたのは、このエリアでも豊漁の年だったからなのかもしれない。

ウルメイワシの反応は、沖合で見かけることは少なくて、せいぜい水深100メートルより浅い場所であることが多い。瀬の周りから、平坦で何もない海底まで、いくつかの群れに分かれてごく小さな回遊をしている。

これが夕方の一時や、曇り空の時、一斉に海面に出てプランクトンを食べるのだから、すごいことになる。広い海面がプチプチと、一面にまるで雨粒が落ちたような波紋で満ち、それはそれは賑やかだ。その中にボートを浮かべていると、何かに驚いた拍子にウルメイワシが一斉にヒラを返し、一瞬、海面一帯が銀色に染まるのを間近に見ることができる。ボートの周りでこれが何度も繰り返されるのだから、まるで華やかなショーでも見ているようである。写真の反応は、運良くそんな状態に巡り合ったある日のものだ。

ボートを群れの上に乗せ、ショットガンでウルメイワシを釣り、ジギングを試したらイナダが釣れた。そして、そのイナダをすぐに上げないで、魚探にどう映るか泳がせてみた。その行程を順番に撮影してみたので、じっくりご覧いただきたい。

後で魚探を見たら、ウルメイワシが明らかに群れについたイナダやワラサを警戒し、変形している反応が映っていた。またイナダを泳がせたときの反応は意外に小さく、少し不思議な気がするほどだった。だが、そのイナダを恐れてウルメイワシがタナを変えたり、ジグを落としたらウルメの群れが下がったりと、いろいろ変化が見られたのである。

一般的にイワシの群れは表層を泳ぎ、海底に下りることがないように思える。イワシの腹の白さは、海面の輝きに魚体をまぎれさせ、回遊魚の目から守るためだといわれているぐらいだ。イワシほど他のサカナにとってごちそうになるものはないから、これが海底にいれば、根魚にとっては信じられないくらい嬉しいだろう。お祭り騒ぎになりそうである。

しかし、イワシも海底に下りることはある。ただしそれは青物に追われてやむを得ず逃げる時、そして大型回遊魚から身を隠して休む時だ。水深80メートルの砂泥地の海底べったりに、2～3メートルほどの厚みで、長さが100メ

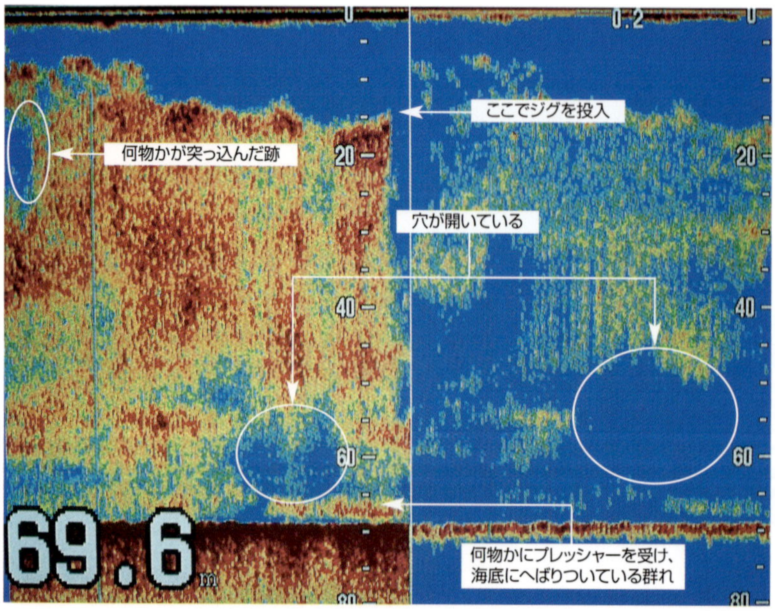

3-18 ウルメイワシの巨大な反応

水深70メートルの表層から海底まである巨大なウルメイワシの反応。20階建てのビルいっぱいのうまいイワシを、大型魚が見逃すはずがない。よくよく見ると、プレッシャーで群れが変形したり、穴が開いているところが見られる。そこでジギングを試してみた

撮影当日に釣り上げたウルメイワシ。この群れを狙っていたイナダによって魚探の反応に変化が見られた

ートルほどの反応を見つけたことがある。これをショットガンで試したら、7〜8センチほどの小型のカタクチイワシが釣れてきて驚いた。

大きな群れごと深い海の底に密着して、ひっそりとしていれば、海の中層〜上層を回遊する大型魚からは発見されにくいのだろう。また、もし上から回遊魚に襲われることがあっても、海底に密着している小魚には高速で突っ込みづらく、食べづらい。もちろん周囲の平坦な砂泥地は、根魚も少ないような場所というわけだ。イワシも考えているのである。

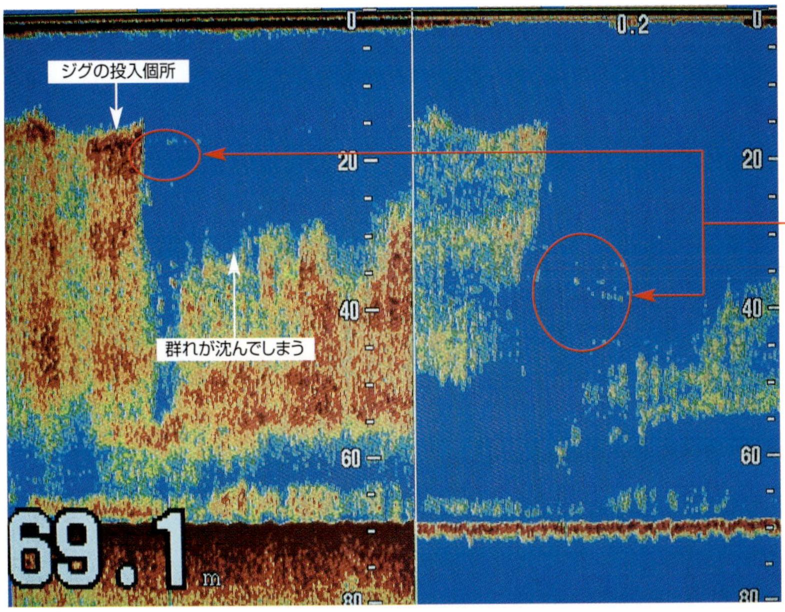

群れの中にイワシとは別の反応、イナダが隠れていた。そしてヒット。イナダが暴れたために、よけいに群れが割れた

3-19 ジグに驚いて沈んだ群れ

ジグを落とした瞬間、そこから後ろにあった群れが沈んでしまった。右画面200キロヘルツで見るとよくわかるが、群れがきれいに割れた

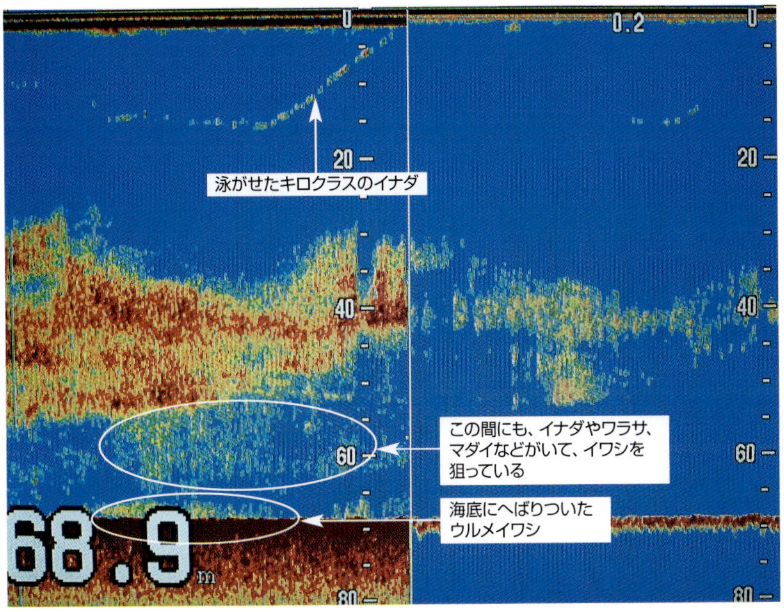

3-20 釣れたイナダを泳がせたときのシーン

イナダがヒットし、それがどんな反応になるか、しばらく泳がせてみた。レンジが80メートルなので予想外にイナダの反応が小さいものであった。イナダを警戒するイワシの群れが、イナダと一定の距離を取っているのが分かる

イナダは優れた遊泳能力を持ち、ジギングのメジャーなターゲットになっている

カンパチの反応

三宅島沖で確認した小魚の群れを襲う大型魚の反応

伊豆七島の三宅島沖、三本嶽でカンパチが小魚を襲う反応を拾えたので、それを紹介したい。この反応のとき、カンパチを何本かヒットさせ、2本をキャッチできたので、まず間違いないと思う。

撮影当日は島周りを魚探で探索しながら走っていたのだが、小魚の群れがあちこちに見られたり、ボツボツと単体魚がいたりで、あまりの魚影の濃さで、思わず魚探の画面に見とれてしまうほどだった。

大きな落ち込みを見つけ、そこにびっしりベイトが着いているのを発見。そのベイトの上を何度も流しながらジギングを開始したら、流すたびにバイトがあってカンパチが釣れた。下の魚探反応はまさにそのとき撮っていた画像データである。ちょっと分かりづらいかもしれないので、解説してみよう。

このときのベイトが何か分からなかったが、反応の大きさや濃さからみて、イワシのように小さなものではなく、タカベやムロアジなどではなかったか。いずれにしても、その小魚が大群で、それも落ち込みの海底に集まっているということは、何物かにプレッシャーをかけられ、岩盤を背にしてうずくまっているような状態。青物も大きな群れが岩を背にしていれば、群れの向こうが見えないから無闇に高速で突っ込めないのだろう。しかし、それでも食べられる状況に追い込まれる場合もある。この魚探の反応が、まさにその瞬間だ。

画面の中央あたりに数本、太くて、途切れ途切れながらも連続した反応が見えるが、それがカンパチである。右下の大きなベイトの群れに突っ込んでいる場面で、ベイトの一部はカンパチから逃れようと、群れの本体から離れてしまっている。画面左上の、引きちぎられたように見える固まりがそれである。ブツブツと途切れるのは、別項で説明したボートの揺れの影響によるもので、パルス波が途切れている状態にある。

また青物は高速で突っ込み、反転するようにエサをとるから、動きが直線でないものもある。おそらく狙われて逃げ惑うベイトの反応が、カンパチの群れの中にも見られるようだ。

3-21 カンパチが小魚を襲う瞬間

伊豆七島の三宅島、三本嶽で4～5キロのカンバチを釣り上げたまさにそのときの反応。小魚の群れにカンパチの集団が突っ込み、小魚の群れが割れている。カンパチが小魚を口にしていることころまで見えるようだ。ただ、ボートの揺れで本来連続しているハズの大型魚の反応がブツブツ途切れているから、それを頭で補正する必要はある

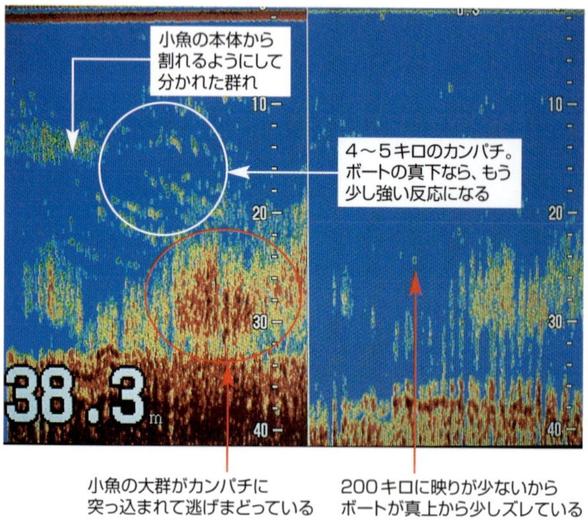
小魚の本体から
割れるようにして
分かれた群れ
4～5キロのカンパチ。
ボートの真下なら、もう
少し強い反応になる
38.3m
小魚の大群がカンパチに
突っ込まれて逃げまどっている
200キロに映りが少ないから
ボートが真上から少しズレている

3-22 小魚の周りをうろつくカンパチ

急な斜面に小魚の大群があり、その群れの上にカンパチの反応がある。ボートにアスターンをかけ、ジグを落とした

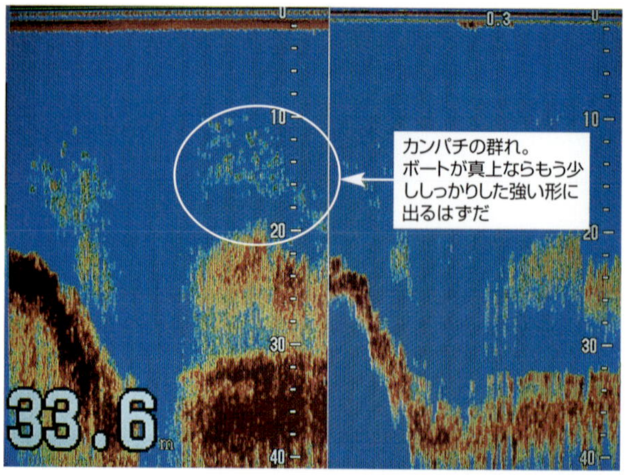
カンパチの群れ。
ボートが真上ならもう少
ししっかりした強い形に
出るはずだ
33.6m

ネンブツダイの反応

岩礁帯のアジ狙いで釣れることの多い外道の定番

岩礁帯でアジ狙いのショットガンをやっていて、一番よく釣れてくるのがこのネンブツダイである。岩礁帯には似たような種類も多く、同じテンジクダイ科のクロホシイシモチやオオスジイシモチなどもごっちゃにして、ネンブツダイと呼ばれることが多い。

このネンブツダイは、浅場の岩礁帯や魚礁のようなところにはいつも大小の群れが見られる。見分けのつかない魚探初心者が大喜びで仕掛けを入れると、ハリ数だけネンブツダイが釣れてきてがっかり…なんてことも少なくない。

ネンブツダイの魚探反応の特徴は、水深5メートルから40メートルぐらいまでの岩礁帯にいて、岩とくっついた魚影になること。アジなどが根の上に群れても、根から1～2メートル上に反応が出るが、ネンブツダイは根を取り巻くように映る。群れの下の方が根の頂上より低い位置だから、魚探では根と重なったようになる。またイワシのように群れの密度が濃くないから、だいたい黄色からオレンジあたりの反応として現れることが多い。

ただし、これらは日中の反応である。曇りの日や夕方などは、水深25メートルぐらいの場所で、海底から海面近くまでバラバラとコマセでも撒いたように一面ネンブツダイだらけ、なんてこともある。ここで間違ってショットガンをやると大変なことになる。ネンブツダイだけでクーラーボックスが一杯になりそうなくらい掛かってくるからだ。おそらく、動物性プランクトンの捕食に乱舞している状態なのだろう。

アジもときどき同じように海面まで舞うが、ネンブツダイの方が全体にバラけてる。アジの反応は濃いところ、薄いところと、反応に強弱が出るのが特徴だ。

ショットガンに精通してくると、このネンブツダイを釣る回数が極端に減ってくる。最初はアジよりもネンブツダイの方が多いが、経験を積むことで、そのうちアジ100尾にネンブツダイが5尾程度までは減らすことができるはずだ。

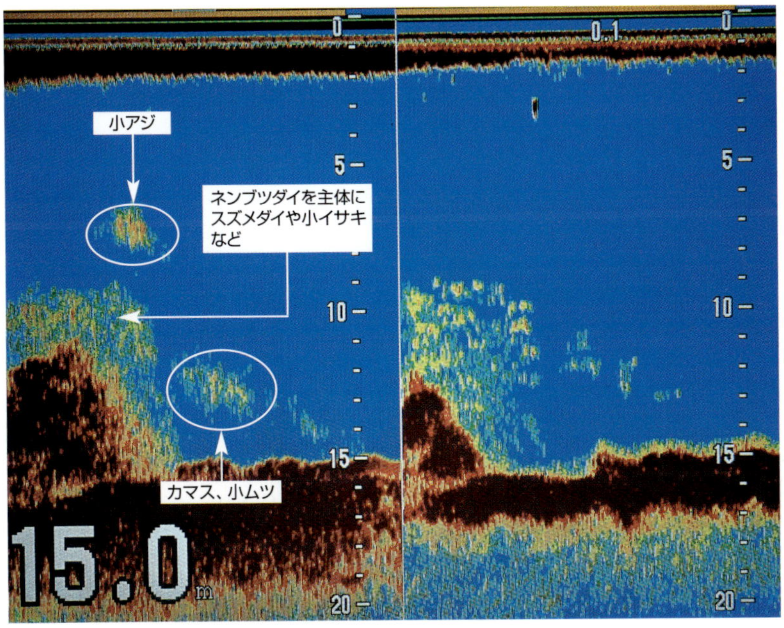

3-23 ネンブツダイの反応

潮通しのよい浅瀬の根には様々な小魚が群れている。この反応の場合、岩礁帯の上に高さ5メートルほどの海岸におおわれたネンブツダイ、小アジ、小イサキ、小ムツ、メバル、スズメダイなどがいる。互いにエサとならないサイズのサカナは混在するから、反応として見分けられない場合も多い

ショットガンで釣れるターゲットの中でネンブツダイは外道の代表的な存在である

サクラダイの反応

美しいボディが特徴的なダイバーに人気の観賞魚

外道のお馴染みさんの中に、美しいサクラダイというサカナがいる。サクラダイは熱帯魚のように鮮やかな紅い魚体をしていて、海面に上がってきたときは、まるで花が咲いたよう。でもその赤さは“桜色”というよりはもっとくっきりした“朱色”。むしろその魚体に桜の花びらが舞うように散っている白い斑点が、サクラダイと呼ばれるゆえんなのかもしれない。いずれにしても、ダイバーに人気のサカナである。

ただし、この白い斑点や長いヒレがあるハデなサカナはオスで、メスは同じ赤でもやや白っぽくて地味、サイズも小型で形もシンプルだ。

サクラダイは水深30メートルより深いエリアが生息域のようで、水深70メートルぐらいまでによく見られる。起伏の激しい岩礁帯よりも、なだらかな斜面や比較的平坦な砂泥地の海底近くにいて、あまり大きな群れを作らず、タナも海底からせいぜい数メートルぐらいまで。ただし、これは私がゲレンデとしている相模湾西部のサクラダイの反応だから、他のエリアではもう少し異なるのかもしれない。

パラパラとした海底からわずかに浮いた反応を見て、中アジの反応かと思ってショットガンを落とすと、真っ赤なサカナが鈴なりで上がってきてがっかり…なんてことがよくある。外道の中でもアジなどの反応に似ていて、間違いやすいのだ。またサクラダイはアジの層の下にいることが多く、ショットガンをやっていて、アジが中層で掛からず、オモリが海底まで落ちてしまうと釣れることがある。

水圧に弱く、目を飛び出させて上がるから、リリースしても海面に漂うだけ。釣りたくないものまで釣れてしまうのがショットガンの泣きどころである。これを釣らないようにするには、オモリが着底したら間髪入れず、5メートルほど巻き上げるのがポイント。こうするとサクラダイが掛かる確率がぐっと減る。また、アジと重なるようにいる場合は、オモリを底まで落とさず、途中で止めるのも効果的だ。

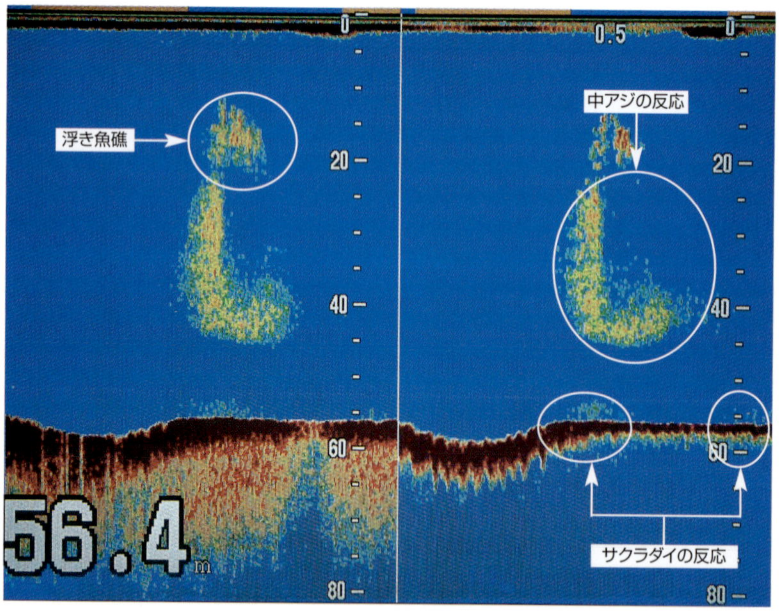

3-24 サクラダイの反応
浮き魚礁のロープについたアジの大きな反応と、その下の海底部分にあるサクラダイの反応

ハガツオの反応

鋭く尖った歯が特徴的なルアーで人気のターゲット

外洋に面し、暖流の影響の強い地方にみられるハガツオ。ハガツオというように体型はカツオそっくりだが、口に細かな歯があり、肉質もカツオより赤身が少ない、どちらかというとワラサなど青物に近いサカナである。

夏には相模湾奥にも入り込むが、よく釣れるのは、伊豆七島などの外洋でジギングをしているようなとき。青ものを狙って水深50メートルの根周りを探り、底でバイトがないからと、30メートルまでしゃくり上げたような場合に、いきなり食ってきたりする。また島周辺ではジグを落とす途中に食ったりと、中層から表層で釣れることが多いから、ハガツオ狙いで最初から高いタナまで探るような釣りをすることも多くなる。

写真の反応は、伊豆七島の三宅島、三本嶽周辺でのデータである。ジグを落としている途中にハガツオが釣れ、その前後に魚探に映ったものであるから、ハガツオである確率はかなり高い。小魚の群れがきれいに2つに割れ、その真ん中にポツンと反応がでているのがハガツオだろう。もしかして本ガツオかもしれないが、ともあれ、群れに突っ込んだ状態がよく分かる反応である。ハガツオは数匹の群れであり、高速で走っているからその一部が映ったのであろう。

またこの反応では、ハガツオが小魚の群れの下側から襲ったことも見て取れる。一般的に知られている本ガツオがイワシを襲う場面は、イワシの群れを取り囲んでイワシ団子を作り、動けなくしておいて、その群れをかすめるようにするもの。だが、大きな群れを作らないハガツオの場合や、瀬に着いて小さな群れに分散したようなカツオなら、この反応のように直接群れに突っ込むことがあるのではないかと考えている。

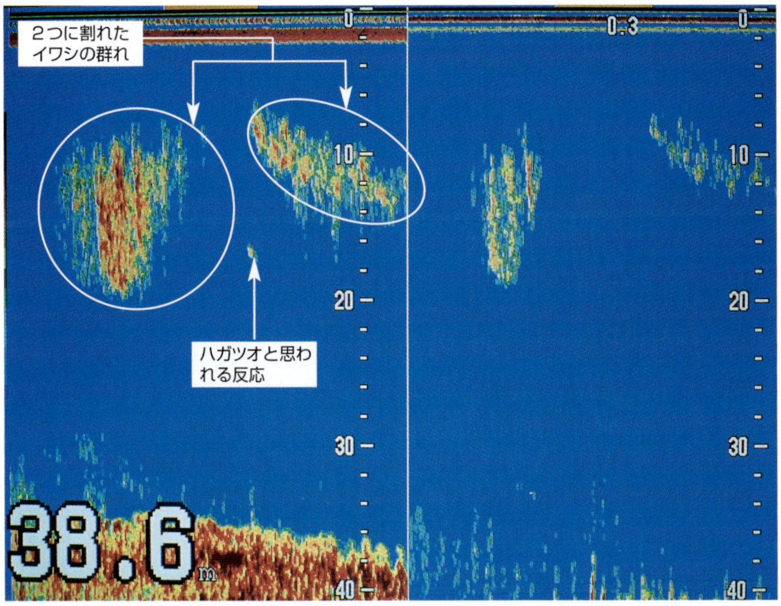

3-25 小魚の群れに飛び込むハガツオ

この反応の近くでハガツオが釣れる。表層のイワシの群れが回遊魚に襲われ2つに割れているが、釣れたハガツオの仲間だろう。高速で走るハガツオのほんの一瞬を50キロヘルツのビームがとらえている

マダイの反応

ベイトの周囲に出る大きな単体魚の反応を探す

マダイはボートで釣るのが大変難しいターゲットである。その美しい姿形から、漁師や釣りキチにもっとも付け狙われるが、利口であり、なかなか思ったようにハリに掛からない。そのため、これがマダイの反応である、と自信をもっていえる人は非常に少ないのではないかと思われる。

しかし、一般的に釣り師のあいだで知られているマダイの生態を考えていけば、マダイの魚探反応というのもある程度は見えてくる。沖合いの表層を回遊するようなサカナではないから、ボートで走る海の中、魚探のパルス波の中に、必ずマダイは映っているハズだ。

マダイは稚魚のうちは群れても、成長するほど個々で活動するようになる。チャリコ（マダイの稚魚）がキス釣りの外道として数が釣れることからみても分かるが、水深20メートル前後の砂地から瀬にかけて海底にポツポツたくさん反応が出れば、それが稚魚の反応である可能性が高い。またマダイは放流事業も盛んで、それらが浅い砂地で群れていることも多い。

マダイは、成長するほどに広いエリアを泳ぎ回り、その丈夫な歯によって、ありとあらゆる種類のエサを食べる雑食性のさかなである。そのためマダイ釣りには、日本全国で多種多様の釣り方が開発されており、エサの種類もさまざま。マダイ釣りで使われるエサをざっと並べてみても、クルマエ

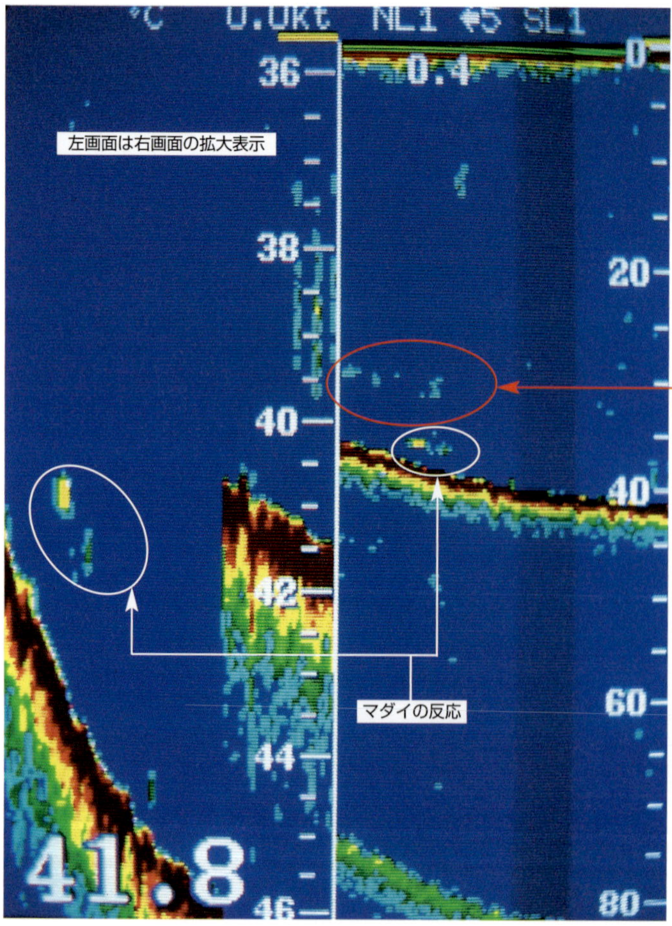
左画面は右画面の拡大表示
マダイの反応
これもマダイか？ もしくは群れからはずれて追い回されているイワシか？
41.8

3-26 エサを追うマダイの反応

海底の急斜面、水深42メートルのしかも砂泥地の海底に、単体で出る反応とは何物だろう？ メジナではない、イシダイでもない、クロダイでもない…というように絞っていくと、この反応はマダイの確率が非常に高いものとなる。実際にこんな反応をエビシャクリで狙って、3.6キログラムの大物をゲットしたことがある。周囲にカタクチイワシの群れがたくさんあって、釣れたマダイの腹にも3匹のイワシがあった

エビシャクリで釣り上げたマダイ。腹にはイワシが入っていた

ビやアカエビなどのエビ類、生きたイワシやイカなどの魚類、岩虫、青イソメの虫類、サザエやイガイなどの貝類などさまざまな種類のものが使われている。

マダイは、磯釣りや投げ釣りなどで大型のサカナが釣れるし、深いところでは船釣りの水深150メートルぐらいでも釣れる。浅瀬から深場まで、そのときのエサの有無や好みで移動しているのだろう。

また、マダイには“ノッコミ”という行動がある。産卵期の春に浅場に集まって大群を作り、産卵行動をとるのだが、このときエサの荒食いをする。取材で釣れた3.6キログラムの抱卵した大ダイの腹には、イワシが3匹入っていたから、群れでイワシを追うことも多いのだろう。水深は42メートルだった。

以前、やはりイワシで釣れたマダイも、季節は春のノッコミ時期で、同じように浅い場所だった。

なお、マダイに似たクロダイやイシダイ、ハタ類なども同じように単独行動をとり、魚探に出た反応だけでは見分けがつけづらい。しかし、クロダイやイシダイはマダイよりもう少し浅かったり、荒い根の上に反応が出ることの方が多いようだ。だからエビのいるような、岩のゴツゴツしていない斜面などに見られる単体魚や、イワシの群れの周辺にいる単体魚は、マダイの可能性が高いのである。

もちろんスズキや青物の場合もあるだろうが、タナの深さであるとか、反応の走り方、その数などで見分けるしかない。

3-27 ベイトの周囲にマダイのカゲ!

カタクチイワシの大きな団子の反応は、周囲を警戒してのもの。イワシの周りには、それを狙う大型魚の反応がある。その中にマダイがいる可能性も高い

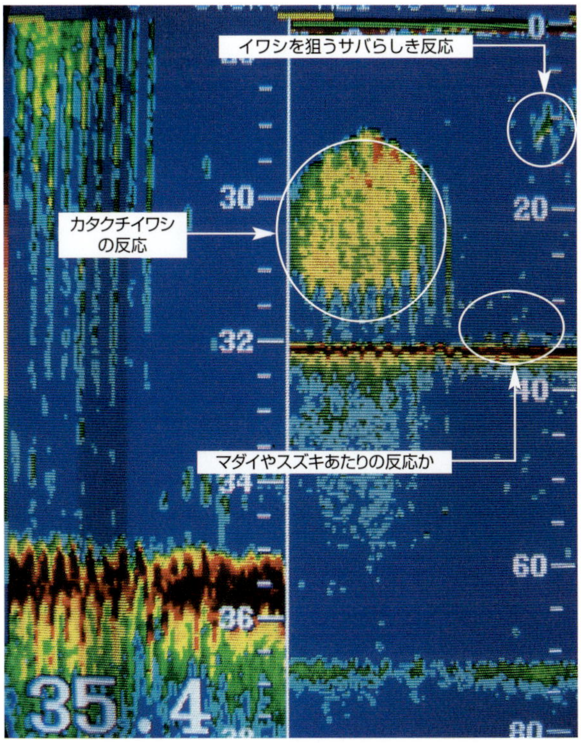

3-28 ポツポツの単体はマダイ?

海底付近のポツポツとした単体魚の反応は、マダイの可能性が高い

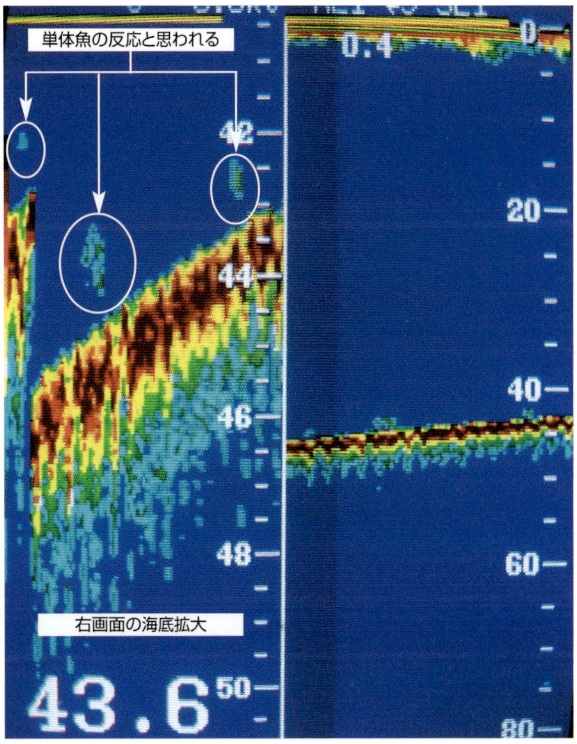

キンメなど深場の反応

深場でも、魚探に映る大きな群れに注意しよう

水深250メートルを超え、400メートルに達するような深場でも、群れが大きければ魚探にはっきり反応がでる。

たとえば、伊豆七島沖などでは、瀬頭が水深250メートルぐらいの海の中の山、海丘の斜面に、長さ数百メートル、高さ100メートルになるような巨大なキンメの魚群反応が見られたりする。我々ボートで行けるエリアではこれほどの反応はないが、それでも山のてっぺん付近に浅瀬の小アジの群れのような反応が出ることが多い。

キンメ以外によく見られるのが、シロムツとギンメダイの反応。これらはキンメより低いタナ、海底べったりに出ることが多い。水深が深いから、小さな魚群は映らない。魚探に群れが映ったということだけで、相当な数がいるのが分かる。

ただし相模湾奥などはキンメの生育場であるから、水深200メートルぐらいの浅い場所で出る反応は、ときとして20センチに満たないようなキンメの大集団であるようなことが少なくない。この場合、普通の深場釣りのエサでは一度に飲み込めないからか、エサのほとんどが半分かじられた状態で上がってきたりする。ともあれ、深いからといって魚群を探すことを怠らないようにしていただきたい。

しかし深場釣り一般では、魚群より海底の変化を見て仕掛けを入れる場合が多くなる。

深場釣りの美味しいサカナ、たとえばキンメ、ムツ、メダイなどは、平坦で変化のない海底には少なく、またムツなどは数が少ないからまず魚探には出ない。

ムツやメダイの大物、大型のキンメなどはハダカイワシなどの小魚をエサにする。一般的に深い海でこれら小魚が群れるのは、岩礁帯で起伏のある海底。険しい根の頂上付近や斜面がポイントとなる。小魚の逃げ場、隠れ場がある場所である。オモリを落とせば、カンと弾いたり、根掛かりするような場所がいい。深場には平坦でオモリが刺さってなかなか抜けないような泥地が多いから、ここを長々と流していては、まともな釣りはできないのだ。

魚探をよく見ていくと、山の頂上付近の斜面に、デコボコと変化したようなところが発見できる。このような変化のある場所で、根掛かりするような岩礁帯を見つけるのが、深場釣りの魚探の使い方である。まずは徹底的に、その作業、探索をやってほしい。それをせずに仕掛けを入れても、釣果など期待できない。

デコボコと変化した場所を見つけたら、そのポイント上を深い方から、山へ向かって流すのがベスト。アタリが出たら、すぐ航跡を見て場所を覚えておく。巻き上げてキンメが付いていれば、航跡を見ながら、魚探でその周辺の環境をていねいに探り、調べるのである。

3-29 キンメのポイントの反応

相模湾内のキンメのポイントは、水深がだいたい200～350メートル。ときに400メートルで釣れることもある。起伏のある海底の山の斜面から頂上付近に、アジの群れのように集団で居ることが多い。水深300メートル前後なら、群れそのものの反応が出ることも多いのだが、残念ながら収録できていない。岩礁帯の上にアジのようなポツポツとした黄色い反応が出て、明らかに海底から離れているのがわかる

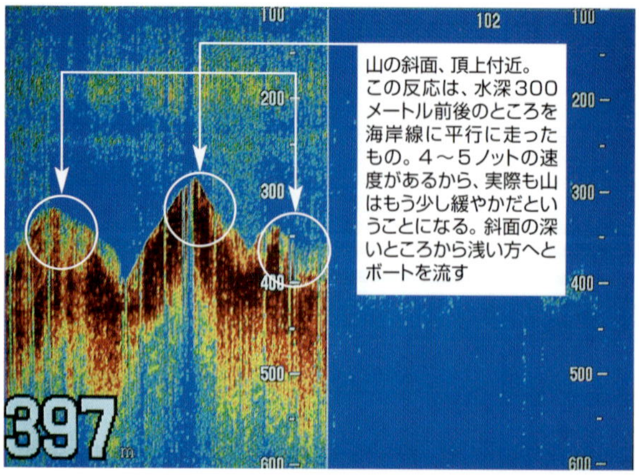
100
102
200
300
400
500
600
山の斜面、頂上付近。この反応は、水深300メートル前後のところを海岸線に平行に走ったもの。4～5ノットの速度があるから、実際も山はもう少し緩やかだということになる。斜面の深いところから浅い方へとボートを流す
397 m

3-30 深場全体の反応

港前の浅場から深場へ、速力5ノット程度でまっすぐ進んだときのもの。水深200メートルから300メートルの間の反応は、深海性のハダカイワシの群れのものと思われる。キンメやムツもこの水深に多く見られ、ハダカイワシをエサにしているのが分かる。水深150～200メートルあたりがオニカサゴやアラ、水深350～500メートルあたりがアコウダイのポイントだ

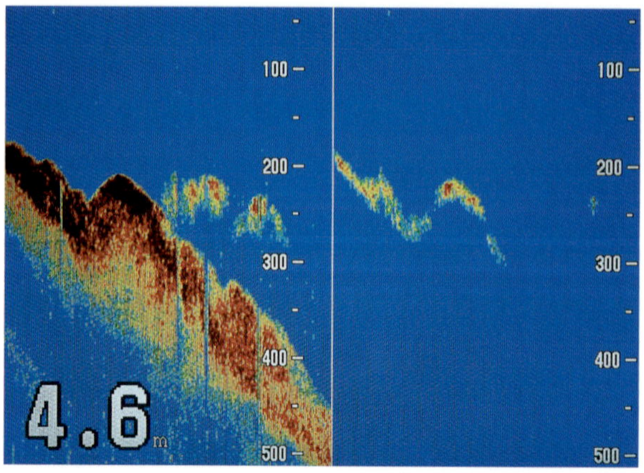
100
200
300
400
500
4.6 m

PART2-③

画面表示を読み解く[応用編]

アコウダイの反応

深場では海底地形のわずかな変化を見逃さない

深場のターゲットでも特に深い水深を狙うアコウダイのポイントを紹介しよう。

アコウダイの釣れる水深はだいたい350メートルから600メートルまで。もちろん、これだけ深いとよほど大きな群れでないと映らないし、またそんな大きな群れはないだろうから、まず反応を見ることはできない。だからやはりキンメと同じように、海底の変化を探していくしかない。

深場の美味しいサカナは、岩礁帯を探すのが釣果を分ける大きなポイント。中でもアコウダイは、特に険しい岩場に生息している。急峻な斜面には堆積物も積もらない、岩が露出しているような場所があるし、オーバーハングしているところも考えられる。こんな場所を、天敵から身を守るねぐらとし、周囲の小魚やエビ、イカ類などをエサにしているのだろう。主に起伏の激しい、よく根掛かりするようなところでアコウダイが釣れるため、一般的にそう言われている。

かつて、アコウダイ釣りが得意な釣り船の船頭が、「アコウダイは穴に住んでいる」、「エサを食うと、仕掛けを引っ張って穴に戻るから、穴にいた他のアコウダイが次々と食う」と話すのを聞いたことがある。そのときはちょっと信じられない気がして、船長といえどもこのぐらい深い海になると、アマチュアと同じように想像するしかないのか、と思っていた。

アコウダイはメバル属だし、穴のような場所に群れていることは想像できる。でも、深い海にそんなに穴の開いたところがたくさんあるだろうか。ところが、急斜面ほどアコウダイが釣れるし、釣れる場所ほど根掛かりが頻発する。アコウダイ釣りを長くやっていくほど、まんざら船長の話も外れていないのではと後になって思うようになってきた。

また、アコウダイの天敵として考えられるのは、30キログラムになるバラムツ、100キログラムになるクロイオ(アブラボウズ)、サメなど。遊泳力でこれらに負けそうだから、岩を盾にし小回りを利かせて身をかわしたり、バラムツなどが入ってこられない狭い穴に逃げ込むのかもしれない。

そう考えても、岩や穴周辺に棲む、という説の妥当性が見えてくるのである。

しかしややこしいのが、岩礁帯からけっこう外れた平坦な場所でもときどき釣れること。これはアコウダイが天敵がいないとき、小魚やエビやカニなどエサを探してねぐらから離れているのではないだろうか。または魚探に映らないくらいの岩場が、近くにあるのかもしれない。

魚探でポイントをよくよく探っていくと、こんなことが想像できるようになってくるのである。

3-31 アコウダイのポイントの反応

アコウダイは水深350メートルから、深いところで600メートルくらいの急斜面、岩礁帯がポイント。アコウダイはメバル属で、岩礁の隙間や穴のようなところを好み、周辺でエサを漁る。キンメは時に海底から数十メートル上で釣れることもあるが、アコウダイはほぼ海底での生活をしていると思われる。急斜面の、岩が露出した場所や、なだらかでも岩がゴロゴロしていて隠れ場所があるようなところが狙い目だ

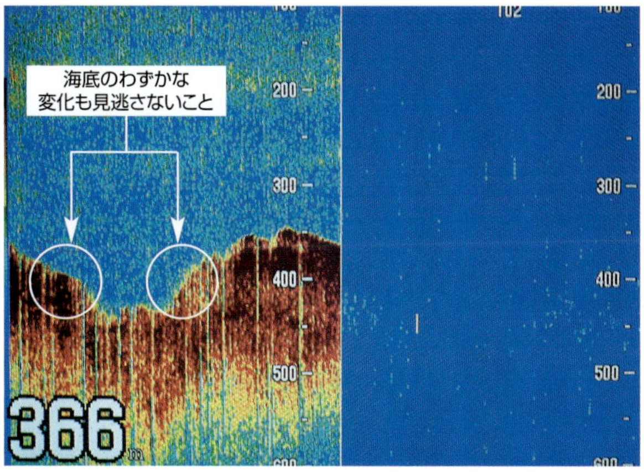

3-32 アコウダイが釣れたポイント

山の斜面の反応がとぎれ、いきなり平らな海底を表す反応が出た。この平らな海底から立ち上がる急斜面は、水深で換算すると50メートル以上の崖。ここに岩礁が露出した場所が隠されているハズだ。大型のアコウダイが連続して釣れた

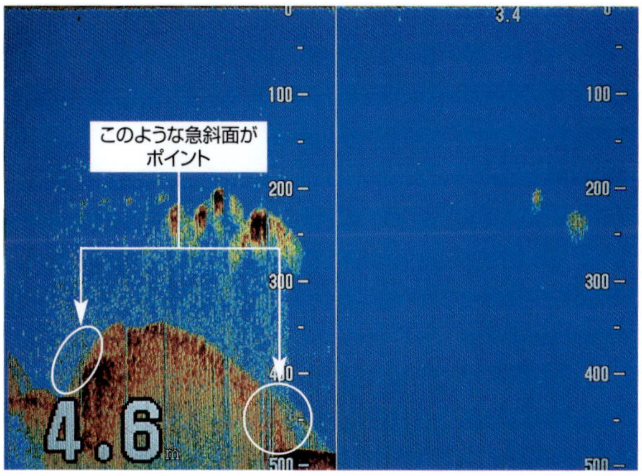

ウスバハギの反応

浅瀬でのんびり。天敵のいない気楽な反応

写真はウスバハギの群れの反応である。ウスバハギはカワハギやウマヅラハギの仲間内でももっとも大きく、40センチメートル近くにまで育つ。毎年秋のいっとき、浅瀬で見られるサカナで、このときもボートから海中をのぞきこんで、目で確認している。

画面にはショットガンを落としたところが映っているが、ハリ掛かりはめったにしない。追っているのが見えるのだが、魚皮バケを見切られるのか、釣れないのである。まあ、ショットガンではカワハギも釣れないから、エサを一気に食わないこれらのサカナは、苦手なのが分かる。コマセに狂わせ、小さなスキンサビキにすれば釣れるが、そこまでやることもないのでいつも群れを見物するだけだ。

カワハギ類はエサを一度吸い込むが、飲み込まず、口や歯で確認する。そして食べられるものなら、端から少しずつ歯で噛み切るようにして口に入れる。

また、カワハギ類は硬い皮とツノを持っているから、これを襲う天敵が少ないのだろう。大口を開けて一気に食らいつく歯の小さい回遊魚などでは、無理に飲み込もうとするとツノが口や胃に刺さり、自分の生命も危うくなる。背中だけでなく腹の方にも長いトゲが隠されているのだ。

そのため、カワハギ類はアジなどなら恐くて通れないような見通しのよい砂地を、ゆうゆうと泳ぎ回っている。

ここではウスバハギの反応だけしか載せられないが、カワハギやウマヅラハギも、群れた場合はウスバハギ同様、このようなバラバラとまとまりのない反応として映るのだ。

また、水温の暖かい時期は、カワハギは大きな群れを作らず、砂地や砂泥地の中の変化のある場所に単体や数尾の単位でバラバラいることが多い。具体的な例としては、ワカメのロープ周りや、定置網のロープ回りなどだ。

ロープにはイガイやカキが付いたり、そのイガイの間に虫類がたくさんいたりする。本来は海藻の中の虫類や貝類をエサとしているのだが、海底にはロープや放棄された漁業施設などがたくさんあり、優良なエサ場ともなっている。このロープ周りにポツポツした反応が付いていたらカワハギの可能性が高い。

カワハギはまた、水温が低くなる冬場には水深50～60メートルのような深場へ落ちる。そして、かなり大きな集団を作る。これは秋の間、キモがパンパンに膨らむことからも分かるが、エサの少なくなる冬のための食いダメだろう。

あくまで想像であるが、カワハギ類は全体に南方系だし、身に脂が乗らないから、キモに栄養分をためて低水温をしのいでいるのかもしれない。

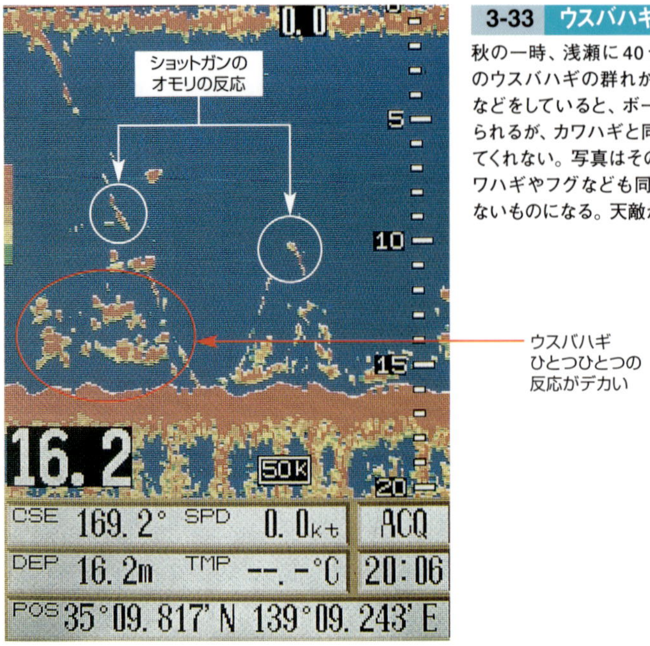

3-33 ウスバハギ、カワハギ、フグの反応

秋の一時、浅瀬に40センチメートルを超える大型のウスバハギの群れが接岩する。浅場でアジ釣りなどをしていると、ボートの下を悠々と泳ぐ姿が見られるが、カワハギと同じでなかなかハリに掛かってくれない。写真はそのウスバハギの反応だが、カワハギやフグなども同様に、バラバラとまとまりのないものになる。天敵が少ないからだろう

ハダカイワシの反応

深海にいるエサの反応をベースに大型魚を狙う

海には「ハダカイワシ」と呼ばれる、深海性のサカナがいる。表層のイワシより総量が多いと言われるからその数は大変なもので、将来の資源とも目されている。

このハダカイワシ。世の釣り師の99パーセント以上が目にしたことがないだろうと思う。というのも深海にいるから釣れないし、網でも取れないので、めったに市場にも出回ることがないからだ。ただしハダカイワシはプランクトンを食べるため、夜間のみ表層に浮いてくる。それが潮の影響などで沿岸に流され、定置網にごくわずか入ることがある。これがときどき地元の魚屋に流通することはあるらしい。しかしながら、結局は脂が強すぎてそれほどうまい魚でもないし、魚屋の店先で干物にされる程度で、漁業関係者に消費されてしまうようだ。

ハダカイワシがなぜ「ハダカ」と付くかは、実物を見ればよく分かるのだが、ホントに裸なのである。ウロコがなくて、身がそのまま露出している様相なのだ。泳いでいる状態ではまだウロコがあるのだが、非常にはがれやすく、網に入ったとき、全部落ちてしまうのである。

この、一見釣り師に関係のなさそうなハダカイワシだが、実は釣り師と関わりのあるさまざまなサカナたちのエサとなっているのである。まずは深海の大型魚、キンメやムツ、メダイなど。また浅場でも見られるタチウオやイカなども、これをエサにしているのだ。さらに、ここからは推測の域を出ないのだが、多くのサカナが水深300メートルや500メートルまで潜る能力を持っていることから考えると、たとえばマグロやカツオ、ひょっとしたらブリなどの青ものも、これを食べているかもしれない。

そう考えると、ハダカイワシは釣り師にも大いに関係しているサカナといえる(?)わけだ。

深場釣りをしていると、このハダカイワシらしき反応によく出合う。写真の反応はイワシなど小魚の特性を持っているし、周辺の環境や状況を考えると、まずハダカイワシと判断していいだろうと思う。マイワシの可能性もないではないが、もしマイワシならいつもは表層に浮いているはずだから、海底に潜っているなら大型魚に追われている場合と考えられる。だから群れを追うサバなども回り、大きな鳥山がその周辺にできているハズだ。しかし、それらは見られなかった。

こんな大きな反応の周辺に、斜めに走り回る太い筋が何本も現れ、ドキッとすることがある。この水深では相当大きなものでないと魚探に映らないから、100キロを超えるマグロだろうか、カジキだろうか、はたまたサメなのか、と想像はふくらむばかりである。

3-34 深海性のハダカイワシの反応

見たことがない人が多いと思うが、深海には10センチ以上サイズの深海性イワシ、ハダカイワシが多種生息している。ウロコがとてもはがれやすく、ときに網に入るものがみなハダカになっているからハダカイワシと呼ばれる。日中は深海の底にいて、日の落ちる頃、海面近くまで上がり、動物性プランクトンを食べている

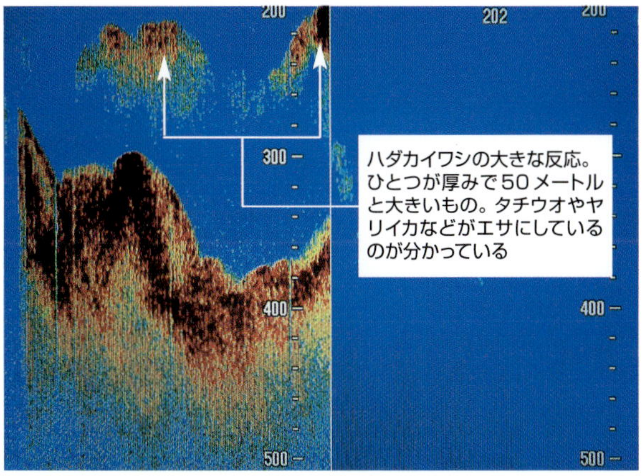
200
202
200
300
400
400
500
500
ハダカイワシの大きな反応。ひとつが厚みで50メートルと大きいもの。タチウオやヤリイカなどがエサにしているのが分かっている

3-35 小魚を狙う大型魚の反応

マイワシの反応である可能性も否定できないが、ともあれ反応の濃さ、群れの形からホタルイカなどではなく、小魚なのはまず間違いない。毎日のように同じエリア、同じ水深にあるから、ハダカイワシと判断したのだが、若干いつもよりタナが高いのが気になる。深海にはこれら小魚の反応がたくさん見られ、それを狙っているのか太い線が走り回る反応も出る

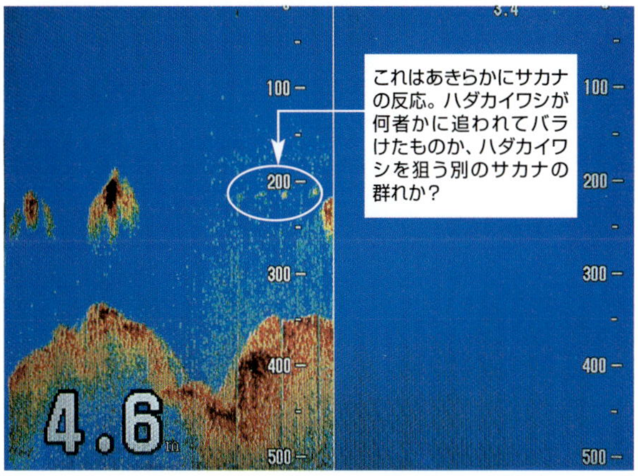
100
200
300
400
500
100
200
300
400
500
これはあきらかにサカナの反応。ハダカイワシが何者かに追われてバラけたものか、ハダカイワシを狙う別のサカナの群れか?
4.6m

GO FISHING WITH FISHFINDER

PART 3 CHECK IT

魚探大研究

PART 3

GO FISHING WITH FISHFINDER

魚探を使った釣り

私がスキューバダイビングを始めたのが今から15年以上も前のこと。
ボート上からは見ることのできない魚の生態を目の当たりにして、
大きな衝撃を受けたことをはっきり憶えている。しかしながら、
潜れる水深はせいぜい40メートル付近まで。
それ以上の水深となるとやはり魚探だけが頼りとなる。
今回、この記事をまとめるにあたっては、
実際に釣り糸を垂らし、魚探画面に映し出された反応が
何なのかを確認しながら画面を撮影し続けた。
撮影するすぐ隣では仲間のボートがどんどん釣果を上げていて、
それがとても羨ましく、撮影作業がストレスの原因になっていた。
ところが、反応画像を撮影する腕が上達し始めると、
いつしか、反応画像を収集すること自体が快感に思えることもしばしばあった。
特にリアルタイムでの確認さえ難しい反応がカメラに収められた時には、
釣果以上の収穫に感じられたのである。こうして集められた画面データの数々。
是非、ボートフィッシングにおけるポイント選びに役立てていただきたい。

解説／小野信昭
Nobuaki Ono
写真／小野信昭　イラスト／高根沢恭子

PART3 魚探大研究

1 初級編 ［シロギス、アオリイカ、カワハギ、アジ、メバル、イサキ］

シロギス

ビギナーからベテランまで楽しめるターゲット

シロギスは、北海道以南の日本各地の沿岸に生息し、その名のとおり、白く、キスをするように口を尖らせ、細長くスマートな体型の魚である。「釣りは鮒(フナ)に始まり、鮒に終わる」という名言があるが、海のボート釣りに関していえば、「シロギスに始まりシロギスに終わる」といってもいいくらい、ビギナーからベテランまで楽しめる人気の高いターゲットとなっている。

シロギスはこんな魚

シロギス釣りの人気の秘密は、沿岸に生息しているので手軽に狙えるということもあるが、なんといっても、小さな魚であるにもかかわらず釣趣を味わえるという点にある。繊細なタックルでのヤリトリは、シロギスを“小さな大物”と喩えることがあるほど魅力的で、ボート釣り師の中には1年中シロギスばかりを追いかけている人もいるくらいだ。

一般的に釣れるシロギスのサイズは15～25センチが中心だが、時々、“肘タタキ”(手で掴むと尾ビレが肘を叩く大物)と呼ばれる大物や“尺ギス”と呼ばれる30センチオーバーも釣れるので、決して小物釣りと片付けるわけにはいかない。そのようなジャンボギスは、シロギスフリークの間では憧れのサイズとなっている。

シロギス釣りがオデコ(1尾も釣れないこと)で終わってしまうことはめったにないが、その一方で、釣る人と釣らない人の釣果に大きな差があるのもこの釣りの特徴である。特にボート釣りでは、ポイント選びが釣果を大きく左右するので、魚探を駆使し好ポイントを見つけ出さなければならない。

生息場所とポイントの選定

シロギスは、1年中釣れる魚だが、釣りやすさを考えたら初夏から秋口くらいまで。この時期は、水深の浅い場所の広い範囲に分布し、エサを活発に追うので釣りやすい。水温が低いその他の時期は、やや深場へ移動し、生息場所も限られる。さらに活性も低くなるので、やや難しいターゲットとなる。

初夏から秋口は、水深2～20メートルくらいのエリアがポイントとなる。スキューバダイビングでは、砂泥質の海底の10～30センチくらい上を十数尾の小さな群れで行動しているのを見たことがある。地形的には平坦な場所ではなく、窪みなど凹凸のある場所を好んでいることも、このとき確認した。

シロギスは浅場に生息するターゲットだが、決して魚探に映りやすいというわけではない。群れが小さく、泳層も海底付近となるため、魚探でシロギス自体の反応を見つけるのは非常に困難である。しかしながら、海底質や海底起伏、そして砂地に点在する小さな根を見つけることにより、シロギスのポイントもある程度予測がつく。

魚探画面1-1、1-2、1-3は、どれも2周波併記モードの状態を撮影した画像で、画面左が周波数50キロヘルツ、右が200キロヘルツでの表示となっている。

魚探画面1-1は、シロギスが数多く釣れた実績ポイントの上を、釣り上げた時と同じようにボートを流して撮影した画像である。シロギスの好ポイントとなるわずかな窪みが、❷の部分に映っている。ただし、ボートがゆっくりと大きく揺れると、同様の海底表示になることもあるので間違えないようにする必要がある。また、画面内の❶の部分には、よく見ると細かな凸凹が見えるが、これはボートの小さな揺れにより発生した海底測距の誤差成分を表示したもので、海底形状ではない。

ボートの揺れなどで魚探画面から海底のわずかな窪みを判別するのが困難な場合には、試しに仕掛けを投入することで、窪みを探すことも可能だ。仕掛けを遠方へ投入し、オモリが海底を引きずるようにイトをゆっくり巻く。サオ先がもたれるようなわずかな重みを感じたら、その場所が窪みということになる。窪みはシロギスの溜まり場で、繰り返し仕掛けを入れることができると、入れ食いも夢ではない。

魚探画面1-2には、海底がわずかに傾斜した"カケアガリ"と呼ばれる地形が表示されている。シロギス狙いでは、こうした場所が一般的に攻めるポイントになる。十数尾の小さな群れで行動するシロギスは、潮汐による潮流の影響か、時間とともにエサを探し求めながら、小さな移動を繰り返す。その小移動のとき、カケアガリや溝に沿って移動するので狙い目となる。

シロギスを数多く釣るのは楽しいものだが、気の向くままにポイントを変更できるボート釣りであれば、数より良型を揃えるような釣果を得たいところだ。そのためには、良型が居そうなポイントを見つけ出す必要がある。魚探でポイントを探す場合には、とにかく砂と根が入り交じった場所を見つけることが、良型とめぐり合う近道だ。

魚探画面1-3は、22～24センチのシロギスがたて続けに釣れたポイントである。海底地形は、"根際の砂地"などと呼ばれる、良型シロギスが集まる好スポットになっている。夏場にはシロギス以外にもカワハギやキュウセンが交じることもあり、シロギスタックルでのヤリトリはスリリングでとても楽しいものだ。

また、根際の砂地では、釣り上げたシロギスを生きエサに泳がせることでヒラメが食ってくることがある。置きザオを1本出しておいて損のない好ポイントといえるだろう。

1-1 シロギスポイント［窪み］

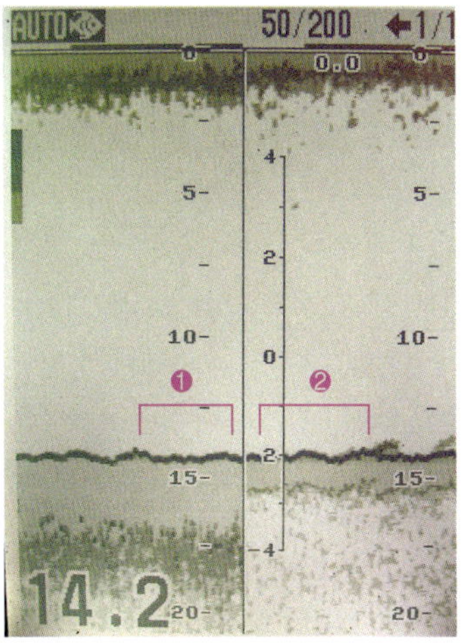

❶よく見ると細かな凸凹が見える。これは海底形状ではなく、ボートの小さな揺れにより発生した海底測距の誤差成分が表示されたものだ

❷シロギスの好ポイントとなるわずかな起伏。ただし、ボートがゆっくり揺れると、同様の海底表示となることもあるので注意が必要だ

1-2 シロギスポイント［カケアガリ］

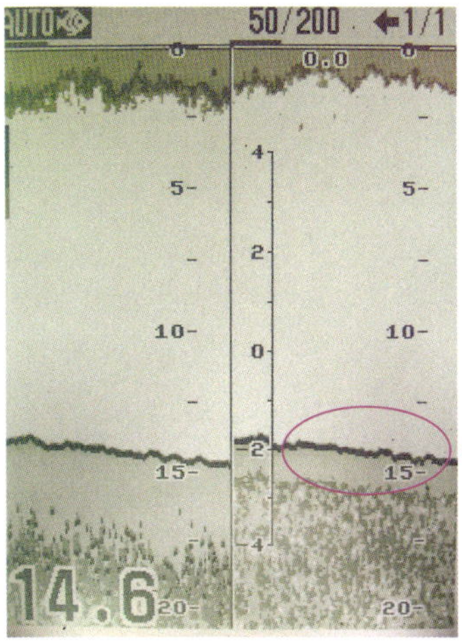

海底がわずかに傾斜している、"カケアガリ"の地形。時間とともにエサを探し求めながら小さな移動を繰り返すシロギスは、こういったカケアガリや溝に沿って移動する

1-3 シロギスポイント［根際の砂地］

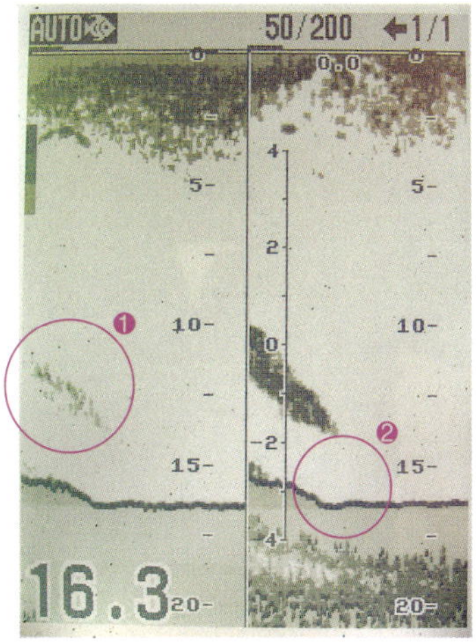

❶隠れ家の少ない砂地において、小さな根の付近に小魚が集まるのは、シロギスなどの底物だけでなく、宙層のキビナゴや小イワシなどでも同様だ。これらを求めて、ヒラメが生息している可能性が高い。釣り上げたシロギスを生きエサに泳がせるために、サオを1本出しておいて損のないポイントだ

❷良型シロギスが集まる"根際の砂地"。このようなポイントは、外道としてカワハギやキュウセンも交じる。シロギスザオでのヤリトリはヒヤヒヤものでとても楽しい

タックル&仕掛け

●サオ

サオは、7:3調子でオモリ負荷10号前後のものが適している。長さは1.5メートル、または1.8メートル前後が狭いボート上でも扱いやすくお勧めだ。

シロギスは有名メーカー製の高価なキス専用ザオを購入しなくても十分に釣りはできる。しかしながら、高価な専用ザオは低活性時の弱いアタリも取りやすく、軽くて使い勝手がとても良いものばかり。もし、予算に余裕があるなら1本入手することをお勧めしたい。外道も含めて、本命以外の大物が掛かったときでも安心感が違うはずだ。

●リール

リールはスピニングリールが一般的で、PEラインの2号を100メートル程度巻けるサイズのものが適している。ほとんどの場合、ボートでのシロギス釣りではサオを手に持ってアタリを待つ。リールを選ぶときは、とにかく軽量なものを選ぶようにしたい。

●仕掛け

仕掛けは、腕長12センチほどのシロギス用片テンビンに10～15号前後のオモリを接続する。オモリの号数は当日、潮流の影響を見ながら適正なものを選定するが、根掛かりなどによるロスも考えられるので、必ず予備のオモリを持参する。片テンビンに結ぶ仕掛けは、全長70センチ前後のものがボート上でも扱いやすく無難だ。ハリスの太さや長さ、ハリの本数は釣り場の状況によって臨機応変に変える必要があるが、標準的な仕掛けを紹介するとイラストのようなものになる（図-1）。

釣り方

ボート釣りの場合、仕掛けを投入する方向をある程度までは自由に選ぶことができ、広範囲を探ることが可能になる。釣りやすいのは、潮下方向へ仕掛けを投入する方法。これならミチイトが常に張った状態を保てるので、アタリも取りやすく、仕掛けのオマツリ（絡み）も発生しにくい。

仕掛け投入後、オモリが着底してミチイトが弛むまでは、リールからイトをどんどん送り込んでいく。イトが出るのが止まったところで、すばやくリールを巻き上げ、イトの弛みを取り除き、アタリを待つ。といっても、ただ単にイトを張ったまま じっとアタリを待っていたら、シロギスではなく、メゴチなどの外道にエサを食われてしまう。メゴチが食いつく前に、シロギスにエサの存在に気づいてもらうため、エサに動きを与えて誘いをかける必要がある。一番やさしいのは、リールでゆっくりイトを巻き上げる方法だが、厳密には底潮の流れや近くにいる外道の活性に応じ、適正なスピードを見つけ出す必要がある。いろいろ試して、本命がヒットしたスピードが正解である。実践で学ぶより他に方法はないといえるだろう。

慣れてきたらサオ先を小さくシャクり、仕掛けの付けエサが海底から10～30センチくらい上に「フワッ」と浮き上がるように演出する上級テクニックにチャレンジしてみるとよいだろう。周りのボートが苦戦する中で1人だけ大釣り、という結果になる可能性もある。

シロギスのアタリは「ククッ」とか「コツコツ」といった具合でサオ先に届く。ここで慌てて大合わせをしてしまうと、同じ群れのシロギスを驚かせてしまうことになるので、大合わせは禁物だ。慌てずに「スーッ」と軽くサオを立てるだけでハリ掛かりするので、あとは小さな大物の引きを堪能しながら、ゆっくり一定のスピードでリーリングする。

水面下にパールピンクに輝く美しいシロギスが見えてきたら、きっちり山ダテしてポジションを確認しておき、再び同じポイントを攻めてみるとよいだろう。

図-1 シロギスのタックル

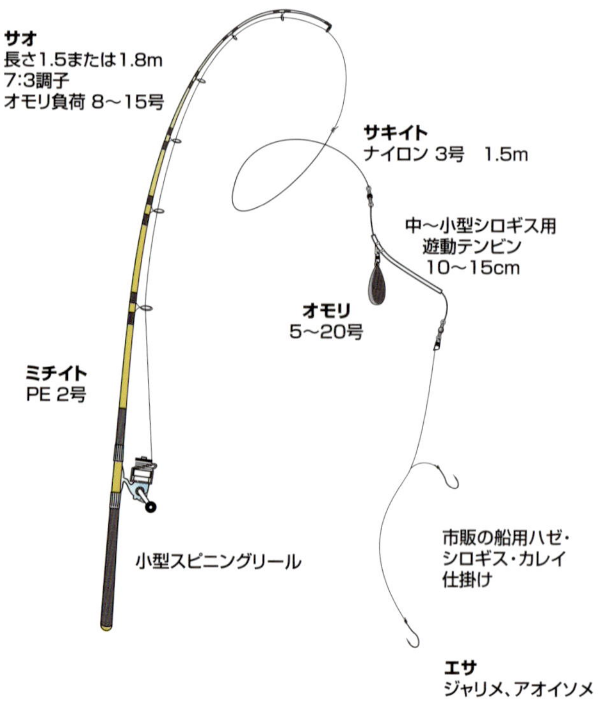

アオリイカ

釣りのスタイルに特徴がある人気のターゲット

**アオリイカを狙う釣法は各地にいろいろあるが、
大きく2つの釣法に分けることができる。
1つはアジなどの生きた小魚を使った釣りで、
もう1つが日本古来のルアーである”餌木”を使った釣りだ。
最近では、餌木を使ったシャクリ釣りが流行っており、
“エギング”という言葉で親しまれている。
いずれの釣法で狙うにしても、
アオリイカはヒットすると、一瞬魚が掛かったのか？
と錯覚するほどの強い引きが楽しめて、
釣趣も満点だ。**

アオリイカはこんなイカ

アオリイカは、暖流の流れる沿岸に生息し、太平洋側では鹿島灘が北限で、日本海側では青森まで生息している。

イカには大きく2つのグループが存在する。1つは胴の中に石灰質の甲を持つコウイカ目のグループ。もう1つが、透明で細長い軟甲を持つツツイカ目のグループで、アオリイカは後者のグループに属している。胴体の全長にわたって半円形のヒレ（エンペラ）があるのが特徴。大きなものでは胴長50センチを超え、重さも4キロくらいにまで成長する。

沿岸に生息するため古くから親しまれていて、「バショウイカ」「モイカ」「ミズイカ」など、各地に様々な呼び名がある。

アオリイカは食味が素晴らしく、刺身はもちろん、和洋中どんな料理にも使えてイカの中では最高級に位置付けられる。

生息場所とポイントの選定

アオリイカの釣期は長く、大型が釣れる春先から夏までの時期と、やや小ぶりのものが数多く釣れる秋頃に二分される。5～8月頃に大型のものが産卵のために浅場へ上ってくるので釣りやすくなるのと、その卵から孵化した子イカが秋頃に300グラムぐらいにまで成長し、活発にエサを追い回すためだ。

生息場所の水深は、春先から夏までの時期が水深5～20メートルで、秋になると水深20～40メートルとやや深くなる。地形的には岩礁帯やゴロタ石が砂地と接する境目付近で、海藻が生えている場所が狙い目となる。

魚探画面1-4、1-5は、どちらも“2周波併記モード”の状態を撮影した画像で、画面左が周波数50キロヘルツ、右が200キロヘルツでの表示となっている。

魚探画面1-4は、アオリイカの実績ポイント上を釣り上げた時と同じようにボートを流して撮影した画像で、水深16メートルの砂地には高さ5メートルほどの岩礁帯が存在している。この画像では明確な海底形状が現れているので、岩礁帯と砂地を推測できるが、なだらかな海底起伏では岩礁帯なのか砂地なのか判断が難しいこともよくある。そこで、このような場合には“尾引き”の長さに注目する。その長さに顕著な差があれば、底質が異なる可能性大。尾引きが長い方が硬い岩礁帯で、短い方が砂地と推測できる。

1-4 アオリイカポイント

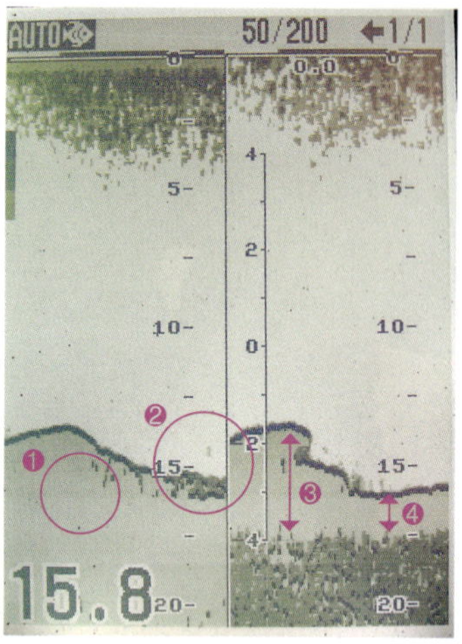

❶餌木をロストしないよう常に海底起伏を気に留めながらボートを操船する
❷根際の砂地にはアオリイカの他にも季節に応じてコウイカ、カミナリイカ、ケンサキイカも集まる。海藻が生えている場所は、小魚の隠れ場所にもなっている。アオリイカは産卵のためだけではなく、小魚を捕食するためにも海藻が生えている周辺を回遊する
❸❹「尾引き」の長さの違いは、底質の違いを意味している。長い方が密度の高い岩礁などで、短い方が密度が低い砂地などの底質と判断できる

1-5 アオリイカポイント

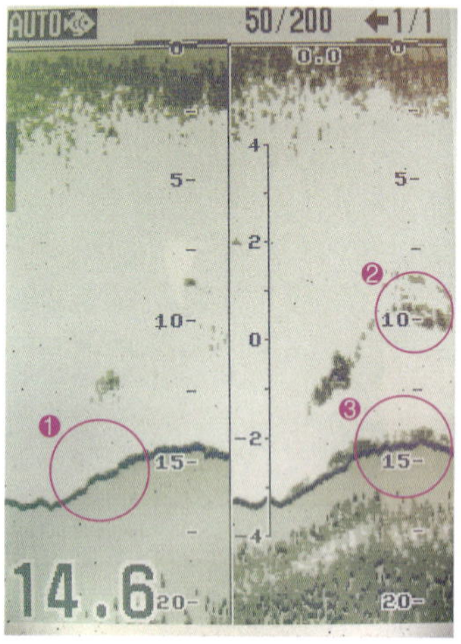

❶ダイビングでは、このようなカケアガリに沿って数ハイのアオリイカが泳いでいるところをよく見かける
❷これは小アジの反応。居着きのものではなく、時々、ボート下に回遊してくる小アジだ。小アジはアオリイカの大好物でもある
❸こんもりした高低差5メートルほどの海底起伏の頂上付近に、小魚と海藻やソフトコーラルが映っている

1-6 水中での仕掛けの動き

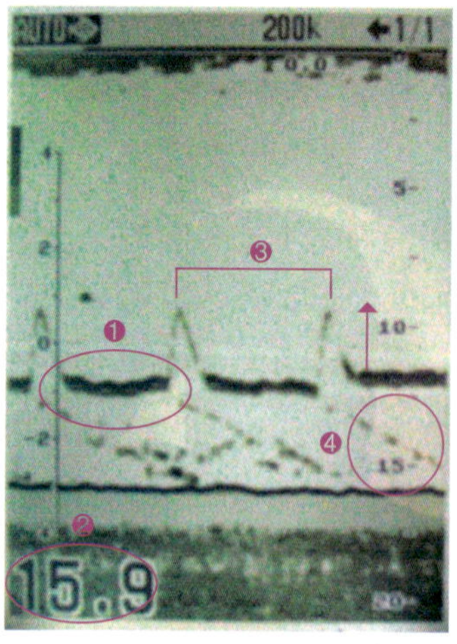

❶中オモリの軌跡。シャクリ動作後は常にミチイトを張った状態に保つので、中オモリが一定の水深となり、魚探にはこのように表現される
❷常に水深の変化に注意し、イトを出し入れすることで海底付近に餌木が泳ぐように演出する
❸シャクリの間隔は10～15秒に1回
❹シャクリ上げによって上昇した餌木が自然落下していく軌跡

この画像では、岩礁帯の際に、薄っすらとモワモワした海藻の反応が映っている。小魚の反応も見られ、アオリイカの格好の寄り場となっていることが分かる。

魚探画面1-5も、アオリイカの実績ポイント上を釣り上げた時と同じようにボートを流して撮影した画像である。画面を見ると、こんもりした高低差5メートルほどの海底起伏の頂上付近に、小魚と海藻、またはソフトコーラルが映っている。

アオリイカは大きな群れこそ作らないものの、単独で行動することは少なく、たいていは2～5ハイで行動している。釣ったポイントを繰り返し攻めると追い釣りできる可能性も高くなるので、実績ポイントは山ダテやGPSで位置情報を記録するとともに、ヒットした時の魚探による海底地形の様子を掴んでおきたい。

マイボートでアオリイカを狙う場合、イトが一定の角度で水面下に入っていくようにボートの動きをコントロールする必要がある。同時に1パイ目が釣れるまでは、ある程度、広範囲を探らなければならないので、流し釣りが適している。流し釣りというとパラシュートアンカーが思い浮かぶが、実績ポイント上を何度も流し直すことが多いので、スパンカーやエレキモーターを使うと効率よく潮回りができる。

タックル&仕掛け

ここでは様々な釣法がある中から、餌木シャクリ釣法を紹介する。

この釣法で使用するタックルには、リールを用いるものと、用いないものが存在する。後者で用いるサオは“手バネ”と呼ばれ、グリップ部分よりサオ先側に糸掛けが付いていて、ミチイトはこの部分に巻き付ける。手バネはリールを使わないので、タックル全体が軽く、シャクリ動作を楽に行えるのが特徴だ。古くから漁師が使っているタックルで、アマチュアの中にもこの独特の釣趣が好きで手バネを愛用している人が多くいる。しかし、ここでは初めての人でもイトのトラブルが少なくて扱い易い、リールを用いたタックルを紹介していく。

●サオ

サオは、6:4調子でオモリ負荷20号くらい、長さは1.2～1.8メートルのサオが扱いやすい。各社からアオリイカ専用ザオが発売されているが、それでないとダメということは一切なく、キスザオやブラックバス用のルアーザ

オで代用している人も多い。できるだけ軽量なものを選ぶようにしたい。

●リール

PEラインの2号を100メートル程度巻けるサイズのものが適している。両軸リールでもスピニングリールでも構わないが、大切なのは重量で、とにかく軽量なものを選ぶようにする。

●仕掛け

仕掛けは、5〜10号の中オモリの先にフロロカーボン6号のハリスが5メートルで、その先に餌木をつけるだけと、いたってシンプルである。

●餌木

イカの活性は、天候、潮の濁り具合、エサとなる小魚の有無など、さまざまな条件や要素によって変わるので、正直いってつかみどころがはっきりしない。しかし、アピール度の高い派手なカラー（蛍光オレンジ系や蛍光ピンク系）をメインに揃えれば、釣れる確率が高くなると経験的には感じることが多い。

釣り方

この釣法では、海底の餌木をイメージ通りにシャクることが大切である。釣果は、一にポイント、二にシャクリダナと言っても過言ではない。10〜15秒に1回くらいの間隔でシャクリを入れ、餌木を2〜3メートルほど浮かせ、再びゆっくり沈めていく。

魚探画面1-6はこの釣法での水中における仕掛けの動きを魚探でとらえた画像である。画面には、中オモリと餌木の軌跡がしっかり映っていて、前述したように、10秒に1回のペースでシャクリを行っているのが、中オモリの軌跡から確認できる。

シャクリ上げた中オモリの下2ヒロくらいのところに餌木があり、約10秒かけて海底付近まで自然落下していくのが映っている。この動作を繰り返し行うとともに、魚探を見ながら水深の変化に注意する。浅くなってきたら、その分だけイトを巻き取り、深くなったらその分だけイトを出す。

シャクり上げた際、「ガツン」という衝撃とともにサオ先が曲がったら、アオリイカが乗った知らせで、そのままリーリングを開始する。サオの傾きは上方45度ぐらいをキープし、巻き上げは一定速度で行う。

リールのドラグは弛めにセッティングしておく必要があり、このセッティングを怠るとイカの足が身切れを起こしてバラシの原因となる。ただし、イカの引きに応じてイトを出し過ぎると、イカから餌木が外れてしまうことがあるので、適度なテンションを保ちつつヤリトリを行わなければならない。

取り込みには必ずタモ網を使う。時々、アオリイカの根っこをハンドランディングする人を見掛けるが、やはり安全にそして確実に取り込むためにはタモが必要となる。タモの使用は、取り込み時にアオリイカをバラさないだけでなく、タモの中でスミをいっぱい吐かせたうえでボート内へ取り込めるという利点もある。

シャクリ動作を繰り返していると、時々、餌木が海底の海藻などに根掛かりすることがあるが、太めのハリスを使っていれば、ボートを少し戻すだけで餌木を回収できる可能性が高い。この釣りはハリスの太さはあまり釣果に影響しないので、あらかじめ太めのハリスを使う。太いハリスは、ボート上の仕掛けさばきでオマツリを減らすのに役立つので一挙両得である。

図-2 アオリイカのタックル

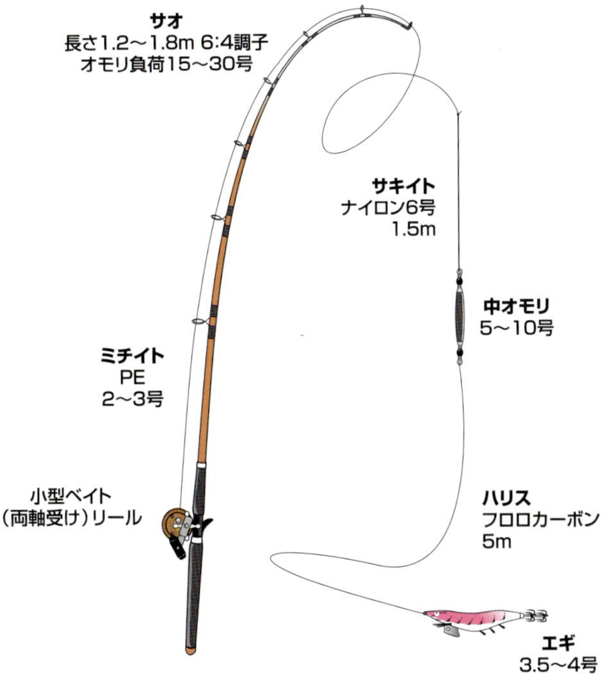

カワハギ

醍醐味はエサ取り名人との真剣勝負

**カワハギはカワハギ科に属し、
本州全域の沿岸に分布している。
沿岸性のサカナなので古くから各地で親しまれ、
ハゲ、キンチャクなど多くの地方名を持っている。
口が小さく尖って、頭部と腹部にはツノがあり、
全体的には左右に扁平なひし形の魚体に特徴がある。
体色は灰褐色のものを多く見かけるが、
釣れる海域の底質によっても異なり、
斑紋模様もさまざまだ。
体長は35センチくらいにまで成長するが、
釣り船でも30センチオーバーはなかなか出ず、
25センチ級でも良型として扱われる。**

カワハギはこんな魚

カワハギは、釣り人が垂らしたエサをハリからコッソリ盗むのが上手いことから“エサ取り名人”との異名を持つ。また、繊細なアタリをキャッチすることが求められる点が、淡水のヘラブナ釣りと似ていることから“海のヘラブナ釣り”などと呼ばれることもある。それだけカワハギ釣りは、釣り師を熱くさせる、ゲーム性の高い釣りなのだ。

カワハギの魅力は、釣趣ばかりではない。料理する場合には、名前の通り簡単に皮を剥ぐことができるうえ、食味も抜群。特に秋から冬にかけては肝が肥大し、脂も乗ってくるので、薄造りのキモ和えや鍋もの、フライなど、何を作っても大変美味しく、それがまたさらに熱烈なファンを増やしている。

カワハギの生息場所とポイントの選定法

カワハギの分布は本州全域に広がっており、沿岸近くの水深5～70メートルの岩礁帯と、その周りの砂泥地に生息している。

水温が高い夏場には水深20メートル前後に広く分布し、2尾程度の少数で活動する傾向にあるようだ。スキューバダイビング中に、私自身もそのことを確認している。夏場の生息場所は水深が浅いものの、一緒に行動する個体数が少ないため、魚探で群れの反応を見つけるのは難しい。もっぱら魚探画面では海底地形を観測し、生息していそうな岩礁帯と、その周りの砂泥地を探すことになる。

逆に水温が下がる冬場には、水深50メートル前後の岩礁帯付近をまとまった数で行動する傾向にある。こうなると、魚探でも海底付近に映る“魚群”として反応をキャッチできる可能性がある。ただし、魚探反応だけでカワハギと断定するのは難しく、最終的には仕掛けを投入し、釣ってはじめて確認できることになる。

魚探画面1-7、1-8は、どちらも2周波併記モードの状態を撮影した画像で、左が周波数50キロヘルツ、右が200キロヘルツによる表示画面となっている。

魚探画面1-7は、過去に良型カワハギを釣り上げた実績ポイント付近で撮影したもの。付近一帯の水深は30メートル弱で、平根と砂地が混在するカワハギの好ポイントとなっている。平根とは、根の高さに対して底面積が大きく、全体として平べったく見える岩礁帯のことで、スキューバダイビング中には、平根の上部や平根の周囲で、いくつものカワハギの群れを確認することができた。ただし、

カワハギが好むこのような場所には、カワハギの数以上にキタマクラやササノハベラなどの定番外道が生息しているので、本命を仕留めるためには、ある程度、忍耐強い釣りが要求される。

魚探画面1-8は、過去にカワハギの数釣りができたポイント付近で撮影したもの。画面に映っているのは砂地に点在する小さな根の中の一つで、根の頂上付近にはスズメダイの魚群反応が、まるで根の一部であるかのように濃い反応として映っている。このポイントで実際にカワハギが釣れたのは、根に上り始める手前のいわゆる“根際”の砂地だった。

タックル&仕掛け

●サオ

サオは8:2調子で、オモリ負荷30号程度のものが適している。長さは1.8メートルが扱いやすいだろう。有名メーカーのカワハギ専用ザオは穂先の感度が高く、また、強靭なカワハギの上顎にハリを貫通させるだけのバットパワーを備えている。予算に余裕のある人は、こうしたサオを入手してみるのもいいだろう。一度でもカワハギ専用ザオを使うと、それ以降は汎用ザオを使えなくなってしまうほど、その扱いやすさには雲泥の差がある。

●リール

リールは小型両軸タイプが一般的で、PEラインの2号を100メートル程度巻けるサイズが適している。常に手持ちとなるカワハギ釣りでは、軽量で、高速巻き上げが可能なギア比5以上のものがお勧めだ。

●仕掛け

ドウヅキ2本針か3本針の仕掛けが基本で、エダスは短い方がアタリが取りやすく、アワセも利く。ハリにはさまざまな形があり、それぞれに一長一短があるが、私はカワハギバリ1号を使っている。

●エサ

アサリの剥き身を使うのが一般的で、カワハギの食い込みを良くするためには、ハリ先を出さないようにアサリのワタの中に入れ、できるだけこぢんまり付けるのがコツだ。

釣り方

この釣りの魅力は何といっても、難敵相手に“してやったり”という喜びを味わえることだろう。ハリ掛かりさせる

1-7 カワハギポイント［平根］

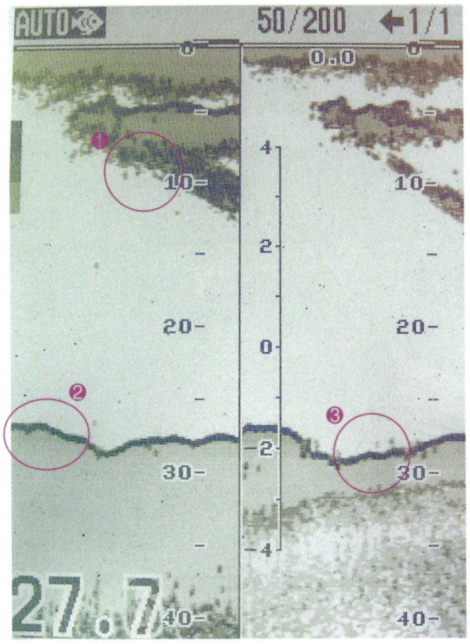

水深30メートル弱に広がる平根と砂地が混在するカワハギの好ポイント

❶イワシらしき魚群反応
❷高さに比べて横方向が大きく、全体として平べったく見える岩礁帯を“平根”と呼ぶ。スキューバダイビングの経験からすると、カワハギは、尖った高根よりも、平根の方を好んで集まることを確認している

❸ちょうどこの辺りは平根と平根の間にある隙間のような砂地。よく見ると魚の反応が映っているが、これが本命のカワハギなのか、それとも定番外道のキタマクラやササノハベラなのか、定かではない。とにかくこのような反応を見つけたら、急いで仕掛けを投入してみよう

1-8 カワハギポイント［根際］

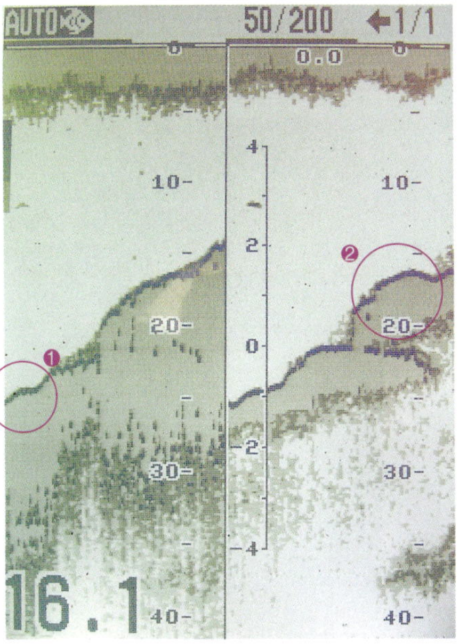

砂地に点在する小さな根のひとつ

❶カワハギの数釣りを楽しめたのは、根を上り始める手前のこの辺りだった
❷根の頂上付近には、スズメダイの魚群反応がまるで根の一部であるかのように濃い反応として表現されている

ことが難しいものの、掛かれば「カンカンカン」と伝わる金属的な引き味は格別で、この感触を味わいたくてカワハギ病に掛かってしまったボート釣り師も多い。

釣法は大きく分けると以下の3通りとなる。

1.　聞き釣り

サオ先の変化を注視しつつ、仕掛けの長さの半分くらいを誘い上げたり、誘い下げたりして、ときどき聞き上げて合わせる。

2.　タタキ釣り

オモリを底に着けたまま、イトを緩めたり張ったりして、5回ほど仕掛けを小刻みに揺さぶる。その後、ゆっくりと聞き上げる。

3.　たるませ釣り

集魚板や中オモリを使って、仕掛けを海底に這わせる。その後、ゆっくりと聞き上げる。

ただし、上記のうち1通りのみを一日中続けるのではなく、状況に応じて変化させていく必要がある。潮流や水温、潮色によって、サカナのタナや活性は変わるので、素早くそれらに対応した釣法を選択していく必要がある。上手な人ほどその状況に合った釣法をいち早く見つけ、どんどん釣果に差をつけていく。中には3通りをミックスしたような釣法で実績を上げている人もいて、そのあたりが場数を踏んだベテランとのウデの差となる。

それぞれの釣法に合致した仕掛けもあるが、それらは専門書に譲るとして、最後にボートフィッシングにおけるカワハギ釣りの工夫例について少しばかり紹介しよう。

●工夫1　ハリ数を多くする

エサ取り名人を相手にするだけに、ハリ数を多くすることで、手返しの頻度を抑える。

●工夫2　ハリスを短くする

小さなアタリを的確にキャッチするため、ハリスをさらに1センチ程度にまで短くする。

●工夫3　仕掛けをもう1セットスタンバイしておく

エサを付けた仕掛けをもう1セットスタンバイしておき、手返しのたびごとに仕掛け全体を付け替えることで手返し時間を短縮できる。

●工夫4　アサリ以外のエサの使用

一般的にエサには新鮮なアサリが使われるが、アサリにこだわる必要はない。魚屋で入手できる生の貝類であればほとんどが使用可能で、ハリへの付けやすさ、エサ持ちの良さなどを基準に、いろいろ試してみると楽しい。また、釣具店に真空パックで売られているバイオワームを小さく切ったものでも十分通用するので、釣行時に予備としてカバンに忍ばせておくと重宝する。

最後に注意点を1つ・・・

カワハギは釣り人を熱くさせるターゲットの筆頭で、ゲーム性も高く楽しい。しかし、ついつい熱くなり過ぎて全神経をサオの穂先に集中すると、周りが見えなくなる恐れがある。ボートフィッシングでは他船が接近してこないか？天候や海況が変化する恐れがないか？常に見張りの励行をお忘れなく。

図-3　カワハギのタックル

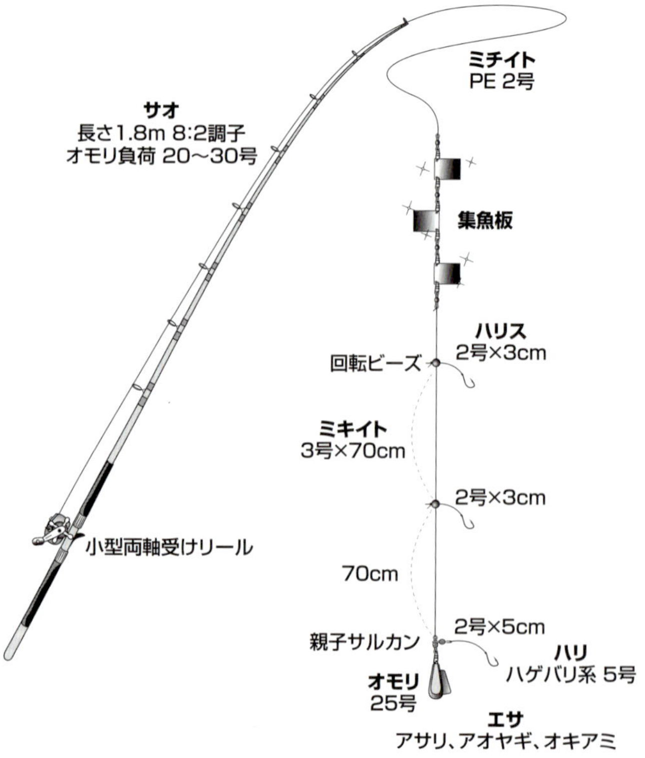

アジ

魚探を使った釣りが満喫できる回遊魚

**アジはとても種類が多いが、
釣りの世界で“アジ”といえば
一般的にマアジのことを指す。
津軽海峡以南から東南アジア全域まで生息する
温帯性の魚で、沿岸にも回遊する。
沖釣りだけでなく、陸っぱりの釣り師からも人気が高い魚だ。
アジ(鯵)の名の由来には諸説あるが、
ズバリ味がいいから“アジ”と説く人もいるくらい
旨いことでも知られていて、
日本人の庶民の魚料理として古くから親しまれている。
一年中釣れる魚だが、ボートで狙うのであれば、
水温が高い夏から秋にかけての活性が高い時期が
ベストシーズンとなる。**

アジの生息場所とポイントの選定法

アジはゼイゴと呼ばれる硬いウロコが尾ビレから体側に伸びているのが特徴で、体色は黄色っぽいものや黒っぽいものなど様々だ。黄色っぽいものは成長過程における北上・南下の回遊途中で瀬の周りに住み着いたもので、黒っぽいものは外洋や深場に多くいる。

釣りの対象となるのは体長10センチから40センチが主体だが、中には50センチを超える大アジもいて、釣り人の憧れのターゲットとなっている。

アジは大きな群れを作って行動する魚なので、魚探にも魚群の反応が映りやすい。魚探反応と海底地形の両方から、ポイント探しの醍醐味を堪能できるターゲットのひとつだ。

魚探を使うにあたっては、まず、海中の岩礁地帯を探すことから始める。一言で岩礁帯といっても、平べったいいわゆる“平根”もあれば、高くそびえ立ついわゆる“高根”もあるが、アジが好むのは後者の高根。特に潮通しの良い高根が好ポイントとなる。このような場所には、動物性プランクトンが多く集まり、それを目当てにアジも群れで集まる。ダイビングで観察した範囲では、小アジほど大きな群れを作る傾向があるようだ。

魚探画面1-9、1-10、1-11は、どれもアジが実際に釣れた数分後に撮影した画像である。表示モードは2周波併記の状態で、画面左が周波数50キロヘルツ、右が200キロヘルツでの表示となっている。

魚探画面1-9は、水深30メートルの岩礁帯にあるこんもりと5メートルほど盛り上がった高根で、潮通しの良いポイント。そのため、多くの種類の魚が集まっている。このポイントでコマセを使わずに魚皮サビキの仕掛けを投入したところ、マルソウダ、イサキ、マアジ、サクラダイ、スズメダイなど多くの魚が釣れた。

それらの魚種はそれぞれに固有のタナがあり、魚探画面に映る水深20メートル付近が中アジ(25センチ級)で、25メートル付近の淡い反応がサクラダイの反応であることが実釣でも確認できた。また、水深10メートル付近を回遊するのはマルソウダで、約5分ごとに群れが回遊してきた。

このような場所でアジだけを効率よく釣り上げるには、コマセカゴを海底まで沈めないのが鉄則だ。また、仕掛けの落下途中でマルソウダに食われないように、コマセカゴの口を絞り気味に調整しておかなければならない。

魚探画面1-10には、水深20メートル付近にアジの魚群反応が映っている。この反応の正体は15センチメートル

1-9 アジの反応

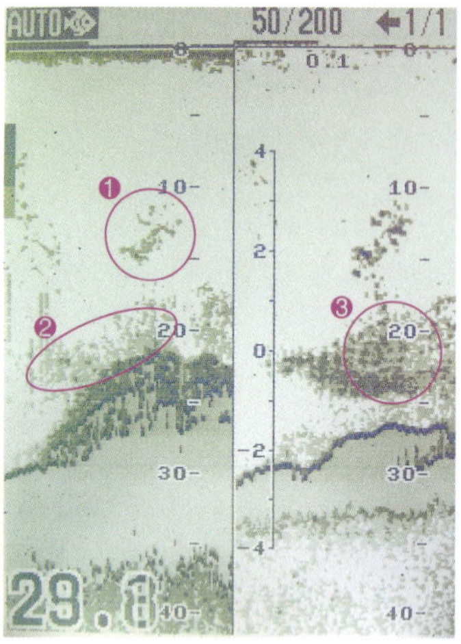

❶水深10メートル付近を回遊するのはマルソウダ。仕掛けの落下途中で食われないようにするためには、コマセカゴの口を絞り気味に調整しておく必要がある
❷潮通しの良い岩礁帯には様々な魚が集まる。このポイントでは魚皮サビキの仕掛けにより、マルソウダ、マアジ、イサキ、ネンブツダイ、サクラダイ、スズメダイ、オキメバルなどの魚が釣れた
❸水深20メートル付近が25センチ級の中アジで、25メートル付近の淡い反応がサクラダイ。このような場所でアジだけを効率よく釣り上げるには、コマセカゴを海底まで沈めないのが鉄則だ

1-10 アジの反応

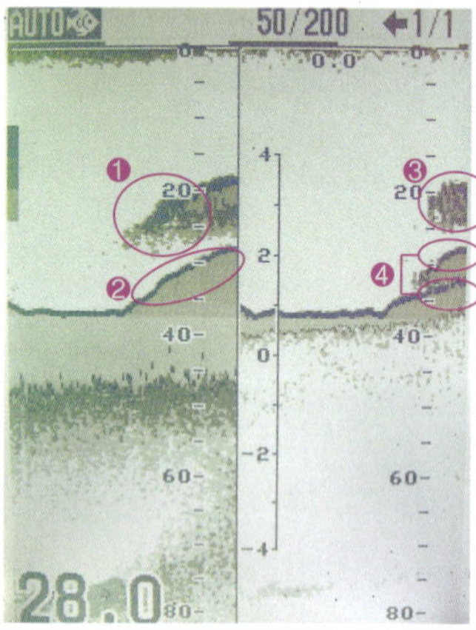

❶この魚群反応は15センチほどの小アジ。早朝の約2時間、この場所に群れがとどまっていた。このような状況の時は、流し釣りよりもアンカリングしての掛かり釣りの方が、効率よくアジを釣り上げることができる
❷周波数50キロヘルツでは、200キロヘルツよりも広範囲の情報をキャッチして画面に表現するので、指向角度範囲内の細かな凹凸情報は表現されにくくなる
❸小アジを釣りつつ、ヒラメやカンパチを狙う格好のポイント
❹映し出された高根の頂上付近が、このように二重に表現されることがある。実際にボートから仕掛け（オモリ）を垂らすことで、頂上付近の複雑な形状をある程度知ることが可能になる

1-11 アジの反応［低活性時］

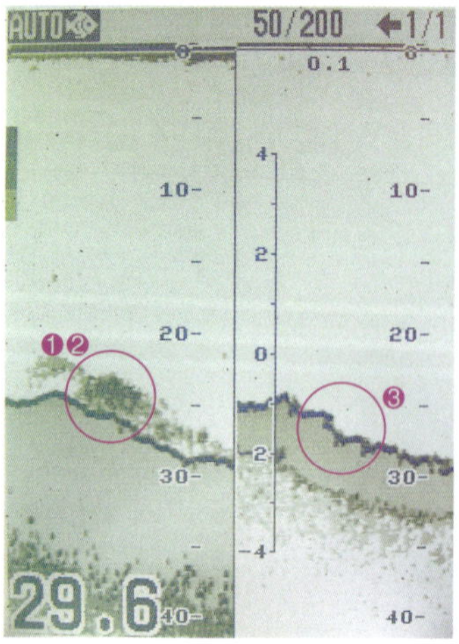

これは、水温低下や底潮が動かないことに起因する低活性時のアジの反応。サビキ仕掛けでは釣ることができず、マダイ狙い用のロングハリス仕掛けでようやく2尾を釣り上げた

❶高根の頂上付近ではなく、一段下がったような場所に集まり、ジッとしている
❷周波数50キロヘルツでは、アジの魚群反応が映っている
❸周波数200キロヘルツでは、アジの反応が映っていない。群れが小さく集まり、200キロヘルツの細い照射角ではアジをキャッチできなかったのかも知れない

ほどの小アジ。早朝の約2時間、この場所にアンカリングしていた漁師が手釣りで、ひっきりなしに小アジを釣り上げていた。このように高根の頂上付近にアジが固まっている時は、流し釣りよりもアンカリングしての掛かり釣りが操船の手間もないので効率よくアジを釣り上げることができる。また、このようなポイントは、小アジを求めてヒラメやカンパチなどのフィッシュイーターが姿を現す場所なので、大物を狙ってみるのも一手である。

魚探画面1-11は、水温低下や底潮が動かないことが原因と考えられるアジの低活性時の反応だ。サビキ仕掛けでは釣ることができず、マダイ狙い用のロングハリス仕掛けでようやく2尾を釣り上げた。魚探画面1-9、1-10に映るアジの反応が高根の頂上付近なのにたいして、魚探画面1-11では、高根の頂上から一段下がったような場所に集まり、ジッとしている。また、周波数200キロヘルツの画面にはアジの反応が映っていないことから、群れが小さく集まっていることが想像できる。

タックル&仕掛け

アジ釣りは、サビキ釣りとビシ釣りに二分され、それぞれにメリット、デメリットがある。簡単に分けてしまうとすれば、サビキ釣りは主に中小アジを狙うとき、ビシ釣りは中大アジを狙うときに適している。ここでは、誰でも気軽に楽しめるサビキ釣りを中心に紹介していくことにする。

●サオ

サオは、7：3または6：4調子でオモリ負荷30～50号のサオが適している。長さは、狭いボート内でも扱いやすい2.1メートル前後のサオが無難だろう。また、ハリがたくさん付いた仕掛けを扱うので、ビギナーはインナーロッドを使用するのがライントラブルも少なくてお勧めできる。

●リール

リールは両軸タイプが一般的で、PEラインの3号を200メートル程度巻けるサイズのものが適している。“電動”でも“手巻き”でも構わないが、サオを上下に動かしたりしてサビキ仕掛けに動きを与える釣りなので、リールは軽めのものが適している。

●仕掛け

仕掛けは、市販品を使うのが一番手っ取り早くて確実だろう。サビキ仕掛けは、擬似エサバリをドウヅキ仕掛けでたくさん付けたもので、擬似エサには魚皮などの天然素材から人工的な化学素材を使ったものまで実に様々なタイプが

ある。釣り場、天候、水深、潮色などによってもアジの好みが変わるので、万能といえるものはないが、選定にあたっては天然素材と人工素材のそれぞれについて、ハリスの太さが異なる2種類ずつ合計4セットを選んでおけばよいだろう。その際、仕掛けの全長は使用するサオの長さに近いものにして、ハリ数も6本程度のものが狭いボート上においても扱いやすくてお勧めできる。

アジの魚影が濃く、活性が高い状況の場合、魚探に映し出された反応めがけて仕掛けを投入すれば、コマセを使用しなくてもヒットする可能性がある。しかしながら、海域によってはコマセなしだと見向きもされないケースが少なくない。そのような状況下では、コマセを使った釣りになるが、海域によって定められたサイズのコマセカゴを使用する必要があるので事前に調査し、ルールに従わなければならない。コマセには冷凍アミエビを使うのが一般的で、ブロックを海水で溶かし、ザルで水気を切って使うようにする。

釣り方

アミエビをコマセカゴに充填したら、オモリ側からサビキ仕掛けをゆっくり沈める。オモリが着底したら、リールを巻き、イトフケを取りつつ、海底から3メートルほどの高さにオモリを浮かせる。その位置でサオ先を上下に動かし、コマセカゴの中からアミエビを振り出してアタリを待つ。

30秒ほど待ってもアタリが来なければ、再びコマセを振り出し、アタリを待つ。この動作を5回ほど繰り返すと、コマセカゴの中身は空っぽになるので、リールを巻いて仕掛けを回収し、コマセカゴにアミエビを充填する。このあと、再び仕掛けを投入する。

アジのアタリは、「ガクガクッ」といった感じでサオ先に明確に伝わる。向こう合わせで掛かるので、こちらで合せる必要はない。効率よく釣るためには、一回の投入で複数のハリに食わせる必要があり、アタリがあっても、仕掛けを上げずにしばらく放っておくことが必要となる。

アジ釣りは、慣れてくると何尾のアジが掛かったかわかるようになるともいわれている。とにかく、最初のアタリだけでリールを巻きとらず、そのままの位置で次なるアタリを待つのが基本だ。ただし、あまり待ちすぎると、ハリ掛かりした穴が大きくなって、バラシの原因にもなるので、ほどほどのところで巻き上げるようにする。アジは口が弱い魚なので、無理せず、引きに合せてゆっくり巻き上げる。

アジを効率よく釣るには、タナを外さないことが重要になる。コマセカゴを海底まで沈めてしまうと海底付近に居る別の魚がコマセにつられて上ずり、サビキ仕掛けを食ってしまうため、1尾釣り上げて食いタナを把握したら、次の投入からタナ取りは海面から行う。活性の高いアジを上へ上へと誘導し、海底付近にいる別の魚と切り離すことを意識し、コマセカゴを前回釣り上げたタナよりも下げないようにするのがコツだ。

サビキ釣りは仕掛けに鈴なりに魚が掛かるのが醍醐味だが、釣り過ぎにはくれぐれも注意する。食べる分だけ釣ったら、他の釣りに変更しよう。

●「プラスアルファ」の釣り

サビキ仕掛けでアジを釣る一方で、そのアジを生きエサ仕掛けにつけて泳がせるとカンパチやヒラメといったフィッシュイーターに出合うチャンスがある。このような場合、サオは2.4メートル前後の胴調子で、オモリ負荷80号前後のものが適している。サビキ仕掛けで釣れたタナよりも、少しだけ下げた位置にアジを泳がせて、アタリを待つ。オデコ覚悟の釣りだが、掛かれば大物間違いなしなので、置きザオを1本出しておいても損はないだろう。

図-4 アジのタックル

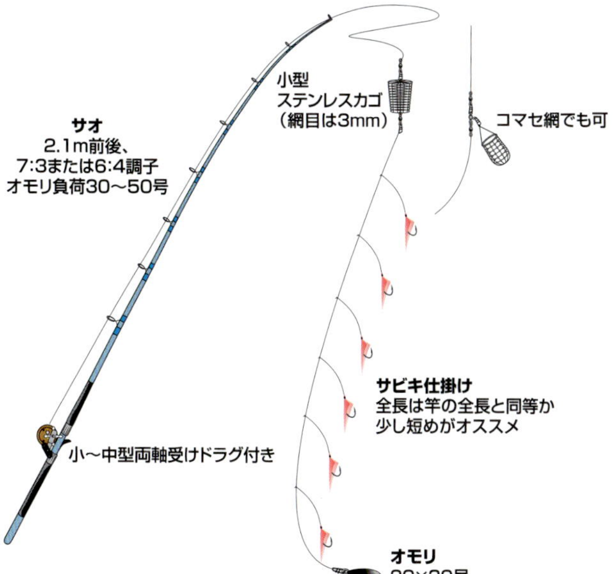

サビキの使い分け

●小〜中アジ	3×1.5号	ハリス長5〜8cm
●中アジ〜サバ	4×2号	ハリス長8〜12cm
●サバ、イナダが多いとき	5×3号	ハリス長12〜25cm

メバル

仕掛けも釣法もさまざまな人気魚

**メバルは全国的に広く分布しているカサゴ科の魚である。
漢字では”目張”と書き、文字通り目が大きい魚として有名だ。
もっとも浅い場所に生息するのがクロメバル。
全体的に黒っぽい体色なので、その名が付けられた。
ただし実際には、体色が金色のものや、
銀色、灰色などもいる。
このクロメバルよりも水深が深いところに生息するのが、
トゴットメバルやオキメバルなど、
赤みがかった体色のメバルだ。
メバルには他にも多くの種類が存在するが、
釣り人が狙うのは主に前述の3種
(クロメバル、トゴットメバル、オキメバル)ということになる。**

生息場所とポイントの選定

メバルは1年中狙える魚だが、冬から春が盛期となる。ポイントは水深5～40メートルくらいの範囲の岩礁帯、捨て石周り、カジメ(海藻)林が狙い目だ。スキューバダイビングで観察したところ、メバルは10尾程度で群れを形成し、決して回遊することなく、海底から2メートルくらいの範囲に浮び、じっとしていた。また、魚体を斜め上方へ傾けた状態で静止し、上からエサが落ちてくるのを待っているかのようにも見えた。

ポイント選びは、魚群探知機の画面に映る海底の凹凸が険しい場所を探すことから始める。クロメバルが生息する水深は浅いので、海岸線が磯となっている場所のすぐ沖を魚探で探っていくのが、最も簡単な方法だ。

海岸の磯場から魚探を見ながら沖へ向かってボートを進め、岩礁帯から砂地へ切り替わる付近が狙い目となる。水深でいえば約20メートル付近。カジメなどの海藻が生えているような場所がメバルの寄り場となっている。

魚探画面1-12、1-13はどちらも2周波併記モードの状態を撮影した画像である。画面左が周波数50キロヘルツ、右が200キロヘルツでの表示となっている。

魚探画面1-12は、春先にメバルを釣った実績ポイント付近で撮影した画像。海岸から続いた岩礁帯の端部で、砂地へ切り替わる境目となっている。超音波の指向角が小さな200キロヘルツだと自船直下の様子を詳しく観察できるので、岩礁と砂地の境目付近に海藻が生えていることが魚探画面からも確認できる。このような場所がメバルの好ポイント。メバル自体の反応が魚探に映らない場合であっても、仕掛けを投入する価値がある。ちなみに、警戒したメバルが海藻の中に身を隠す行動は、ダイビング中に何度も確認したことがあった。

魚探画面1-13も実績ポイント付近で撮影した画像だ。海底から1～2メートル上に小さく映っているのがメバルの反応。海に濁りが入る前の春先には、水深が10メートル前後の浅場なら、箱メガネでボート上から覗くだけでもメバルの存在を確認することができる日もある。ただし、メバルは目の良い魚で、ボート上から魚体が見えるほど潮が澄んだ日は、残念ながら警戒して、イトの先に付いたエサを食ってくれない場合が多い。

タックル＆仕掛け

マダイやアジを狙っていたら、たまたまメバルが食ってきた、という経験のある人は少なくないだろう。メバルは種類が多く、生息ポイントも広いので、他のターゲットを狙っている際に外道として釣れ上がることがある。とはいえ、専門に狙うとなるとそれなりに難しく、奥が深い釣りであることを実感させられる。

また、水が濁り、曇天で海中が暗い場合には、市販の一般的な魚皮サビキ仕掛けでも簡単に釣れてしまうこともある。メバルは、釣行時のコンディションによって釣果が大きく左右されるのである。

春先に狙うのなら、やはり試したいのは小魚を泳がせて良型を狙う釣法だ。昔からイワシをエサとして泳がせる“イワシメバル釣法”が有名だが、近年、イワシを釣るのが難しくなったこともあり、コウナゴやドジョウなどの生きエサを専門店で事前に入手して使うようになってきた。

●サオ

世の中に出回っているイワシメバルザオを使うのが、釣趣を味わう上でも一番良いのだが、2メートル以上の軟調ザオならなんとか代用できる。調子は5：5または6：4くらいの胴調子が、メバルが生きエサを捕食する際の食い込みが良く、お勧めできる。

●リール

リールは小型両軸タイプが一般的で、PEラインの２号を100メートル程度巻けるサイズのものが適している。常に手持ちでサオを握るので、軽量のものがよい。

●仕掛け

仕掛けに関していえば、根掛かりしやすいポイントを攻めるので一番下の部分にオモリを付けたいわゆるドウヅキ仕掛けとなるが、ミキイトの太さ、ハリスの太さと長さ、エダスの間隔など、使用する仕掛けの構成をいろいろ考えることができる。これが釣果を大きく左右するといっても過言ではない。

釣り方

生きエサのハリ掛けは素早く行なう必要があり、その際も手を十分濡らしてから魚をつかむことが重要だ。これを怠ると手の体温で魚が弱り、水中でアピール度が少ないエサとなってしまう。タナは底から2メートル前後になるように合わせ、時々、メバルの視野からエサを外すようにサオをゆっくり立てて、再び下ろしてアタリを待つ。

アタリは、大きく出る時もあれば、コツコツと小さく出る場合もある。注意しなければならないことは、最初のアタリで合わせてはいけないということ。最初のアタリではメバルがエサをくわえただけであり、この時点での合わせではすっぽ抜けにつながる。

メバルがエサを飲み込んで、サオが大きく曲がり、強い引きが伝わって来た時点で、はじめてサオを立てて軽く合わせる。ハリ掛かり後、あまり慎重にヤリトリし過ぎると、メバルが根に逃げ込んでしまうので、無理しない程度にすみやかに取り込まなければならない。この釣法で掛かってく

1-12 メバルポイント［藻場］

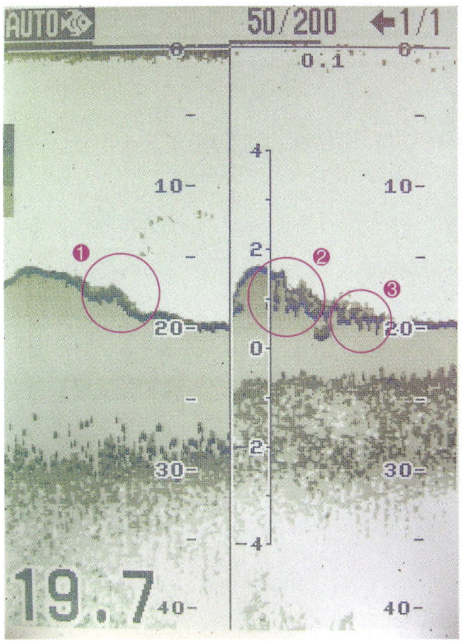

❶海岸から続いた岩礁帯の端部で砂地へ切り替わる境目となっている
❷メバルが海藻の中に身を隠す行動はダイビング中に何度も確認した
❸超音波の発振角が小さな200キロヘルツでは、自船直下の様子を詳しく観察できる。岩礁と砂地の境目付近に海藻が生えていることが、魚探画面からも確認可能だ

※春先にメバルを釣った実績ポイント付近で撮影した画像

1-13 メバル反応

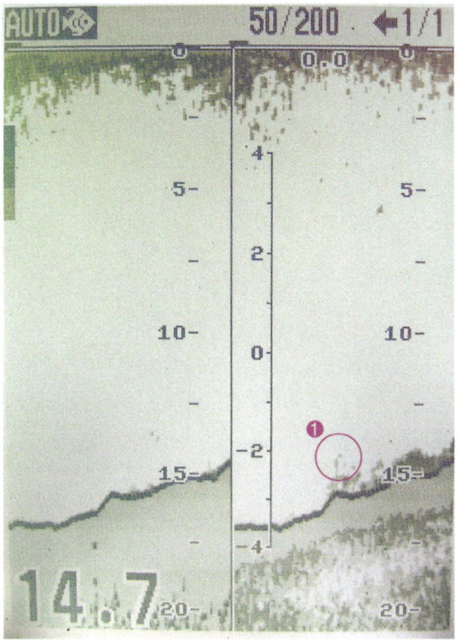

水深が10メートル前後の浅場で潮が澄んだ日であれば、魚探を使わず箱メガネでボート上から見るだけでも、メバルの存在を確認できる場合がある
❶海底から1～2メートル上に小さく映っているのがメバルの反応だ

るメバルは25センチ以上の良型が多く、軟らかいサオでの引き味は格別だ。また、外道としてカサゴがヒットすることもしばしばあり、それも良型主体となるのでこたえられない。

コウナゴを使って狙えるターゲットは他にもいろいろあり、メバルのポイント近くであれば、ヒラメがヒットする可能性がある。また、砂地が近くにあればマゴチもくる。ヒラメもマゴチも浅場において思わぬ大物がヒットする場合もあるので、専門のタックルと仕掛けで狙ったほうが、取り込みの際のバラシも少なくて無難だ。

イワシメバル以外の釣法

小魚を泳がせるイワシメバル釣法以外にも、エビエサを使った“エビメバル釣法”、ソフトルアーを使った“ソフトルアーメバル”、さらにはイソメ類などの“虫エサ”を使った釣法もある。ボート釣りのメリットを生かし、複数の釣法を試してみるのも面白いだろう。そのそれぞれの釣法については釣り雑誌などの専門書に譲るとして、ここではボートフィッシングにおけるメバル釣りの留意点について紹介していこう。

●メバル狙いの留意点

❶「メバルは凪を釣れ」

メバルは目のいい魚であることは前述したが、メバルを狙う上でもうひとつ知ったおきたいこととして、“メバルは凪を釣れ”というものがある。浅場に生息する魚なので海面が荒れているようなときには、その影響からか(?)エサを追わないこともしばしばある。

❷「低水温は不利」

メバルが生息する浅場は、気温の変化に応じて水温が著しく変化するので魚の活性とも深い関わりがある。昨日、釣れた場所なのに今日は全くダメ、ということがあるかもしれないが、そんな時は思い切って少し深場を攻めてみるほうがいいだろう。

❸「静かに釣れ」

メバルは“神経質な魚”といわれていて、水深10メートル以浅のポイントをエンジン付きボートで狙うには、エンジンを回したままの流し釣りよりも、アンカリングしてエンジンを止めて静かに狙ったほうが釣果も上がる。また、仕掛けの投入でも仕掛けを急降下させてしまうと、せっかく近くにいたメバルを驚かせ散らしてしまうケースがあるので注意が必要である。

図-5 メバルのタックル

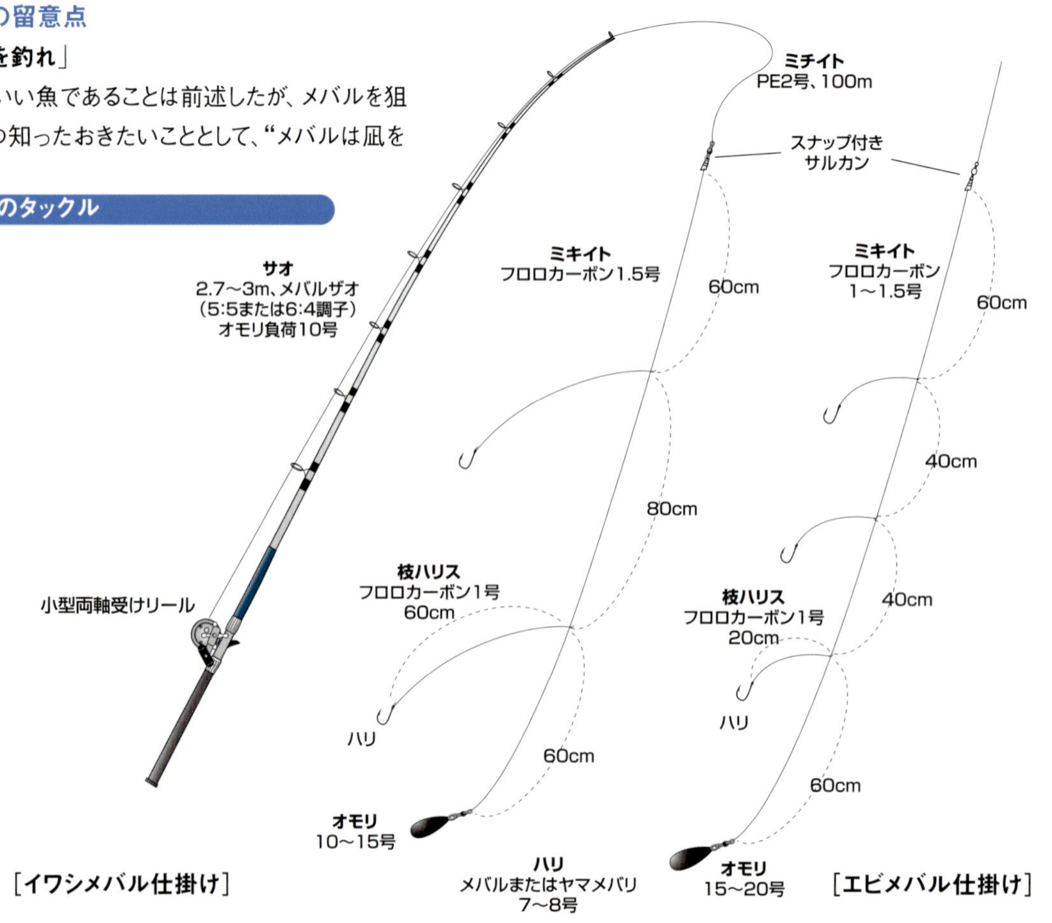

イサキ

タナ取りの判断が勝負の分かれ目

**イサキは、関東地方の南岸から南日本、西日本の沿岸に生息しており、西日本ではイサギと呼ばれている。
スマートな魚体が特徴的で、“魚らしい魚”として釣り人の人気が高い。幼魚の頃ははっきりした縦縞があり、その模様がイノシシの子供に似ていることからウリンボウとも呼ばれている。
イサキの模様は成長するにつれて次第に薄れ、30センチを超える頃には消えてしまう。
釣りの対象となるのは体長20センチくらいから25～40センチが主体だが、ごく稀に50センチを超える大イサキも居て、釣り人の憧れのターゲットとなっている。**

イサキの生息場所とポイントの選定法

イサキは一般的には初夏の釣り物といわれていて、産卵期の6～7月にいわゆる“ノッコミ”のため浅場の岩礁帯や根周りを回遊し始める。この頃が一番釣りやすい時期となるので初夏の釣り物とされているが、一網打尽にしては資源保護の観点から良くないということで、解禁日を設定している海域もある。

また、海域によっては“居着き”と呼ばれ、根にはりついているイサキもいる。通常、産卵期を終えると身が細り、脂の乗りも落ちてしまうが、居着きのイサキにかぎっては周年エサの豊富な場所に居るためか、釣れるイサキは常に脂が乗ったものとなる。

イサキは潮通しのよい場所を好み、険しい岩礁帯の高根を中心に群れをつくる。とはいえ、居着く根と居着かない根がハッキリしており、前述の条件が揃ってもイサキが着かない根も多く、ポイント探しはそれなりに苦労する。一方、イサキが着いている根では、釣っても釣っても、次回の釣行ではまた新たなイサキが寄って来るという印象を受ける。それほど、イサキにとって魅力的な何かがあるのだろう。

小型のイサキは大群で行動し、季節によって生息する水深が異なる。大型になると比較的小さな群れで行動する場合が多い。

回遊する中～小型のイサキは、産卵期となる初夏に水深20メートル前後の浅場に群れるので、ボート釣り師の格好のターゲットとなる。前述した居着きのイサキは、1年を通じてポイントを変えないが、特に大型のものは警戒心も強く、難易度の高いターゲットのひとつとなる。

ポイント探しは、魚群探知機で“高根”を見つけることから始まる。海底地形図があれば、等深線の間隔が狭まっているところが岩礁帯である可能性が高く、等深線が同心円状になっている部分が高根となる。

ただし、海底地形図には高低差が大きな高根しか記載されておらず、必ずしもイサキが好む高根ばかりとはかぎらない。海底地形図に記載されない比較的小さな高根に、イサキが集まる場合も多くある。海底地形図では、釣行ポイントの目星を付ける程度にとどめ、実際には魚探を使って海中を探索し、高根とともにそこに着く魚の反応を見極めなければならない。

魚探画面1-14、1-15はどちらもイサキが実際に釣れた数分後に撮影した画像である。表示モードは2周波併記の状態で、画面左が周波数50キロヘルツ、右が200キロヘルツでの表示となっている。

魚探画面1-14は、水深20メートル付近にイサキの魚群反応が現れている。

左側の画面では、一見、高根の頂点で水深が25メートルのように見えるが、本当は30.5メートルが正解だ。右側画面を見れば、25メートルまで盛り上がっているのが魚群の反応であることが理解できるだろう。ただし、その魚群の正体は、イサキではなくスズメダイとネンブツダイだった（実釣にて確認）。定番外道であるこの2魚種を釣らずに本命のイサキを仕留めるためには、海底からタナ取りするよりも、海面から行うほうが有効だ。これなら、海底付近にいる外道を浮かせなくて済む。また、必要以上にコマセを撒き過ぎるのも、外道をイサキのタナまで上げてしまうことになるので注意が必要となる。イサキを上へ上へ誘導するような釣り方を心掛け、外道から大きく離してしまうのが上手な釣り方だ。

魚探画面1-15は水深40メートルのポイントだが、コマセによってイサキを海底から15メートルくらい上にずらすことに成功したときの画像である。イサキの反応が横に長く連なっているのは、ボートの真下にイサキの群れが足止めされているため。時間とともに左側へ表示がずれていくにつれて、魚探画面上に長く連なって反応が表現されることになる。

このように、イサキの活性が高いとコマセの効果で群れの泳層をコントロールできる。魚探では、その様子が手に取るように分かるのである。

タックル＆仕掛け

●サオ

サオは、7:3または6:4調子でオモリ負荷30号のサオが適している。活性が高い時に手返しよく釣り上げるためと狭いボート内でも扱い易い長さということで、サオの長さは2.1メートル前後が無難である。

●リール

リールは両軸受けタイプが一般的で、PEラインの4号を200メートル程度巻けるサイズのものが適している。“電動”でも“手巻き”でも構わないが、サオに動きを与える釣りとなるのでリールは軽めのものを選ぶ。

●仕掛け

仕掛けは、サビキ仕掛けと片テンビンを使ったビシ仕掛けがあるが、良型狙いでは後者に分がある。サビキ仕掛けの場合には、ミキイトから出すエダスをやや長めにした方が、食いは良くなる。

1-14　イサキ反応

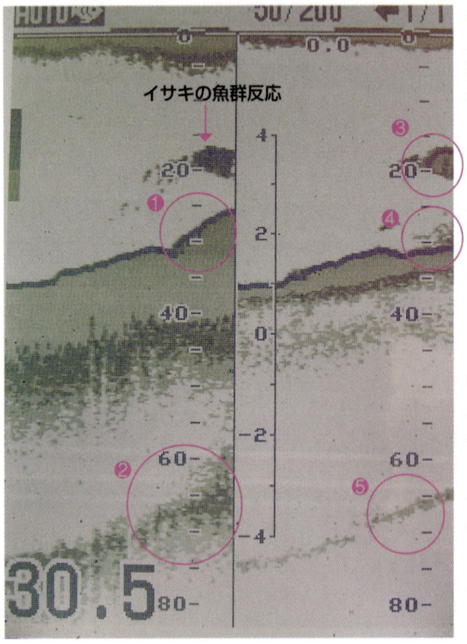

❶高根のように見えるが、実は魚群反応である
❷「二次エコー」と呼ばれるもので、1度海底に当たって戻った音波が海面または船底に当たって反射し、再び海底に届き、その反射を拾って表現されたものだ
❸イサキの魚群反応。下に居る外道の群れと引き離す釣り方を心掛ける
❹スズメダイとネンブツダイの魚群反応

❺「二次エコー」は浅場や海底質が硬い岩礁帯などで発生しやすい現象だ
※イサキは高根の頂上など潮通しの良い場所に好んで集まる

1-15　イサキ反応

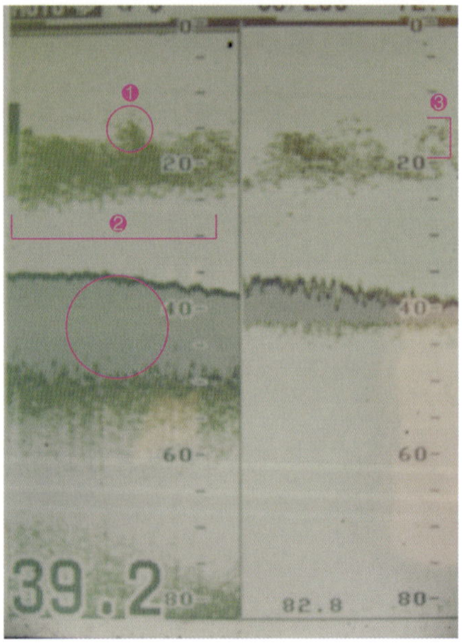

❶魚探に大きな反応として映っている場合でも、その中で活性の高いタナは反応の頂点付近に限られる傾向がある
❷コマセを追ったイサキがボート直下に集まっているため、いつまでも長く続く反応として表現されている
❸イサキの食いタナは、群れの濃さや海底地形にもよるが、その幅は通常5メートルほどの狭い範囲となる

※イサキを効率よく釣るには「タナを外さないこと」。これに尽きる

ビシ仕掛けは、腕長30センチ以上の片テンビンに太さ1ミリ長さ30センチ前後のクッションゴムを付け、その先に2本または3本バリの仕掛けを繋ぐ。目がよく利く魚なので、細いハリスを使用した方が釣果面では有利となる。しかしながら、エサ取りの魚が多い場所では、細ハリスの仕掛けはイトがヨレやすく、仕掛けの消耗が激しくなるので要注意。また、イサキのポイントは外道としてマダイがヒットすることもあるので、細いハリスだと取り込めないリスクを背負うことになることも覚えておこう。

コマセカゴのサイズは、Mサイズまたは L サイズ。使用サイズの制限が設定されている釣り場もあるので事前に調査し、そのサイズに従うようにする。

イサキ釣りの要“タナ取り”

詳しい釣り方は釣り雑誌などの専門書に譲るとして、ここではイサキ釣りで要となるタナ取りについてのみ紹介していこう。

イサキを効率よく釣るために必要なのは、“タナを外さない”こと。これに尽きるだろう。イサキの食いタナは、群れの濃さや海底地形にもよるが、その幅は通常5メートルほどの狭い範囲となる。また、魚探に大きな反応として映っている場合でも、活性の高いタナは、反応の頂点付近に限られる傾向がある。

タナ取りは海面から行う。コマセカゴを海底まで沈めてしまうと、海底付近に居た“エサ取り”といわれる別の魚たちがコマセにつられて上昇してしまい、付けエサまでも食ってしまう可能性がある。初めは魚探に映った反応の一番上あたりにコマセカゴを沈め、反応の正体が何なのか掴むようにする。釣れ上がった魚が本命のイサキだったら、イサキが浮き上がって来るように少しずつタナを上げ、上へ上へと誘導しながら釣る。決してコマセカゴを前回釣り上げたタナよりも下げないようにするのがコツだ。

いずれにしても、流れて行くコマセの中に自然な形で付けエサのハリを漂わせるというコマセ釣りの鉄則に従うことが重要となる。これによって、岩礁に居着くイサキの群れであっても、潮に乗って移動するボートと同じように群れ自体を岩礁から引き離し、ボート下に群れを引き寄せてしまうことが可能となる。ボートがポイント上を外れても、イサキがボートを追って来るようになればしめたもの。効率よく釣ることができるだろう。ただし、あくまでも釣り過ぎには注意しなければならない。

図-6 イサキのタックル

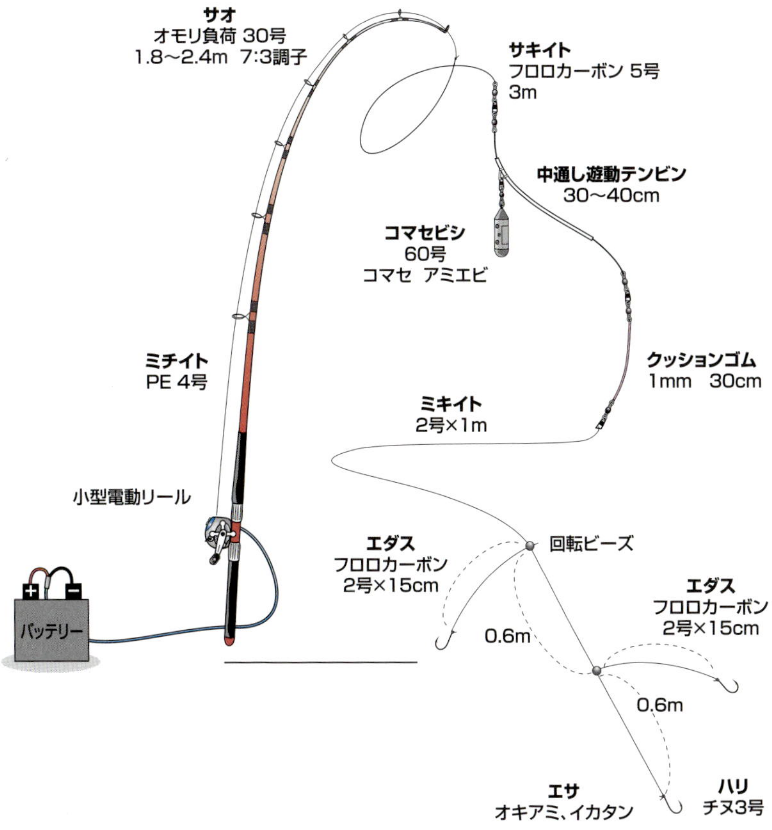

2 中・上級編 ［マダイ、オニカサゴ、マルイカ、アマダイ］

マダイ

「海の王様」といわれる憧れのターゲット

**マダイは北海道南部以南の日本各地に生息し、
大きなものでは100センチメートルにも達する
スズキ目タイ科のサカナである。
古くから日本人に親しまれており、
まさに“サカナの中のサカナ” といえるだろう。
見た目よし、釣ってよし、食べてよしの三拍子が揃った
マダイは、また、年中狙えるターゲットとして
釣り人の間でも絶大な人気を誇っている。**

マダイはこんな魚

マダイは、毎日のように出船している釣り船でさえオデコが続出する難しいターゲットであり、そう簡単に釣れるサカナではない。そんなこともあり、週末しか出船できないマイボートアングラーにとっては、なかなか手を出しづらいターゲットのようだ。

もちろん、ボート釣りでもっともポピュラーなシロギス釣りなどに比べれば、マダイは確かに難しいターゲットかもしれない。だが、それだけに本命を釣ったときの喜びはひとしおで、より大きな充実感、達成感が得られる。

マダイに関しては、古くから各地でさまざまな釣法が確立され、今もなおその多くが受け継がれている。近年、釣り船ではコマセ（撒きエサ）を使ったフカセ釣法が主流となっているが、コマセを使わず1尾のエビだけでマダイと対峙するいわゆる“エビタイ釣法”も魅力があり、根強いファンが多くいる。また、メタルジグを使ったジギングで狙う人も増えてきた。いずれの釣法で狙うにしても、マダイをマイボートで釣る場合、ポイント探しが最も重要な課題となる。

マダイの生息場所とポイントの選定法

マダイの成長は、3年で25センチメートル前後、5年で35センチメートル前後、そして3年が最小成熟年齢といわれている。

成魚の生息域は広く、水深30～150メートルの大陸ダナだが、海底質が泥の場所は好まない。塩分濃度の著しい変化が嫌いなので、汽水域にも決して入らない。そんな習性を頭に入れ、たとえば大きな川が流れ込んでいる場所を避けるといったポイント選びが必要になる。また、一年中狙えるサカナと前述したが、季節ごとに生息場所を変えるため、釣行する時期の生息ポイントを見極められるかどうかが勝負の分かれ目となる。

ポイントは、夏場は水深10～50メートルくらいで、冬場は水深50～150メートルくらい。冬場にマダイを狙おうと思ったら、少なくとも水深100メートル以上の海底を余裕でキャッチできる出力200ワット以上の魚探が必要になる。

小型のマダイは群れで行動することが多いため、魚探で群れの反応を見つけることもできるが、50センチメートル以上の中型ともなると単独で行動することが多く、魚探で反応を見つけるのは難しくなる。そこでポイント探しは、おもに魚探で海底地形を見ながら、生息していそうな場所を選定することになる。

マダイは、基本的には岩礁まわりを好む。ただし、過去のスキューバダイビングの経験では、あまり険しい岩礁帯より、砂地や砂礫帯に小さな根が点在しているような場所、カケアガリやカケサガリなどの連続的な地形が変化する終端付近に生息する傾向があるようだ。このように海底に変化のある場所では、潮流によってプランクトンが溜まりやすく、それを目当てにエビなどの甲殻類が集まってくる。当然、食物連鎖でマダイも集まってくるのだ。

事前に海図でポイントを絞る場合、海底質が“R”(Rock：岩)と記された場所と“S”(Sand：砂)をチェックしておくと効率がよい。ポイントの見当がまったくつかない場合には、前述したような海底地形で、水深50メートル付近を狙ってみよう。マダイはきっと近くに居るはずだ。魚探画面2-1と2-2は、マダイを釣り上げた実績ポイントを、釣り上げたときと同じようにボートを流して撮影した画像だ。水深60メートルの砂地には、高さ8メートルほどの岩礁帯が存在し、その周辺がマダイの好ポイントとなっている。

魚探画面2-1はマダイを釣り上げて3分も経たないうちに撮影した画像で、コマセに寄ったサカナがまだあちらこちらに残っている。海面から20メートルまでの範囲がイワシの魚群の反応で、その下30メートル付近にはサバの魚群反応が出ている。さらにその下の42メートル付近はコマセカゴがあったあたりで、それに集まったサカナたちがまだ右往左往している。そしてさらに、そこから海底付近にかけてこまごまと映っているのが、マダイの反応である。

2-1 マダイ反応

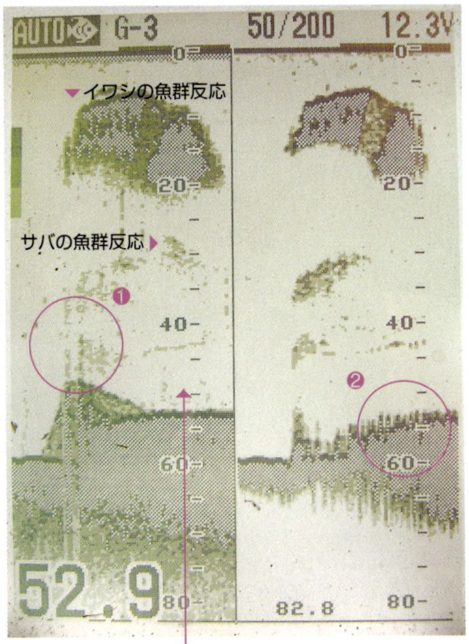

❶42メートル付近はコマセカゴがあった水深。それに集まったサカナたちがまだ右往左往している
❷水深60メートルの砂地には高さ8メートルほどの岩礁帯が存在し、その周辺がマダイの好ポイントとなっている

こまごまと映っているのがマダイの反応。画像にはないが、活性が高い時は、海底付近にいた大型のマダイが捕食のため、急浮上する軌跡が魚探画面上に映し出されることもある。ボート上の釣り人に緊張が走る一瞬だ

2-2 マダイ反応

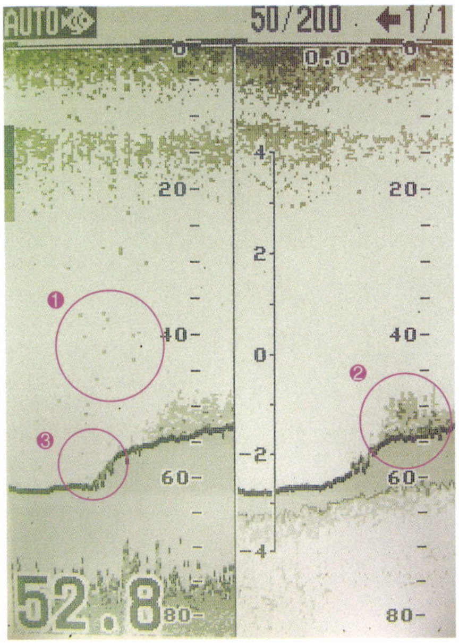

マダイを釣り上げて10分以上経った後に撮影したもの

❶コマセに寄ったサカナも散り、やや大きめのサカナの反応のみがポツリポツリと残っている。このサカナはウマヅラハギであることが実釣にて判明した
❸根に張り付くようにじっとしているネンブツダイの反応

❷たとえ実績ポイントであってもマダイの反応が出ない状況は多々ある。そのような状況下でマダイの好ポイントを探すには、魚探に映し出された海底地形からポイントを選定しなければならない

また画像にはないが、活性が高いときは、海底付近にいる大型のマダイが捕食のために急浮上する軌跡が魚探画面上に映し出されることもあり、そんなときにはボート上の釣り人にも緊張が走る。

魚探画面2-2は、マダイを釣り上げて10分以上経った後に撮影した画像で、コマセに寄ったサカナも散り、魚群反応もなくなってしまっている。最後まで宙層に残っていた反応の正体がウマヅラハギであることを、実釣にて確認した。

このようにマダイの反応が顕著に現れる場合はまれで、そんな状況下でマダイを探すには、魚探に映った海底地形からポイントを選定しなければならない。

魚探画面2-3は、カケサガリのポイントで、水深50メートル付近にはサバの反応が出ている。ここでは晩秋に30センチ前後のマダイが数多く釣れた実績がある。底質は砂で、カケサガリの斜面に単体魚の大きな反応が魚探に映ったこともある。ただし、自分が垂らした仕掛けの付けエサを食ってくれないかと、何度かヤキモキさせられたものの、実際にそのサカナを釣り上げたわけではないため、それが大ダイだったかどうか定かではない。

魚探画面2-4は実際にマダイが掛かり、サオをホルダーにセットして電動リールで巻き上げている真っ最中に撮影した画像である。魚探表示は海底追尾拡大モードを選定している。画面右側は周波数50キロヘルツの画像で、水深35～15メートルにかけて直線的に表示されているのが、リールを巻き上げるにつれて上昇していくコマセカゴの軌跡。そしてその下、約8メートル（クッションゴム＋ハリス分の長さ）のところに映っているのが、ハリ掛かりしたマダイの軌跡だ。また海底から3～8メートル付近に映っているのがマダイの反応である。

画面左側は、海底追尾拡大モードによって海底から約5メートルの範囲を切り取り、画面の上下方向いっぱいに拡大表示している画像。海底から2メートルほど上にマダイの反応が映っているが、前述したように上下方向へ拡大表示している関係で、マダイの反応が上下に長いものとして表示されている。この撮影の数分前まではもっとマダイ反応が出ていたのだが、コマセにつられて少しずつ上ずり、画面上側へ外れていってしまった。

マダイ釣りはとにかく1枚目を釣り上げるまでは、毎回「このポイントに本当にいるのだろうか？」と不安になる

2-3　マダイポイント

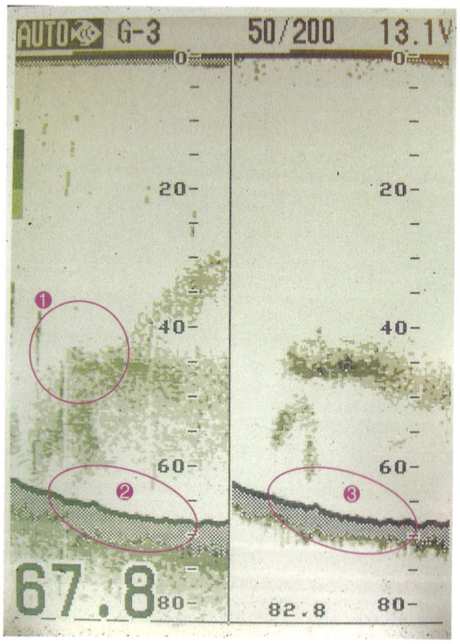

❶ 水深50メートル付近には、サバの反応が出ている
❷ カケサガリで底質は砂だ
❸ カケサガリの斜面には単体魚の大きな反応が魚探に映ることがある。それが大ダイかどうか定かではないが、自分が垂らした仕掛けの付けエサを食ってくれないかとヤキモキさせられた

2-4　マダイ反応

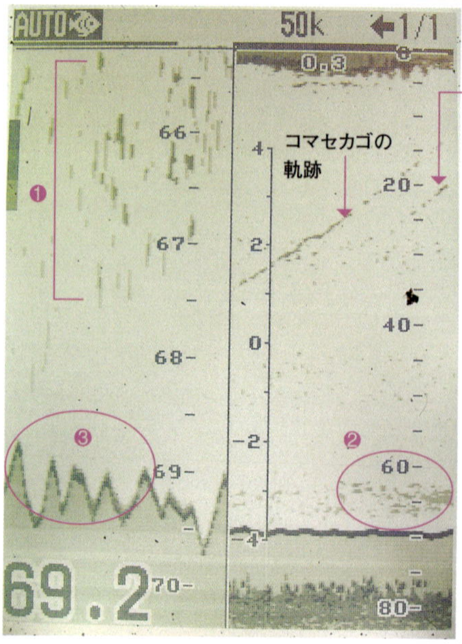

ハリ掛かりしているマダイの軌跡

画面の表示モードを海底追尾拡大モードにしたもので、海底から常に5メートルの範囲を画面上下方向いっぱいまで拡大して表示している
❶ 海底追尾拡大モードによりマダイの反応が縦長の形状となっている
❸ この凸凹はボートの揺れなどによる誤差成分であり、実際の海底形状とは異なっている

❷ この撮影時は、仕掛けを投入してタナ取りし、ハリスが潮に馴染むとマダイからアタリが来る･･･というまさに入れ食い状態だった。海底から2～8メートルの範囲でマダイの魚群反応が映っている

ものだ。ただ、コマセによる効果を出すには焦りは禁物。ここはひとつ自分が選定したポイントを信じ、少なくとも1時間以上、場合によっては2時間以上粘ってみるようにしてほしい。自ら選んだポイントで本命マダイをゲットできれば、喜びもひとしおだ。

マイボートでマダイを狙う場合に必要な船の装備は、釣法やポイントによって異なる。具体的な装備品を紹介する前に、ボートでの代表的な釣法2通りについて、簡単に触れておこう。アンカーでボートを固定したままイトを垂らす“掛かり釣り”と、ボートを流しながらイトを垂らす“流し釣り”だ。

どちらの釣法がマダイ狙いに適しているとは一概にいえないが、装備面から比較すると、アンカーとロープだけの掛かり釣りの方が、より手軽だといえる。一方の流し釣りは、ボートがポイント上を通過するような操船テクニックが必要なため、上級者向きといえる。またスパンカーやデッドスロー装置などの装備も必要になる。

いずれの釣法で狙うにしても、ポイントの選定が釣果を左右するため魚群探知機は欠かせない。さらに手返しをスムーズに行うため、ロッドホルダーもあると便利だ。

図-7 マダイのタックル

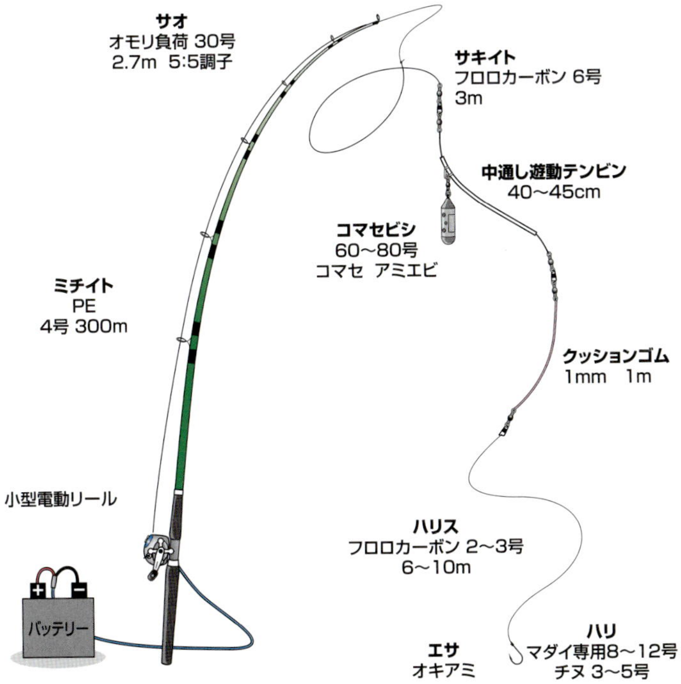

以下の解説では、休日しかボートを漕ぎ出せないホリデーアングラーでもマダイを比較的攻略しやすい、コマセダイ釣法をメインに紹介している。この釣りによる釣果は、コマセカゴから流れ出るコマセの煙幕に、付けエサをいかに同調させられるかにかかっている。

タックル&仕掛け

●サオ

サオは5:5調子で、オモリ負荷30号のサオが適している。長さは、まずは狭いボート内でも扱いやすい2.7メートル前後が無難だが、取り扱いに習熟すれば長いサオのほうが有利だ。ボートの揺れによるコマセカゴの挙動を抑えることができ、マダイに警戒心を与えずにすむ。

●リール

使用するリールは両軸タイプが一般的で、PEラインの4号を300メートル程度巻けるサイズのものが適している。“電動”でも“手巻き”でもどちらでもよいが、サカナの引きに応じて滑らかにスプールが回り始めるドラグ性能がしっかりしたものを用意する。

●仕掛け

仕掛けは、腕長40センチ以上の片テンビンに、太さ1ミリメートル、長さ1メートルのクッションゴムを付け、その先にロングハリスの仕掛けを繋ぐ。他人とのオマツリを心配する必要のないマイボートフィッシングでは、ロングハリスの途中にエダバリを1～2本出すことで、それ自体がコマセの帯を演出する効果も期待できる。

片テンビンに吊るすコマセカゴも、さまざまな種類がある。使用するコマセの種類や量、コマセカゴの大きさ等は、釣り場によってはローカルルールなどで決まっている場合もある。エサを購入するとき、地元の釣具店等で情報を収集しておこう。

釣り方

●タナ取り

魚探で常に水深を確認できるマイボートフィッシングでは、海面からのタナ取りがオススメだ。というのも、コマセカゴを着底させると、その衝撃に驚いたマダイが、警戒して口を使わなくなってしまう可能性があるからだ。

海面からのタナ取りは、いったん狙いのタナよりも5メートルほど下までコマセカゴを降ろし、1～2回に分けてコマセを撒きながら、コマセカゴをタナ上2メートルくらいまで巻き上げるようにする。その位置でコマセを撒いた後、30秒ごとに50センチほど仕掛けを下ろし、アタリがないままタナ下5メートルほどの位置まで沈めたら、リールを巻き上げる。仕掛け回収後は、付けエサをチェックし、コマセカゴにコマセを補充。この一連の動作を繰り返し行う。

魚探画面にマダイらしき反応が出ている場合には、コマセカゴとの距離がわかるので、自分が使っている仕掛けの長さと比べ、上方向の誘いをかけるべきか、下方向の誘いをかけるべきか一目瞭然で、終始緊張した釣りが楽しめる。

●一般的なヤリトリ

タナを取ったあとは、大ダイのヒットに備えて、リールのドラグは、ミチイトがボートの揺れで出ていかないギリギリの状態まで緩めておく。

アタリの出方としては、サオ先を一気に海面まで突き刺すような強烈なものもあれば、初めにコツコツという前兆があってからスーッとサオ先を引き込むパターンなど、いろいろある。大ダイだからといってアタリが強烈とは限らず、サオを起こしてから大ダイだと気づくこともあり、慎重さが要求される。

アタリ直後の引き込みが一番強烈で、ヒキに応じてイトを出してやることで対処する。マダイのヒキは真下に突っ込むだけなので、根に巻きついたりすることもほとんどない。そのため青物と違い、この最初の引き込みさえしのげば、たいていはそれ以降、マダイはだいぶおとなしくなる。それでも巻き上げの途中で2度、3度と引き込む場合もあるので、ドラグはユルユルの状態を維持して対処する。

サカナの動きが止まり、ただ重い状態のときにリールを巻くのだが、ユルユルの状態にセットしたドラグが空回りする場合には、リールのスプールをサミング（親指によって押さえる動作）をしてサオを起こし、次にサオを寝かしながらリールを巻いていく。これを繰り返すことで、次第にサカナが浮かんでくる。

マダイは水圧の変化に弱いので、海面近くになったら大ダイほどポッカリ浮かび上がってくる場合も多くあるが、最後まで気を抜かず慎重にタモ取りしなければならない。

●ボートの操船

海の状況によって上潮が早く流れている場合があり、上潮がボートのトモ側へ流れているときは、ハリスをプロペラに巻き込まないように注意する。特にコマセダイ釣法で使用する長ハリスの場合には注意が必要で、テンビンを回収する少し前になったらエンジンをニュートラルにした方が無難だ。

小さなボートでは、波やウネリによりボートの動きが不規則に変化するので、ハリスを手繰るときには、無理なテンションが掛かった場合にすぐにハリスを送り出せるような握り方をしておく。間違っても、手に巻きつけながら手繰るようなことをしてはいけない。

また、釣り船と違ってマイボートでは、サカナを取り込む際のタモ取りも自らがやらなければならない場合が多い。タモは、手を伸ばせばすぐ届く位置に置いておこう。

マダイ釣りは、“オデコ”覚悟の釣りともいわれており、一日中イトを垂らしても、そう頻繁にアタリが来るものではない。“釣れた”ではなく“釣った”を味わうためには、魚探を駆使して好ポイントを見つけ出し、あとは付けエサのあるタナを常に意識し、海中をイメージしながら釣ることが大切になる。

最後に、マイボートフィッシングにおけるコマセダイ釣法で、マダイが食い渋っている場合の対策についてまとめて紹介しておこう。

食い渋り対策

●コマセカゴを安定させる

長く軟らかなサオを使い、ボートの揺れによるコマセカゴの挙動を抑えることが、マダイに警戒心を与えず有利となる。

●タナ変更

マイボートの場合には、釣り船と違って他人とのタナを合わせる必要がないので、アタリがなかったらタナを大胆に変えてみよう。秋のマダイ釣りでは一般的に海底付近に付けエサが漂うようになどといわれているが、意外なほど上のタナで食ってくることもある。

●ハリスを短くする

ハリスを3ヒロくらいまで短くし、底狙いでコマセの煙幕内に付けエサを同調させ、サオを煽ることで付けエサに動きを与えて誘ってみる。潮が動かず外道からのアタリも少ないなどというときには、アグレッシブに誘いをかけることも大切だ。

●フロートビーズ、シェルビーズの使用

濁りが入っていて水中が暗そうな場合には、ハリスのチモトにビーズ類を付けるのが有効な場合もある。ビーズにはコマセの煙幕と付けエサを同調させる効果もある。ただし、上層、中層でサバやソウダガツオなどのエサ取りが多いときには、使わない方が無難である。

●水中ウキの使用

潮が動かない状態のときや水温低下などで外道すら口を使わないときは、アグレッシブに誘いをかけることも大切になってくる。数年前に流行した水中ウキは、付けエサにトリッキーな動きを与えることで、サカナの食い気を誘う効果があった。反面、釣り船においてはオマツリが多発するため、廃れていったという経緯がある。しかし、他人とのオマツリを心配する必要のないマイボートフィッシングでは、ときに絶大な効果を発揮することが少なくない。状況によっては使ってみる価値がある。

●エダバリの採用

この釣りは1本バリ仕掛けを基本とするが、食い渋りのときなどには、ハリスの先端から1ヒロ付近に15センチほどのエダバリを出す、2本バリ仕掛けも有効だ。ごくまれに上バリにも食ってくることがあるが、もともとは一荷を狙うわけではなく、エサを2個漂わせることにより、マダイの食い気を誘うための、いわばコマセ的な役割を担うもの。ただし風が強い日に使用すると、手前マツリになりやすく、早い手返しの妨げになることもあるので注意しよう。

オニカサゴ

ビギナーでも狙える中深場釣りの高級魚

マイボートでオニカサゴを狙う場合、
ボートは潮に乗せて流しながらイトを垂らす
いわゆる“流し釣り”が適している。
そのため、ボートにはパラシュートアンカーや
スパンカーなどが必要になる。
魚探で目星を付けたポイント付近からゆっくり流し、
広範囲を探りながらオニカサゴが生息するポイントを
探していく、というのが攻略の基本となる。

オニカサゴはこんな魚

標準和名の「イズカサゴ」と「ニセフサカサゴ」の2魚種のことを、沖釣りの世界では「オニカサゴ」と呼んでいる。このオニカサゴは、真っ赤な体色で岩礁の表面にも似てゴツゴツした魚体なのでお世辞にもスマートとはいえない。ところが、味の方は食べた人すべてを魅了するほど絶品。しっかりした繊維質の身は薄造りにしたときの歯応えが格別で、“根魚のフグ”といわれるほど美味しいサカナだ。

成長が遅いうえ、漁業においても獲り難い魚であることから、市場に出回ることが少なく、たとえ水揚げされたとしても高級料亭などに流通されることが多い。街中の魚屋にはめったに並ばない超高級魚。当然のことながら、庶民の食卓に上ることなどまずないため、“幻のサカナ”といわれるほどだ。

ところがこのオニカサゴは、釣り人の間では“幻”などという扱いは決して受けておらず、むしろ中深場釣りの入門ターゲットとしてポピュラーな存在だ。モッタリした見かけからは想像できないような力強い引きも味わえ、釣趣、食味の両面で、ビギナーからベテランまで楽しみ、満足できる人気ターゲットとなっている。

生息場所とポイントの選定

“カサゴ”と聞くと、険しい岩礁帯に生息している、と連想する人が多いかもしれないが、このオニカサゴに関しては険しい岩礁ではなく、水深60～200メートルにおける砂泥や砂礫に点在するバラ根、または穏やかな起伏の海底などに好んで生息している。

回遊魚のように宙層を泳がず、海底を這っているので、魚群探知機でオニカサゴ自体の反応を見つけるのは困難だ。ポイント選定としては、海底地形と底質を見極め、広範囲を探る方法をお勧めする。広範囲とはいえ漠然と探すのではなく、釣行エリアの海底地形図を入手し、事前にポイントの目星をつけておけば、海上であっちこっち走り回るようなムダをなくし、その分釣行時間を有効に使うことができる。

魚探画面2-5は、オニカサゴ（1.2キログラム）が実際に釣れたポイント上を撮影したときの画像だ。水深約90メートルの海底は砂礫帯であり、これといった大きな岩礁もないが、10メートルほどの起伏があることが画像から確認できる。

魚探画面2-6はやや深い実績ポイント（水深170メートル付近）にて撮影した画像。送受波器から発振する周波数を50キロヘルツの単周波に設定し、魚探表示は“海底追尾拡大モード”を選定した。

右半分の画面では海面から海底までを表示するので、中深場のポイントではたとえ海底に起伏や傾斜が存在しても表現しきれずフラットな海底と誤認する恐れがある。このような場合に有効なのが、左半分の画面に表示された海底追尾拡大モード。細かな凹凸は、ボートの揺れによる海底測距の誤差成分が表現されたものであり、実際の海底形状ではない。むしろ、細かな凸凹を包含する大きな起伏、または傾斜に注目する必要がある。

そういった見方をすれば、この画像では右上がりの傾斜をしており、ボート下の海底がわずかながらカケアガリになっていることがわかる。

タックル&仕掛け

●サオ

オニカサゴ用のサオとして大手釣具メーカーから専用ザオが発売されているが、特にそれにこだわる必要はない。7:3調子または8:2調子で、オモリ負荷が80～120号のサオがあればよい。長さは、長時間の手持ちでも持ち重りしない2.3メートル以内が無難だろう。

●リール

両軸リールを使用するのが一般的で、大きさはPEラインの4号を300メートル程度巻けるものを選ぶとよい。“電動リール”と“手巻きリール”のどちらにするかは、釣り場の水深や個人の好みだが、いずれにしても軽量のものを選ぼう。

●ミチイトとサキイト

ミチイトの太さは、PEラインであれば4号でも強度面では十分。ラインが細い分、潮流の影響を受けにくいので軽いオモリでもラインが立ちやすく、釣り船などでオニカサゴを狙う場合に比べて、ライトタックルが使用できるのがうれしい。

サキイトはナイロン製ライン6号くらいのものを、長さ3メートルほどミチイトへ接続する。サキイトの効果は海底付近での根掛りや根ズレによる切断を防止することと、大物が掛かったときのクッション作用。また、外ガイド式のサオにイトが絡むのを予防する効果もある。

●テンビン

テンビンは各種タイプが市販されているが、長くて大きなテンビンは、仕掛けを沈めて行く場合にはイト絡みが少ないのだが、水中では根掛かりが多発する可能性があるため、腕長50センチ前後のものが無難だろう。

テンビン自体にあらかじめオモリが鋳込んであるいわゆる“鋳込みテンビン”が、根掛かりやイト絡みも少なくお勧めできる。また、重さは潮流や水深の状況に合わせて交換できるよう、異なるものを数種類用意するとともに、根掛かりで失うことも考慮して、同重量のオモリを最低でも2個ず

2-5 オニカサゴ反応

過去に何度も1.2キロの良型オニカサゴを釣り上げたことのある実績ポイント付近の撮影画像。海底部分は水深100メートル弱の砂礫帯だ

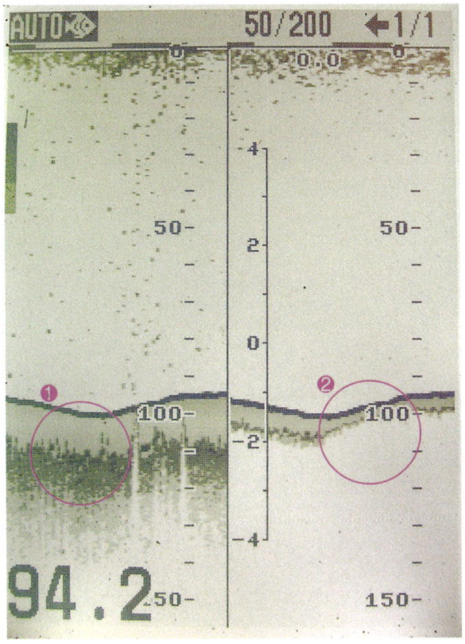

❶海底には高低差10メートルほどの緩やかな起伏があり、オニカサゴの好ポイントとなっている

❷オニカサゴは海底にはって泳いでいるため、魚探を使ってもオニカサゴ自体の反応を見つけるのは困難だ。ポイント探しは、魚探に映し出された海底地形や海底質を読むことで行う

2-6 オニカサゴ反応

オニカサゴは険しい岩礁帯ではなく、水深60から200メートルにおける砂泥や砂礫に点在するバラ根や穏やかな起伏の海底などに好んで生息している

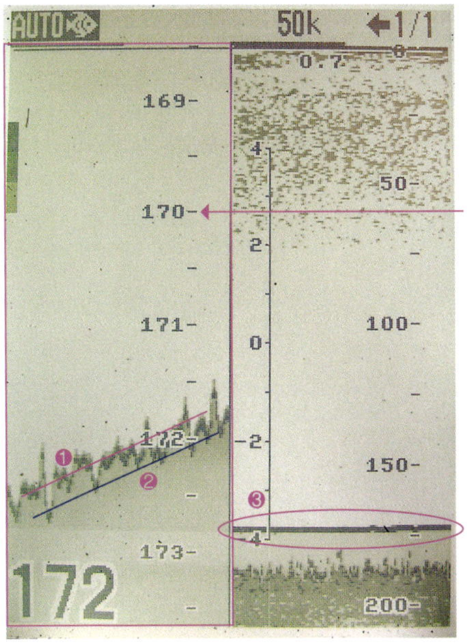

画面の表示モードを海底追尾拡大にしたもの。海底から常に5メートルの範囲を画面上下方向いっぱいまで拡大して表示する

❶この赤線で示したような傾斜が実際の海底にも存在しているはずだ

❷この青色線で指し示した凸凹は、ボートの揺れによる海底測距の誤差成分が表現されたもの。実際の海底形状を表現しているわけではない

❸水深150メートル以上のポイントでは、たとえ海底に起伏があっても画面の表示モードがノーマルのままだと海底起伏や海底付近の魚群反応をとらえることは困難だ。そこで役立つのが海底追尾拡大モードである

つ用意しておいた方が無難だ。

●ハリスとハリ

根掛かりの際に仕掛け全体を失うことのないよう、ミキイト部分はハリス部よりも太くしておく。例えばハリス5号の場合にはミキイト6号、ハリスを4号にしたらミキイトは5号を選ぶ。

ハリは、ムツバリ17～20号を使用する。オニカサゴは口が大きく、エサを一気に飲み込む。ムツバリはハリ先がネムリ状なので口唇にハリ掛かりしやすく、かつ根掛かりしにくいので、オニカサゴ狙いには最適なハリといる。

濁りが入っていて水中が暗そうな場合には、ハリにタコベイトを付けたり、テンビン付近に水中ライトを付けると有効な場合もある。ただし上層、宙層でサバやソウダガツオなどのエサ取りが多いときには使わない方が無難だ。

●エサ

エサは、アナゴやサバの切り身、ヒイカ、イイダコなど。魚介類であれば何にでも食ってくる、といえるほど多彩だ。

アナゴやサバは、幅1～1.5センチメートル、長さ10～15センチメートルほどのタンザクに切ってチョン掛けにする。ハリを刺す位置がタンザクの端の中心線から外れてしまうと、仕掛けを降下させたときエサが回転し、着底する頃にはミキイトやミチイトに絡んでしまうことにもなるため、エサ付けの段階から慎重でなければならない。

サカナの活性が高く、エサ取りの小魚が多い場合は、思い切ってエサを大きめにし、小魚が掛からないようにするのも手だ。外観からもわかるように、オニカサゴの口は大きく、活性が高ければ自分の体長の半分くらいあるものまで丸呑みしてしまうのだ。

釣り方

●タナ取り

海底に這うように生息するオニカサゴの目は常に上を見ており、上からエサが落ちてくるのを待っている。この釣りは、テンビンに付いているオモリで海底を確かめつつ、まめに底立ちを取り、エサがオニカサゴの目の前をヒラヒラするさまをイメージしながら探っていくのがポイントとなる。

時折、ゆっくりサオを立て、誘い掛ける。その時、サオ先を高くかかげたまましばらく静止し、静かに戻すとエサがユラユラと落ちていく。このかすかな落とし込みでも食う確率が高く、油断は禁物だ。

エサを躍らせて誘いかけるのが基本だが、波やウネリの影響を受けやすいボートでは、その上下動が水中に伝わりやすく、オモリや仕掛けがひっきりなしに動いている状態では逆にサカナに警戒心を与えてしまう。対策として釣り人自らがボートの揺れを吸収するようにサオを操ることが必要で、誘った後、かならず数秒の間合いを取って仕掛けを静止させる必要がある。

「ゴツゴツッ」というアタリがあっても、向こう合わせで掛かるので、サオ先をわずかに下げて送り込み、再びアタリがあったらサオ先を引き起こして巻き上げる。大げさなアワセはハリが刺さった穴を広げてしまい、巻き上げ途中でのバラシにも繋がるので逆効果。サオは水平かやや下げたままの状態を維持し、一定のペースで巻き上げてくる。

最後にテンビンを回収し、ハリスをゆるませないように手繰ってくる。取り込みではサカナをそのまま抜き上げるとバラシに繋がるため、必ずタモを使って取り込もう。水圧変化に滅法強いオニカサゴは、取り込み時にバラすとそのまま水中に戻ってしまうからだ。

ボート内に取り込んだ後は、背ビレやエラブタにあるトゲに刺されないよう、下アゴを持ってハリを外す。念のためにハサミでトゲを切り取っておくと安心だ。

生命力が強いサカナなので、イケス内で生かしておき、沖あがり直前にクーラーへ移して持ち帰るとよい。

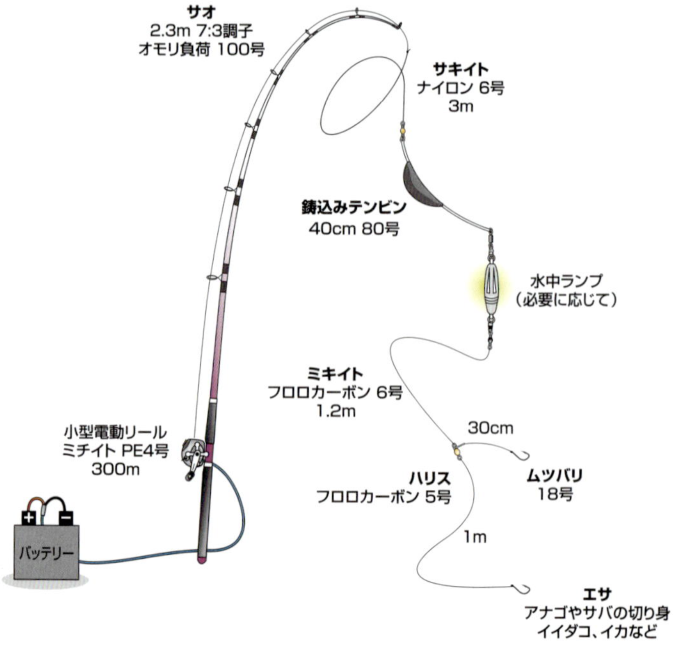

図-8 オニカサゴのタックル

マルイカ
浅場で狙えるイカ釣りの入門ターゲット

“マルイカ”というのは関東地方の釣り人からの愛称で、“ケンサキイカ”が標準和名。小型のものはずんぐり丸みを帯びた体型なのでマルイカと呼ばれているが、他にも地域によってさまざまな呼び名があり、メトイカ、ジンドウイカ、ダルマイカ、シロイカなどと呼ばれている。東日本以南に分布し、比較的浅場で狙えることもあってイカ釣りの入門的な役割も果たしている。甘く、軟らかな身が抜群にうまいことから、近年、人気急上昇のターゲットである。

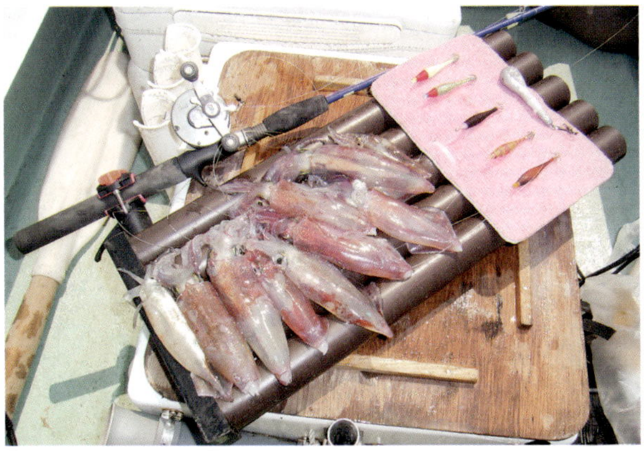

生息場所とポイントの選定

マルイカは、春から秋までの期間が釣期となり、季節の移り変わりに伴う水温の変化とともに生息場所を変えていく。春先は水深80メートル付近で、初夏には水深30メートル付近、盛夏には水深10メートル以内の浅場でも狙えるようになる。

夏場にスキューバダイビングで海中に潜ると、水深20メートル前後の岩礁地帯に大きな群れのマルイカを見つけることができる。砂地においてもマルイカを確認できるが、岩礁地帯で見られるものよりも群れ自体が小規模で、3～4ハイ程度で泳いでいる姿を見かける。少数で行動しているマルイカは、岩礁地帯で群れているものよりも良型であることが多く、個体の大きさと群れの大きさには何かしらの関係があるのかもしれない。

マルイカは小型なものでも肉厚で最高に美味なため、ボート釣りでは、むしろ岩礁地帯に集まる大群を狙うのが、効率よく釣果を上げるという意味でもお勧めできる。

マルイカに限らず、どのイカにも共通しているのだが、イカには浮き袋がないうえ、イカの体そのものが海水の密度に近いため、魚探に反応として映らない場合も多い。ただし、夏の浅場に群れるマルイカの場合は、根周りのアジ、サバ、イワシなどを捕食するためにとどまっていることが多く、ポイントを探し出すのは比較的容易だ。海底の起伏、そして小魚の群れを見つけることで、マルイカのポイントを選定することが可能となる。魚探機能の1つ、海底追尾拡大モードを使うのも有効な一手となるだろう。

魚探画面2-7、2-8、2-9はどれも2周波併記モードの状態を撮影した画像で、左が周波数50キロヘルツ、右が200キロヘルツの表示画面になっている。

魚探画面2-7は、マルイカが実際に釣れた直後に撮影した画像だ。

このポイントから5メートルほど離れた場所で、別のボート釣り師がサビキ仕掛けに小アジを鈴なりに掛けていたので、水深18メートル付近に映る濃い反応はその小アジと考えられる。

私がマルイカを乗せたのは水深30メートル付近なので、高根の際部分に映る淡い反応がマルイカだと想像できる。確認すべく再び高根際に仕掛けを下ろすと、案の定、マルイカが乗ってきた。

このとき上潮が流れていて、ボートはポイント上をすぐに通過してしまったが、潮回りしてポイント上に入ると、マルイカは繰り返し乗ってきた。水中でのマルイカの群れは、一カ所にとどまっていたようだ。

魚探画面2-8もマルイカが実際に釣れた、約3分後に撮

2-7 マルイカ反応

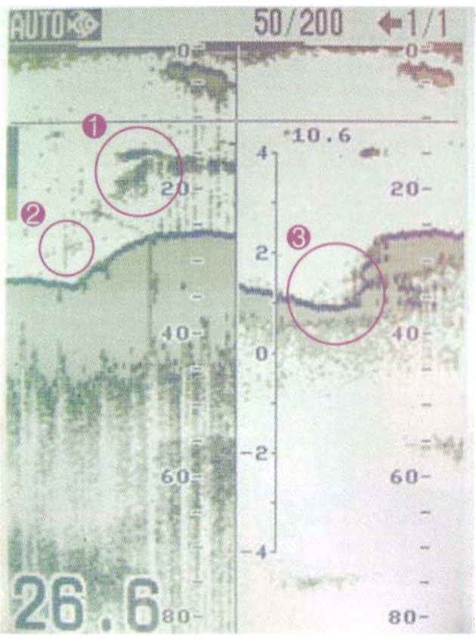

❶小アジの反応。このポイントから5メートルほど離れた場所で、別のボート釣り師がサビキ仕掛けに小アジを鈴なりに掛けていた。水深18メートル付近に映る濃い反応はその小アジと考えられる
❷この辺りに淡く映っているのが、マルイカの反応ではないかと思われる
❸繰り返しマルイカを乗せたのが、水深30メートル付近。高根の際部分の淡い反応が、マルイカと想像できる

夏の浅場に群れるマルイカの場合には、根周りのアジやサバ、イワシなどを捕食するためにとどまっていることが多い。海底起伏、そして小魚の群れを見つけることで、マルイカのポイントを選定できる

2-8 マルイカ反応

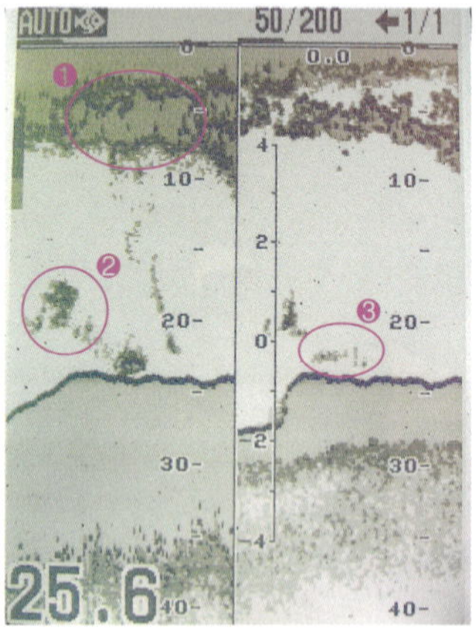

回遊する小魚類の反応。魚種は小アジまたはカマスと思われる。マルイカが実際に釣れた約3分後に撮影した画像。高根の真上にボートを停船し、撮影した画像なので、高根の頂点がフラットに表現されている。小魚類が高根の周辺を回遊していて、反応が現れては消えるという画面表示を繰り返していた。この画像ではマルイカの反応を特定するのが困難だが、回遊する小魚類を目当てにマルイカが待機しているものと想像できる

❶イワシの反応
❷❸回遊する小魚類の反応

2-9 マルイカポイント

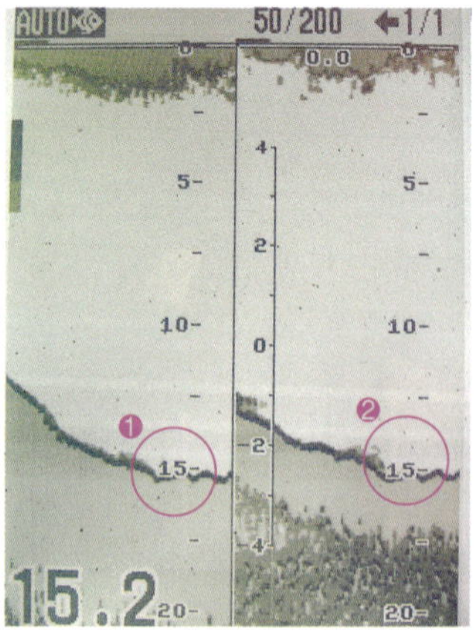

餌木シャクリのアオリイカ狙いで、胴長23センチの良型マルイカがヒットしたポイントの画像

❶数は釣れないが、良型マルイカを揃えるならアオリイカと同様に根際の砂地を餌木シャクリで狙うのもいい
❷根際から広がる砂地には、良型マルイカが回遊してくる。ウキスッテで釣れるマルイカより餌木にヒットするマルイカの方が型はグーンと良くなる。また、季節によってはコウイカ類も交じる楽しいところだ

影した画像。高根の真上にボートを止めて撮影した画像なので、高根の頂点がフラットに表示されている。小魚類が高根の周辺を回遊していて、反応が現れては消えるを繰り返していた。この画像ではマルイカの反応を特定するのは困難だが、マルイカが釣れたことからも、回遊する小魚類を目当てにこの海中のどこかに待機していると想像できる。

魚探画面2-9は、マルイカを狙ったときのものではなく、餌木シャクリでアオリイカを狙っているときにマルイカが掛かったポイント上を撮影した画像だ。水深16メートルに広がる根際の砂地で、単発ではあるが、胴長20センチの良型マルイカがヒットした。連続しては釣れないものの、良型を揃えるならアオリイカと同様に、根際の砂地を餌木シャクリで狙うのもいいようだ。

タックル&仕掛け

●サオ

サオは7:3または6:4調子で、オモリ負荷30号のサオが適している。活性が高いときに手返しよく釣り上げるため、また狭いボート内でも扱いやすい長さということで、長さは2.4メートル前後が無難だろう。現在は外ガイドタイプが主流となってしまい、インナーガイドタイプの流行は去ってしまった感があるが、仕掛けとしてたくさんのスッテを使うマルイカ狙いでは、ガイドやイトへの絡みがなく、効率よく手返しできるという意味でもインナーガイドタイプのサオがよい。特にビギナーにはお勧めできる。

●リール

リールは両軸タイプが一般的で、PEラインの3号を200メートル程度巻けるサイズのものが適している。"電動"でも"手巻き"でもどちらでもよいが、サオを常に動かす釣りとなるため、リールは軽めのものを選ぼう。

●仕掛け

マルイカの仕掛けは、ヤリイカやスルメイカ仕掛けと同様に、複数のツノを同時に使うブランコ仕掛けが標準だ。ただ、エダスが10～15センチメートル前後と比較的長いのが特徴で、ツノも浮力があるウキスッテが適している。

ウキスッテには魚型や紡錘形状のもの、布巻きやストッキング巻きなど、色、形、材質などさまざまなものが市販されており、数多くの種類の中から何を選び、どの順番に並べるかが難しくもあり、逆に楽しいところでもある。初めてでわからなければ"マルイカ用"という市販品を選択するとよい。ただし仕掛けの全長が長いものは慣れないと扱いづ

らいので、思い切って半分の長さに切ると、コンパクトで扱いやすくなる。

釣り方

詳しい釣り方は釣りの専門書に譲るとして、ここではマルイカ釣りの要点だけを簡単に紹介しよう。

釣り方のコツは、ソフトな誘い→ゆっくり乗せる→ゆっくりとリーリング、となる。

ウキスッテが水中でフワフワと揺れるように、常にソフトな誘いを心掛ける必要があるのだ。またときどき誘う手を休め、マルイカにスッテに抱き付く時間を作ってあげることも大切。ただし“スッテ”という擬似エサを、動かすことによって小魚に見立てるので、あまり長く止めすぎると“ニセモノ”だと見破られてしまうから注意しよう。

さっきまで釣れ盛っていたのに次第に釣れなくなったり、魚探に反応が映っているのに釣れない…などという場合には、やはりマルイカがスッテを見切ってしまった可能性がある。そんなときはいったん仕掛けを巻き上げ、イカの視界からスッテを見えなくし、少し時間をおいてから再投入すると有効な場合がある。また、まったく異なる種類や色のスッテに交換してみるのもよいだろう。1日中同じ仕掛けで釣っているのではなく、当日の乗りの具合に合わせていろいろと替えていくことにより、より大きな釣果を上げることが可能になる。

マルイカは足が軟らかくて切れやすいので、ボート釣りにおける注意点としては、掛かってからはゆっくり、慎重に巻き上げる必要がある。とはいえ、ボートの揺れでイトが弛んでしまうようでは、せっかく掛かったマルイカがスッテから外れてしまう。常に一定のテンションを掛けた状態を維持しつつ、慎重に巻き上げることが必要になる。

マルイカの群れは、たいてい一カ所にじっとしているわけでなく、ゆっくり移動していることもあれば、天敵などに襲われてあっという間にいなくなってしまうこともある。少しでも長い間ボートの下に足止めしておくことが、好釣果への絶対条件だ。そのため、同乗者がいる場合には、常に1人の仕掛けは海中に残したままにしておく、という作戦が有効になる。

図-9 マルイカのタックル 春（水深60～80m）

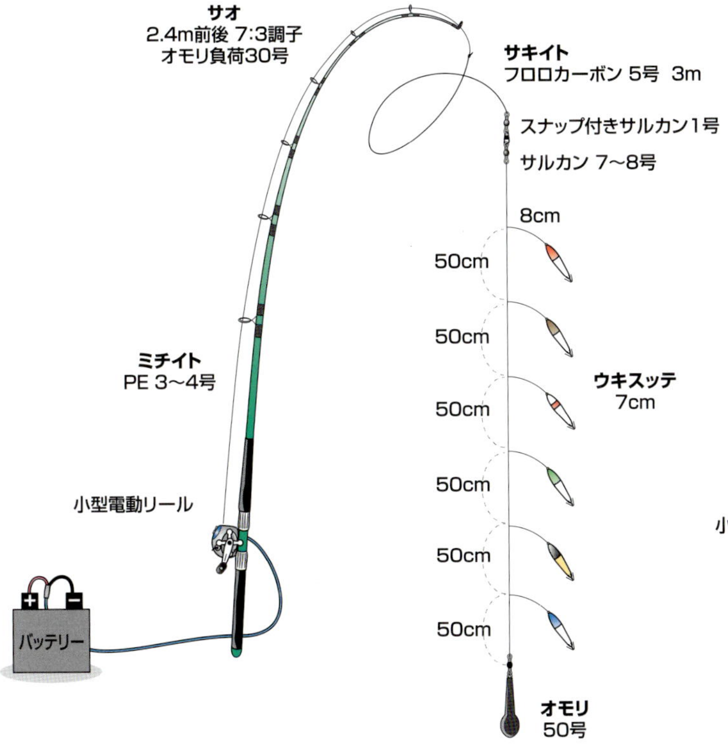

図-10 マルイカのタックル 初夏~盛夏（水深30m付近）

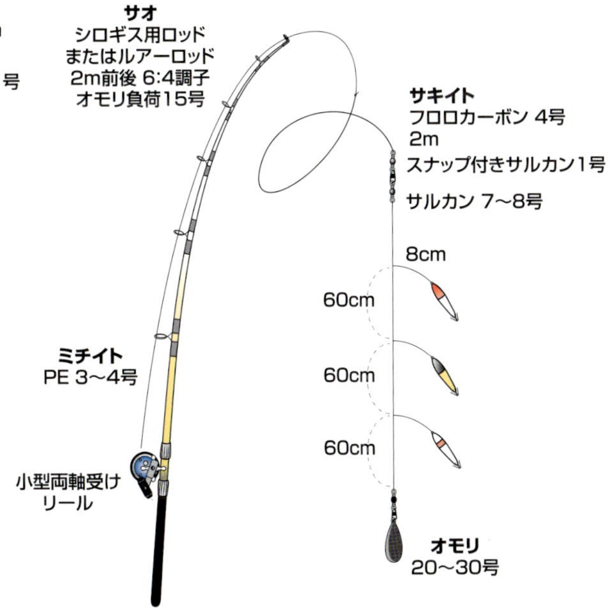

PART3 魚探大研究

アマダイ

顔立ちに特徴があるグルメな高級魚

**アマダイは、関東南岸から西日本、
日本海西部から釜山沖、東シナ海に生息し、
大きなものでは50センチを超え2キロにも達する
スズキ目アマダイ科の魚。
とぼけたような顔立ち、クリッと愛嬌のある目に特徴がある。
食味は甘みがあり、
上品な味わいはグルメをもうならせるほど淡泊。
ボートフィッシングでは、
比較的釣りやすいターゲットとして冬の人気者となっている。**

生息場所とポイントの選定

アマダイには、アカアマダイ、キアマダイ、シロアマダイの3種がある。それぞれ生息する水深や分布数も異なるが、ここでは釣りや料理の世界で一般的にお目にかかることが多く、最もポピュラーなアカアマダイ（以下、アマダイとする）について解説していく。

アマダイは、秋から早春までの期間が釣期で、水深30～150メートルの砂泥地がポイント。砂泥地の巣穴で生息し、巣穴から出て泳ぎ回るとしても、海底から2メートルの範囲までといわれている。泳層が海底に近すぎるため、魚探を使ってもアマダイ自体の反応を見つけるのは困難であり、魚探に映し出された海底地形や海底質を読むことでポイントを探し出すことができる。

魚探画面2-10、2-11、2-12はどれも2周波併記モードの状態を撮影した画像で、画面左が周波数50キロヘルツ、右が200キロヘルツでの表示となっている。魚探画面2-10は、過去に何度も40センチ級の良型アマダイを釣り上げた実績のあるポイント。高低差3メートルほどの緩やかな海底起伏が、顕著に表現されている。このような海底起伏は、底潮の流れに変化を与えるため、プランクトンが集まりやすくそれを求めてアマダイのエサとなる甲殻類も集まり、アマダイの一級ポイントとなる。このポイントでは、本命以外にも、イトヨリダイやクラカケトラギスを釣ったことがあった。

魚探画面2-11は、フラットな水深67メートルの海底にこんもり5メートルほど盛り上がった起伏のあるポイントである。ここでのアマダイは、型がやや小さかったものの数が出て、ヒメコダイやソコイトヨリが外道で釣れた。

魚探画面2-12は、水深62メートルからカケ下がっていく斜面を撮影した画像。この場所も良型アマダイの実績ポイントである。外道にはヒメが数多く釣れたが、画像の水深55メートル付近に映っている魚群反応はヒメではなく、手のひらサイズのキダイ。仕掛け落下時にこの反応が映ると必ずヒットした。

魚探画面から得られる情報としては、海底形状以外に海底質も読み取ることができる。しかしながら、魚探画面2-10、2-11、2-12のように魚探の調整をオートモードにしていると海底質の判断が難しい。そのような時にはマニュアルに切り替え、水深に適合する所望のゲイン調整で海底の尾引きの長さから底質を推測することになるが、そのためには、ある程度の経験を要する。

最も簡単な判定方法は、ボートからオモリを落下させ、オモリが着底する際の衝撃や、イトを巻き上げるときの海底に刺さったオモリが抜ける感触から底質を判断するというもの。原始的ではあるが、一番確実な方法だ。より正確に判定するには、いつも決まった形状のオモリを使うのがよいだろう。

マイボートでアマダイを狙う場合、ボートは潮に乗せて流しながらイトを垂らすいわゆる“流し釣り”が適しており、そのためにはパラシュートアンカーやスパンカーが必要になる。

魚探で目星を付けたポイント付近からゆっくりとボートを流し、広範囲を探りながらアマダイが生息するポイントを探していくことになる。

タックル&仕掛け

●サオ

世の中に出回っている、アマダイ専用ザオを使う必要はまったくない。長さも1.8～2.1メートルの短ザオで十分。かえって狭いボート上でも扱いやすくなる。調子は8：2くらいの先調子がアタリをとりやすくお勧めできる。欲を言えば、掛かってから7：3から6：4へ移行するサオ。これなら申し分なく、魚を掛けてからも安心してヤリトリできる。

●リール

アマダイ狙いでは、高い確率でクラカケトラギスやヒメコダイ等の外道がヒットする。付けエサのチェックに伴う手返しが頻繁に必要になるので、その効率を考えると、小型電動リールがお勧めである。

●テンビン

テンビンは各種タイプが市販されているが、アマダイ仕掛けは長さが短めなので、腕長40センチ前後のもので十分である。あまり長いテンビンを使用すると、誘いの時の水中での動きが悪く、付けエサまで動きが伝わらない原因にもなる。逆に言えば、魚からのアタリもサオ先まで届かなくなる恐れがあるということだ。

アマダイポイントにはトラギスなどの小魚も多く、エサが取られてしまったことに気付かないことがある。エサのないハリをいつまでも水中に放置することのないよう、小さなアタリでもキャッチできる感度とバランスの良いテンビンを選ばなければならない。私の場合は、いつも中通しの遊動式テンビンを使用している。

●エサ

オキアミが一般的だが、エサ取りの小魚が少ない時にはイソメ類などの虫類が威力を発揮することもある。使用するオキアミのサイズは、LLサイズなどできるだけ大きなものを使用する。鴨居沖でのエビシャクリによるマダイ狙いでもときどき大アマダイが釣れるので、一発大物を狙うのなら冷凍エビが有効かもしれない。

●仕掛け

片テンビンに接続する仕掛けは全長2～3メートルで、フロロカーボン3号を使った2本または3本バリで構成する。一番下のハリから80センチ間隔で20センチのエダスを出す。ハリの種類は一般的にはチヌ3～4号が使われるが、私はイサギ13号を使う。イサギハリは強度もあり、柄が長いので口の小さな魚にのみ込まれた際もハリを外しやすくお勧めできる。また、軸が太いので、付けエサを落下させるために

2-10 アマダイ反応

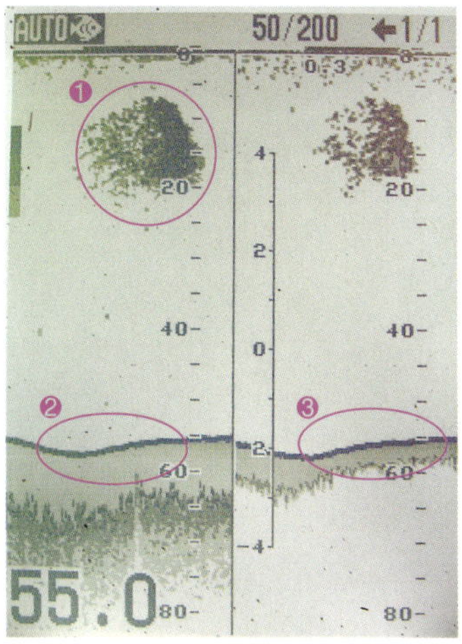

過去に何度も40センチ級の良型アマダイを釣り上げた実績ポイント付近で撮影した画像。水深55メートルの砂地だ

❶イワシの魚群反応
❷海底には高低差3メートルほどの緩やかな起伏があり、アマダイの好ポイントとなっている
❸アマダイは泳層が海底に近すぎるため、魚探を使ってもアマダイ自体の反応を見つけるのは困難だ。ポイント探しは、魚探に映し出された海底地形や海底質を読むことで行う

2-11 アマダイ反応

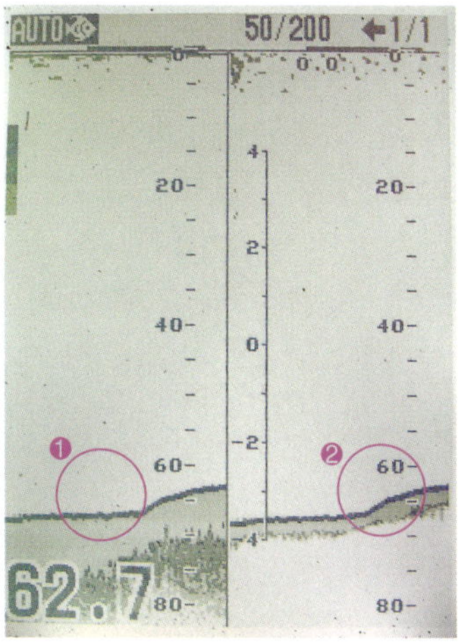

❶このポイントで釣ったアマダイはどれも型が小さかったが、数は出た。また外道にはヒメコダイやソコイトヨリ、ワニゴチなどが釣れた
❷フラットな水深67メートルの海底にこんもり5メートルほど盛り上がった、起伏のあるポイント

2-12 アマダイ反応

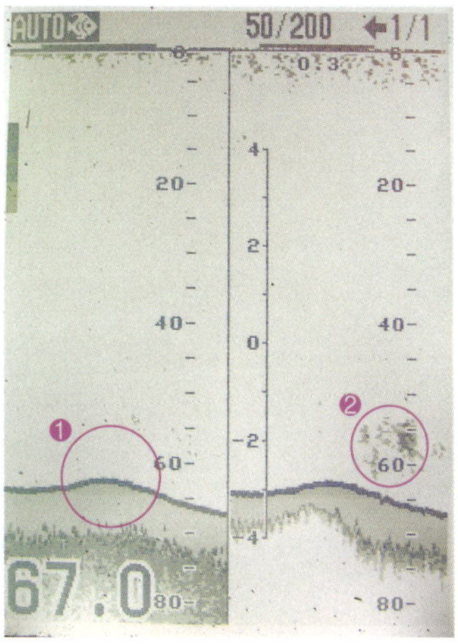

水深62メートルからカケ下がっていく斜面を撮影した画像。この場所も良型アマダイの実績ポイント

❶このようなポイントでは、頻繁な底ダチ取りが必要になる
❷手のひらサイズのキダイの反応

一般的に使われるガン玉が不要。軸の長さもあるので、ハリに結んだイトが弱りにくく、魚の口に掛かったハリを外しやすいメリットなどもある。ハリ数は少なくとも2本。基本は3本バリで、仕掛けの全長はやや長めの2ヒロを基本としている。

釣り方

●タナ取り

エサが海底から2メートルの範囲を漂うようにすればいいので、タナ取りは簡単である。仕掛け投入後にオモリを着底させたら、イトフケを取り、後はボートの揺れ任せ……という釣り方でもある程度の誘いに繋がる。しかしながら、魚の活性が低く、食い渋っているような状況下では、積極的な誘いが功を奏する場合も多々ある。

海底の付けエサをアマダイの目の前でゆっくり落下させることをイメージしながら、シャクリを繰り返し行なっていく。ゆっくりシャクり上げる時にアタリがくることもあれば、シャクったサオをゆっくり下ろす時にアタリがくることもある。

いずれにしてもアタリは明確なので、軽くサオを立て、ハリ掛かりを確実なものとし、焦らずゆっくりとリーリングを開始する。初めのうちは3段引きともいわれる強烈な暴れっぷりを見せるものの、数十メートルもイトを巻き上げれば比較的おとなしくなるので、それほど心配は要らない。水圧の変化で弱ってしまい、最終的には水面にプッカリ浮かび上がることもよくある。ただし、万全を期するためにも、タモを使って確実に取り込まなければならない。

1尾が釣れたらその場所には必ず数尾がかたまっているので、山ダテをきっちり行うか、GPSに記録を残しておくとよいだろう。ただし、アマダイをボート上に取り込んでから山ダテやGPSに記録させたのでは少し遅すぎることを理解しておかなければならない。水深があり、リーリングの最中にもどんどんボートが流れるためだ。掛かった魚がアマダイではなく、外道の可能性も十分に考えられるが、アタリがきた時点でミチイトが海中へ入って行っている方向、角度、水深、そして山ダテを行うほうがよいだろう。

とはいえ、ヤリトリを開始している最中に2方向の山ダテを記憶するのは難しいのが現実だ。その場合には、ボートが流れる方向から判断して変化が大きなほうの山ダテだけを行い、魚を取り込んだ後、より正確に2方向の山ダテするとよいだろう。

山ダテのスケッチは手間が掛かるので、デジタルカメラで山ダテの物標を撮影するとよいだろう。すぐその場で画像を再生できる点が、最大のメリットだ。1尾が釣れた場所付近を徹底的に攻めるのが、釣果アップへの近道であることは間違いない。

もう一点、山ダテとともに海底のオモリの着底感触を憶えておくのもお勧めできる。

砂泥帯であれば、着底時にオモリが海底に潜り込むようにリールをフリーにして仕掛けを落下させる。着底後、イトフケをとる段階でミチイトとサオ先にテンションがかかり、限界を超えた時に潜っていたオモリが海底からズボッと抜け出し、底ダチを切った状態となる。このオモリが抜ける感触がミチイトを伝わってサオ先まで届くので、その感触を憶えておくと、今後の新規ポイント開拓に必ず役立つ。

もう1つの楽しみ方

釣果アップではなく釣趣を味わいたいのであれば、ライトタックルの使用がお勧めだ。マイボートフィッシングでは、他人の仕掛けとオマツリすることがほとんどないため、潮流が許すかぎり軽目のオモリを使用し、サオやリールは釣り船などで使用するモノよりも軽薄短小ないわゆるライトタックルで済ませることが可能となる。ライトタックルは、一日中サオを振っていても疲れにくいのは勿論のこと、魚が掛かった時の引き味を堪能するという点でのメリットが大きく、一度味わうと癖になってしまうほど楽しいものだ。是非一度、試して欲しい釣りである。

図-11 アマダイのタックル

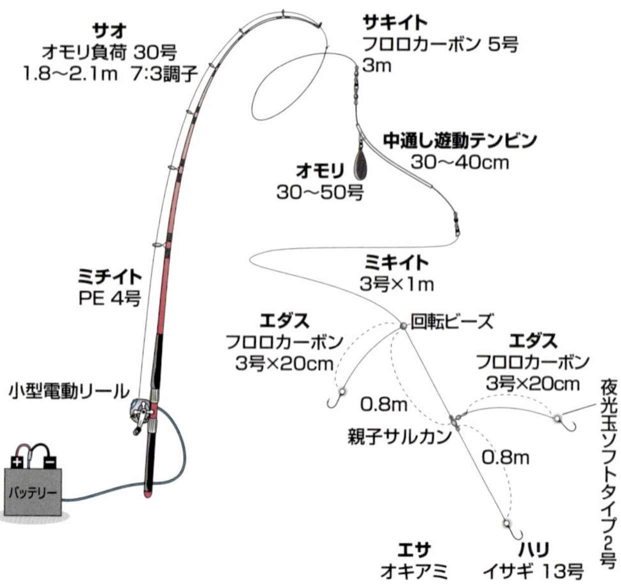

まとめにかえて――魚探を使用するにあたっての注意点

ボートフィッシングにおけるポピュラーな10魚種について、それぞれ魚探画像を交えながらポイント選定方法や釣り方を紹介してきた。繰り返しになるが、どんなに最新の魚探をもってしても魚種を判定するのは難しい。それは魚探が水中カメラ等の光学機器とは異なり、サカナの姿を光としてとらえないためである。魚探画面に映った反応画像はあくまでも水中における密度分布を表現しているに過ぎないからだ。

ところが、魚探画面により密度分布の状況を知るだけで、ある人は魚種を判断したり、また、ある人は海底の底質を判断したりする。これらの判断は長年の経験に裏付けされた推理の延長にあるもので、推理の正確さは場数すなわち経験の多さが結果を大きく左右するといっても過言ではない。それはターゲットを決めて出船する釣り船の船長がお客に本命を釣らせることからも明らかだ。休日しか舵を握らないホリデーアングラーの我々が、好結果を出す近道など何もない。釣り船の船長らと同様に場数を踏むしかないのである。

ただ、このパートを読んでくれた皆さんが少しでも、これまでとは違った見方で魚探画面を注目し、ポイント選定、釣法へ結び付けてくれれば、筆者としてはこの上ない喜びだ。

最後に、自ら舵を握りながら、釣り糸を垂らす手前船頭の皆様へ、魚探使用における注意点をいくつか述べたいと思う。

●画面注視に注意

とかく釣果を追い求めるばかりに、好ポイント探しに夢中になり魚探やGPSの画面ばかりを注視する人が多くいるが、これは本当に危険な行為だ。とにかく魚探の画面チェックよりも優先して、接近してくる船がないか？ 大きな曳き波が来ないか？ 近くに浅瀬や暗礁がないか？ また、天候や海況が急変する恐れはないか？ など、常に周囲に注意を払おう。

●電源チェックを忘れずに

釣りの最中に電源の能力が低下し、魚探が使えなくなったという経験を持つ人は意外と多くいる。そのほとんどが「その時点で戦意喪失した」と口を揃える。一度でも魚探の便利さ、有り難さを経験してしまうと、それ以降、ボートフィッシングには欠かせないものとなってしまう。使用中にバッテリー切れなどの能力低下を起こさぬよう出航前にはしっかり電源類のチェックを忘れずに。

●画面の手入れ

オープンボートの場合、魚探やGPSなどのマリン機器が波しぶきを浴びることも多くある。いくら防水スペックでも使用後の手入れを怠ると機器の寿命を縮めることにつながるので要注意。また、屋外で使用する魚探は砂ボコリをかぶることも多く、無意識に液晶画面を拭いたりすると表面が細かい引っかき傷だらけになってしまう。また、浴びた波しぶきが時間とともに結晶化する“塩”もくせ者。塩の硬度は石膏と同じくらい硬く、拭き方によっては画面表面を傷つけることになる。オープンボート上など直射日光下で魚探を使用する場合、その傷が乱反射の原因となって画面がとても見づらくなる。そのため使用後は、液晶画面を傷つけないよう砂ボコリや結晶化した塩を吹き飛ばし、そのあとに十分水を含ませた柔らかな布でやさしく拭く。そして使用しないときにはこまめにカバーを被せておくよう心掛けよう。

●魚探と箱メガネの併用

海の透明度が増す秋から冬にかけての時期は、透明度が夏場の10倍くらいまで達することさえある。箱メガネがあれば、ボート上から水深30メートルくらいの海底まで確認できる。反面、あまりにも潮が澄みきっていると、魚に仕掛けが見破られ、まったく釣れないという状況に陥る可能性も高い。そんな時は、いったん釣りを中断し、箱メガネを使って水中を観察してみるのも楽しい。箱メガネを覗いて見える海底地形と魚群探知機に映し出された海底地形を比較することで、魚探の表示傾向やクセもある程度把握できるようになる。

●マイボートでの傾向（クセ）を把握

魚探は、船体に取り付けた送受波器から発信する超音波の反射波が返ってくるまでの時間を測定することで、自船から魚群や海底までの水深を知ることのできる装置であることは何度も述べてきた。波の影響などでボートが揺れると、本来、送受波器から真っ直ぐ海底に向け発信すべき超音波が、斜め方向に発信されることになるので魚群や海底までの距離が長くなり、実際以上の距離や水深を表示することがある。魚探画面に映し出された海底の凹凸が本当に真下の海底を表現したものなのか？ あるいは、ボートの揺れによるものなのか？ を判別できないと、魚の生息場所を探す上でも判断ミスをする場合がある。実はボートが小さければ小さいほど簡単に確認できる。要は、実際にボートを少しばかりローリングしてみればいいのだ。是非一度、海が静かな状況下である程度水深の深い場所で試してみて欲しい。マイボートの揺れが魚探画面に表現される“クセ”を把握できるはずだ。

おことわり

本書は、2005年2月に出版されたKAZIムック『魚探大研究』の内容を一部抜粋し、単行本としてまとめたものです。ムック版の『魚探大研究』は、刊行して2年以上の月日が経過しましたが、現在でも多くの読者の皆様から購入についての問い合わせを受けております。そうした要望に応えるべく、この本では広告ページや一部の記事を除いたうえで、内容をそのまま掲載しました。

魚探大研究

2011年5月1日　第1版第3刷発行

著者　須磨はじめ
竹内真治
小野信昭
今井岳美

発行者　大田川茂樹

発行　株式会社 舵社
〒105-0013
東京都港区浜松町1-2-17
ストークベル浜松町
TEL:03-3434-5181
FAX:03-3434-2640

印刷　大日本印刷（株）

定価はカバーに表示してあります

ISBN978-4-8072-5116-2